梟雄淘盡

北洋從政實錄

張國淦・原著
蔡登山・主編

導讀　張國淦和《北洋從政實錄》

蔡登山

張國淦（一八七六—一九五九），字乾若（潛若），仲嘉，號石公，湖北省武昌府蒲圻縣城關人。其父學誠公曾在湘軍充營文書，舉縣主簿，轉皖南牙厘總局及蕪湖分局任職，幼隨父居安徽，十七歲時就讀於蕪湖中江書院。光緒二十八年（一九〇二），中舉人，光緒三十年（一九〇四）考取內閣中書，因母病返回蕪湖，任教頳山書院。光緒三十二年（一九〇六），入選憲政編查館館員，在《滬報》上發表關於遼、吉兩省時政文章。次年任黑龍江省撫院秘書長，兼憲政調查局總辦，是為一生宦途之始。

光緒三十四年（一九〇八），獲東三省總督徐世昌薦保，以內閣侍讀候補，後歷任東三省調查局總辦、財務局會辦等職務。宣統三年（一九一一）正月，被東三省總督錫良任命為交涉局總辦。五月調京，任慶親王奕劻內閣統計局副局長。武昌首義之後，袁世凱組閣命張國淦以湖北代表身分，隨唐紹儀參加南北議和。張國淦以參議身分全程見證了辛亥年議和。

民國成立後，張國淦任北洋政府銓敘局局長、國務院秘書長。一九一三年十二月任政治會議副議長（議長李經羲），一九一四年五月任徐世昌內閣內務次長（總長朱啟鈐），五月二十六日，參政院成立，黎元洪為議長，汪大燮為副議長，張國淦為參政院秘書長，然丁母憂，由林長民代理。一九一六年四月，段祺瑞任國務卿，以張國淦為教育總長。六月六日袁世凱死，黎元洪繼任總統，任為總統府秘書長，同月任段祺瑞內閣的農商總長兼全國水利局總裁，並於張耀曾未到任前兼理司法總長；七月黎元洪任其為黑龍江省長，八月辭去省長職務，十一月繼徐樹錚為國務院秘書長。一九一七年七月，張勳復辟失敗，段祺瑞復任國務總理，張國淦辭國務院秘書長職務，同月任段內閣之農商總長，十一月在西原借款問題上，身為農商總長的張國淦不顧日本公使林權助和段祺瑞的威逼利誘，拒絕簽字，而遭免職，失去了段祺瑞的信任。後來皖系軍閥失勢，張國淦再度被起用。一九二〇年十月，任平政院院長。一九二二年六月，任顏惠慶內閣之農商總長，並代理譚延闓的內務總長，八月隨內閣改組去職。一九二四年一月，任孫寶琦內閣之教育總長。九月，任顏惠慶內閣之司法總長，十月隨內閣總辭去職。一九二六年五月，任顏惠慶內閣之司法總長，六月顏惠慶辭職，由杜錫珪兼代，七月任內務總長，十月顧維鈞兼代國務總理，張國淦留任原職。十月七日去職，內務總長由湯爾和署，張國淦移居天津，潛心著述。

一九二六年北洋政府澈底垮台，張國淦決定不再參與政治，寓居天津英租界小營門外。清末在黑龍江任職時，他曾編撰《黑龍江志略》，繪製《黑龍江全省輿圖》，此時仍繼續類似工作，經常一個人往返於天津、瀋陽、旅順之間，調查當地史志，專心從事「中國古方志」的收集、研究、整理。他藏書達十幾萬卷，將書齋命名為「無倦齋」，寓意分秒必爭，毫不倦怠，每天讀書著述常在十個小時以上，考證修訂了全國各地的「地方志」近萬種，雖然備嘗艱辛，但是怡然自得。從秦漢方志到明清方志，他撰寫了三百萬字文稿，其中，從秦漢至宋元的方志考訂稿約七十萬字，成《中國古代方志考》，流傳於世。早在北伐戰爭結束後，曾編撰有《湖北採訪書目》，是目按各府、廳、州、縣藝文志及其見之於其他各書者，各列其目。

一九三七年盧溝橋事變後，偽華北臨時政權成立，做過北洋政府高官的王克敏等漢奸，邀張國淦參加偽政權，遭到嚴辭拒絕。他擔心日本人繼續糾纏，決定遷居上海，行前委託天津航運公司董浩雲，將家中百餘箱藏書通過海運到上海。抗戰勝利後，湖北省政府主席萬耀煌曾聘他為「湖北先賢遺著編校處主任」，他謝辭，退回寄款三百萬元。

一九五二年六月，張國淦將所藏碑帖拓本三四五四張又三十五冊，捐贈給上海合眾圖書館。此時，中南圖書館（現湖北省圖書館）館長方壯猷，向中南區軍政委員會文化部請示，購入張國淦「無倦齋」藏書。張國淦聞訊後，稱「私藏圖書自當公諸人民，況武漢家鄉，……今幸得歸中南圖書館，實獲我心，不足言謝」，並從上海運抵武漢，大部分藏書遂歸於湖北省圖書館收藏，其中地方志較多，計有一六九八部，一八六九六冊，明清刻本較多。亦有十數種宋元明刻本和抄本，鄂人著述近三千冊。

一九五三年，以七十八高齡，應董必武之邀任中國科學院近現代史研究所研究員，以親身經歷著述回憶辛亥革命、北洋軍閥時期的往事，寫成〈北洋軍閥的起源〉、〈孫中山與袁世凱的鬥爭〉、〈黎元洪與段祺瑞的鬥爭〉、〈洪憲遺聞〉等數十萬字，留下了珍貴的歷史資料。一九五四年任北京市政協委員，次年任全國政協委員。一九五九年一月二十五日，張國淦在北京病逝。享年八十四歲。

著有《歷代石經考》、《俄羅斯東漸史略》、《中國古方誌考》、《〈永樂大典〉方志輯本》、《蕪湖鄉土志》、《黑龍江旗制輯要》、《黑龍江志略》、《西伯利亞鐵路圖考》、《續修河北通志》、《湖北書徵》、《湖北獻徵》、《中國書裝源流》、《常熟瞿氏觀書記》、《辛亥革命史料》、《北洋述聞》、《潛園文集》、《潛園詩集》等；並參加過《湖北文徵》的編纂。

晚清以來非常重視同鄉之誼，張國淦籍貫是湖北蒲圻，但跟隨著湘軍出身的父親，在安徽成長、讀書。後來定居在蕪湖。因此他能夠以生於安徽的身分，同安徽人段祺瑞親近；也能夠以籍隸湖北的身分，同湖北人黎元洪親近。當然，也能以湘軍子弟的身分，得到袁世凱的信任。在袁氏當國的四年間，他擔任過國務院秘書長、總統府秘書長、內務部次長、政事堂右丞（相當於國務院副總理）等重要的職務。袁世凱最倚重張國淦的，是他令人信賴的親和力，以及能夠令人妥協的協調能力。前兩年他調處袁黎關係，後兩年他調處袁段關係，都取得了令人滿意的成績。

《北洋從政實錄》開篇〈北洋軍閥的起源〉可說是袁世凱在晚清崛起的簡史，從袁世凱赴朝鮮寫起，直至光緒三十四年開缺回籍養疴為止。張國淦當然沒能親見這些歷史，因此他用了許多文獻資料和訪問資料來寫，例如張謇後來對他說的有關袁世凱在朝鮮之事，可說是珍貴的口述歷史。而其中談及袁世凱在戊戌政變告密之事，歷來眾說紛紜，張國淦卻認為是袁世凱告密的，而且告密地點不在天津而是在北京，日期是八月初五日，不能不說是確有其見地。這與近年來歷史學者姜鳴的說法不謀而合，姜鳴引用盛宣懷檔案《虎坊摭聞》言袁世凱在北京密告禮親王世鐸，因此我在此處加上「編者案」的註解，讀者可參照姜鳴的〈關於袁世凱告密的新史料〉此文的出處，來做一對照。另外張國淦抄錄袁世凱致端方的親筆密札，只言此密札章行嚴藏，太過於簡略，讀者將莫明其所以，其實此密札袁世凱在信末要端方閱後付丙（燒掉），但端方是文物收藏家，自然不會將此珍貴文件輕易毀棄，沒想到端方於一九一一年十一月二十七日在四川保路運動中被殺，此密札後來不知經過多久終於流出市面，為章士釗所得，一九三七年掌故家徐一士將其刊登於天津《國聞周報》上，此來源筆者亦將其註解出，便於讀者明其顛末。他如王乃徵彈劾袁世凱之奏摺，乃是光緒二十九年（一九〇三）的〈籌款練兵立召禍亂奏請收回成命摺〉，張國淦在原文並沒言明，筆者也補上註解。

在〈近代史片斷的記錄〉中的〈袁世凱死，黎元洪繼〉一節中，張國淦記述親歷的過程，真是驚心動魄的一幕，今根據其所述扼要敘述如下：關於北洋王朝的繼任人選，金匱石屋名單上早已將袁克定除去，赫然在列的是徐世昌、黎元洪、段祺瑞。但不管根據新舊約法，黎元洪都有資格繼任，徐世昌請全體內閣閣員到春藕齋商議下一步的辦法，緊接著段祺瑞抓住張國淦的手，一起乘車去看副總統黎元洪，一頭霧水的張國淦不知是怎麼一回事，又不敢多問，到達東廠胡同的黎宅後，張國淦率先跑進去報告。但是，此時的黎元洪卻像木頭人一樣坐在長桌的主位上，段祺瑞向黎元洪三鞠躬，黎元洪也欠身答禮，但是兩個人誰也沒有開口說過一句話，直到段祺瑞站起來向黎元洪半鞠躬告退，黎元洪也站起來送客，兩人之間的這幕啞劇上演了很久，臨行前段祺瑞對張國淦說了一句：「副總統方面的事，請你招呼。」至於府院的事情，段祺瑞回覆了兩個字：「有我。」其後踏上汽車離開黎府。是日下午有公報發出，老袁留下一個爛攤子撒手而去，遺令以副總統黎元洪繼任。半夜裡黎元洪的同鄉，時任陸軍次長的蔣作賓打來電話說：「外面情況很不好。」黎元洪終於沉不住氣了。他多次差遣張國淦前往段祺瑞的辦公室打探消息，並代為傳話：「請你告訴芝泉，我不要做總統。」在夜景更深的時候，張國淦驅車趕到段祺瑞的辦公室，裡面擠滿了戎裝筆挺的北洋軍官，段祺瑞在簇擁中忙得滿頭是汗。最終，段祺瑞一眼瞥見張國淦，就撇開眾人將其帶到一個小房間。板著古銅色面孔的段祺瑞，自然知道張國淦的來意，倔強地開口說道：「我姓段的說要姓黎的，我的話始終不會改變。無論有天大的事，我姓段的一力承擔，與姓黎的不相干！」其後沒有再多言語，段祺瑞就匆忙再返回擠滿人的辦公室去了。返回黎府赴命的張國淦，只能告訴黎元洪，段祺瑞將對老頭子的事情負責到底，兩人直到天明才打探出昨晚的事情，啞劇演完方才水落石出，原來是北洋派的各省軍閥包圍段祺瑞，一定要推舉段祺瑞或者徐世昌，反對北洋集團以外的黎元洪繼任。沒人知道段祺瑞是如何說服這些執拗的武夫，只知道一個屬於北洋之虎的段祺瑞崢嶸時代，在風雲際會中即將到來。對於此事據徐世昌後來告訴張國淦說，他當時表示：「最好是請黎副總統出來，他的聲望在對南北的統一等問題上，作總統比較合適。」繼而一想，他自己是個局外人，這個問題應該由負責的段總理表示意見才好，因此又向段說：「這是我個人的意見，應該怎麼辦，還是看總理的意見。」這話說過後，段停了約有二、三分鐘後說：「相國這樣說，就這樣辦吧！」徐認為：「決定這樣大的事，他考慮二、三分鐘，也是應該的。」

一九一七年七月一日，「辮帥」張勳麾下的虎狼之師「辮子軍」已完成對紫禁城各個街道的駐防，京畿對外聯絡的電報局也被辮子軍監視，全城在巡警的挨家挨戶傳呼中盡懸龍旗，假髮辮和紅頂花翎也在貨攤上擺放出來。是日晚上六點，僅有黎元洪的總統府還飄揚著一面五色旗。不過張勳復辟這場自導自演的北洋恨事，不僅是張勳本人的愧怍，也是北洋群雄的自食惡果。在張勳向各省發出的元電中，最後結尾有「接電後應遵用正朔，懸掛龍旗」，所以說張勳的逆流，根本就沒有明確的訴求，至於為何會心甘情願地絕塵而去，不過是被躲在背後的廟堂棋手用作「過河卒」。但是，這些人既包括「外忠厚而內多欲」的地方實力派，也包括見縫插針的中樞執轡人。其中以黎元洪和段祺瑞應對張勳復辟的對策，在北洋宦海比較具有看點，畢竟一位是北洋廟堂名義上的掌門人，一位是退而不休的實際扛纛人。在張勳的規劃中，因為督軍團經過徐州會議已經定下調子，所以對於黎元洪的反抗性估計不足。黎元洪作為「前門驅虎，後門進狼」的「軟柿子」確實不被重視，所以當黎元洪親書一道重新啟用段祺瑞為閣臣之首，同時舉兵討逆的命令時，張勳並未有所察覺。該信由黎元洪的密使覃壽坤帶到天津，交由張國淦轉給段祺瑞，黎元洪本人緊接著上演了一齣「掉包戲」。張勳因為不敢貿然派兵驅逐黎元洪，只好調換公府的衛隊。就在公府衛隊調換的時候，黎元洪和少數幕僚舉行了緊急會談，決定冒險逃離，由公府的侍從武官唐仲寅扮成黎元洪的模樣，乘坐專車出發，黎元洪本人則扮作普通職員，與秘書劉鍾秀等乘坐蔣作賓的汽車出發，約定在法國醫院集合，其後遁出的黎元洪被日軍齋藤少將收留在自己的官舍，也算是有了安全的棲身之地。段祺瑞的對策則是在張國淦的勸說下「按規矩辦事」。他一開始看見黎元洪的「求助」命令時，曾嚴詞強調：「我今天還要接受他的命令？我難道不能叫幾個人推我舉兵討逆？」張國淦勸他平心靜氣，不要意氣用事，一切要按規矩辦事。最終，張國淦告誡段祺瑞說：「他當然還是總統，一切問題，應該在軌道上進行，接受他的命令，就能夠行使合法職權，何況西南數省仍然承認他，這個命令他們也沒有理由反對。」段祺瑞被張國淦說動，於是在應對張勳復辟的對策上遂按照規矩辦事，先是接見了黎元洪的密使覃壽坤，然後接受了黎元洪的任命。但是段祺瑞仍然還面對一件棘手的問題，那就是事到臨頭，發現有點茫然無措，因為沒有把握找到一支人馬用來討伐張勳的辮子軍。坐鎮直隸的朱家寶，因為段祺瑞已處江湖之遠而置之不理，意欲南京之行求助自己的「馮四哥」馮國璋，又被人提醒此人野心很大，所以當段祺瑞希望按規矩辦事時，發現自己竟然成了格格不入的孤家寡人，這既是他的淒涼，也是北洋宦海的悲哀。最後段祺瑞乃就國務總理職，仍以討逆軍總司令名義調度第八師，自馬廠視師，以第八師當中路出兵攻北京，與張勳的「辮子軍」戰於廊房之間，敵不支而退。十二日晨，自宣武門開砲直擊南河沿張勳宅，中之，張逃入荷蘭大使館，為期十二天的復辟鬧劇終於落幕。

在〈對德奧參戰〉篇，張國淦提到西原借款問題，這也是他和段祺瑞反目的主因，而當中還涉及浦口鐵廠，當時日本政府建議中日合辦鳳凰山鐵礦，中日各投資二千五百萬元，中國資本可以由日本代墊，並提出在浦口建立鋼鐵廠，聘用日本技師，以陸宗輿為督辦。這個消息首先由北京的英文《京報》登出來，段派軍警逮捕了《京報》主筆陳友仁，接著把《京報》查封。這一來，便成了一件中外軒然大波的事件，各方遍傳：「中國軍械將由日本管理，所有各省兵工廠、煤鐵礦亦由日本控制。」於是全國人民和各種團體，一致反對軍械借款和鳳凰山採礦合同，要求段內閣宣佈真相。同時美國公使抗議中日軍械借款，亦要求公佈鳳凰山採礦合同，英國公使則認為長江流域是英國勢力範圍，不能容許日本染指。段相信這個祕密條約是總統府方面故意泄漏的，同時相信馮國璋有意推波助瀾，縱恿反對。因為江蘇督軍李純在南京召集了祕密軍事會議，會議結果，不但提出了取消軍械借款的要求，還提出了改組內閣的要求，因為他們認為內閣中有親日分子，所以需要改組。不止是江蘇督軍李純在反對，直系的其他督軍如：江西督軍陳光遠、湖北督軍王佔元都電請政府明白表示。十月二十八日，段內閣和日本方面擬訂了鳳凰山開礦草約。李純又來一電，指出鳳凰山是江蘇轄境，事關地方問題，應先徵求地方當局意見才能簽約。語氣中含有即使內閣簽訂開礦條約，他也不會允許日本人前來開採鐵礦。段決定一意孤行，不理睬反對聲浪，當這個合同簽定前送到農商總長張國淦桌上，照理要由農商總長批准和簽字。可是張國淦竟拒絕簽字。十一月一日，日本駐華公使林權助親自到農商部威脅張簽字。張問林權助是代表日本商人，還是代表日本政府？張說：「如果是代表貴國商人，則當按照我們中國的礦業條例辦理。如果是代表貴國政府，這裏是農商部，我和閣下沒有談話的地位，請閣下到我國外交部接洽。」林權助被張說得啞口無言，又不好意思翻臉，只好退出。隔不久又來訪張，換了一副和善的面孔，建議依照日本鋼鐵業由軍部管理的成例，將此案移陸軍部辦理。張答覆說：「這是我國內政，不勞閣下操心。」段祺瑞看這事鬧僵了，乃派孫潤宇以一百二十萬元向張行賄，賄款增至二百萬元，均被拒絕。國務院秘書涂鳳書也奉派前來，勸張以考察各省農會為名離開北京，由代理部務的次長代簽鐵礦合同，張也拒絕。段又採取以前對付內務總長孫洪伊的辦法，勸張外調省長，以免身當其衝，張也不肯。張平日為人隨和，可是這次卻非常堅決。段最後派親信曾毓雋訪張，說了許多好話，請張幫忙，張說：「不簽字就是幫總理的忙！」

以上僅就書中摘取若干片段加以闡述，可說是嘗鼎一臠而已。《北洋從政實錄》是張國淦歷任北洋政府中樞各要職十六年中的親歷所聞，其中有不少珍貴的內幕。一九九八年上海書店曾出版過其中的大部分篇章，名為《北洋述聞》，是民國史料筆記叢刊之一種，但少了〈北洋軍閥直皖系之鬥爭及其沒落〉和〈中華民國國會篇〉兩篇，今根據《張國淦文集》補上，當為最完整之版本。但由於作者在撰寫這些篇章是逐篇發表在不同的刊物上，由於寫作時間不一，內容有些許重複，今為顧及其完整性，編者並未將其刪整，以保持原貌，但有些不夠詳盡之處，編者加上註解以明其來源根據。作者以前清縉紳仕宦民國，自一九一二年北京政府成立之初入閣，到一九二六年北伐戰爭發動之前「出局」，幾於和北洋軍閥的統治相始終，並且長期處於高層政治和派系傾軋的焦點位次，對於這期間的軍政外交重大事件，多為親歷，或因特殊身分和廣泛交往而洞悉內情，故所述詳實有徵，有其不可多得之史料價值。

目次

第三篇　袁世凱與黎元洪的鬥爭

第四篇 洪憲遺聞

第五篇　對德奧參戰

第六篇 北洋軍閥直、皖系之鬥爭及其沒落

第七篇 中華民國內閣篇

第八篇　中華民國國會篇

第九篇　近代史片斷的記錄

第一篇
北洋軍閥的起源*

* 本篇原題為〈北洋軍閥之盛衰及其消滅〉的開頭部分，現名係編者所擬。

緒言

甲午中日戰後，清廷深知舊式軍隊已不足恃，於是改練新軍之說大盛。張之洞首先倡練江南自強軍，亦曰南洋新軍。其後袁世凱所練新建陸軍，稱北洋新軍，蓋對南洋新軍而言，並無所謂派（系）也。自是袁世凱即擁北洋新軍以自重。逮民國成立，乃形成所謂北洋派，蓋對南方其他軍派而言。其後，北洋派中又自分為皖派（段祺瑞）、直派（馮國璋）。皖派中又分為靳派（靳雲鵬）、徐派（徐樹錚）。直派又分為保派（反對吳佩孚者屬之）、洛派（吳佩孚）。然其對外尚籠統號稱北洋。後起者，如張作霖之奉軍（東北軍）、馮玉祥（本出身北洋）之馮軍（西北軍），亦附屬北洋派，每自命為北洋正統，口口聲聲說「北洋團體」。民國十年前後，「北洋軍閥」就成了國人指目之名詞，至民國十五、六年統行消滅。因此，敘述北洋軍閥，就要研究袁世凱北洋新軍；其次段祺瑞皖派、馮國璋直派；又其次張作霖東北軍、馮玉祥西北軍，依次揭破其假面貌，以窮究其內幕之真形狀。有得之親歷者，有得之當事人口述者（其為人習見習聞者儘量避免不錄）。而後北洋軍閥之盛衰及其消滅，乃有比較確當事實以資考證，對這數十年中政治、軍事、外交等等，亦得以知其分合消長之故矣。

孫中山提倡革命，遠在袁世凱作總統以前。何以推翻前清以後，實際上掌握中國政權的不屬諸孫，而歸諸已給清廷罷免了再起的袁？這不是說袁的人望高於孫，也不是人民心中的印象深於孫。簡單地說，一個有軍事基礎作統馭政治的本錢；一個只憑口舌筆墨以號召，沒有鞏固的實際力量而已。論聲勢，孫固為袁所畏憚；講實力，孫不能使袁受支配於渠所領導之革命黨。所以終袁之世，孫始終局促一隅。袁之死雖先於孫，然在其卵育下的軍事實力，散佈於各要地，繼承世凱一貫的與人民為敵，這一切不屬本文，無須詳提。我們所欲述者，為袁世凱的軍事基礎及其演變。

北洋新軍之起源

袁世凱的軍事基礎，完全建築在「北洋新軍」之上。所謂「北洋新軍」，蛻嬗於「淮軍」。同治元年，李鴻章援江蘇，招募淮軍七千人，張樹珊與兄樹聲、周盛傳與兄盛波、劉銘傳、潘鼎新、吳長慶均率鄉勇從李鴻章至上海。張樹珊等號「樹」字營，周盛傳等號「盛」字營，劉銘傳號「銘」字營，潘鼎新號「鼎」字營，吳長慶號「慶」字營，即以部隊長官姓名中之一字為部隊的番號。自是，規復江淮，轉戰長河南北，此數人者，可謂淮軍最高之幹部。及李鴻章總督直隸，淮軍亦隨調駐津、保一帶。

先是同治十年，曾國藩復奏籌備海防摺內，謂沿海之直隸、奉天、山東、江蘇、浙江、廣東、福建七省，共練陸兵九萬人；沿江之安徽、江西、湖北三省，共練陸兵三萬人。丁日昌議，合各省練精兵十萬人，皆以限於費重，未能照辦。十三年，李鴻章奏請就現有陸軍認真選汰，一律改為洋槍炮隊，僅於舊式軍隊內改用新式軍器操練而已。

關於李鴻章在天津創辦軍事教育，如下：

天津武備學堂。光緒十一年五月，李鴻章奏：在天津仿照西法創設武備學堂，遴委德國軍官李寶、崔發祿、哲寧那珀、博郎闔士等作為教師，並選派通習中外文字之員分充翻譯。將各營送來弁兵，挑取百餘人入堂肄業。屆時擬將頭批學生發回各營，飭由各統領量才授事。復挑二批學生送堂肄業，其優者，或留堂作為幫教習，或回營轉教員弁（《李文忠公奏稿》五十三）。十三年十月，李鴻章又奏：武備學堂學生，臣親臨考驗各項操法，一律嫺熟，試以炮臺工程做法及測繪算化，無不洞悉要領，因擇其屢考優等學生，飭令回營轉相傳授（同上奏稿六十）。學生中之著者，有段祺瑞、馮國璋、王士珍、段芝貴、陸建章、王占元、雷震春、張懷芝、曹錕、李純、蔡成勳等。幼年班有魏宗瀚、陸錦等。此等學生在李鴻章時尚未得參加軍隊實際工作，袁世凱小站練兵乃重用之，於是成為北洋新軍最高之幹部，所謂北洋武備派也。其中號稱北洋三傑者，如王士珍、段祺瑞、馮國璋，到民國後且進而繼袁世凱以主持北洋。

此外有山海關隨營武備學堂，光緒十年開辦。學生中有王賓、盧永祥、鮑貴卿、田中玉等。

又有開平隨營武備學堂，光緒十年，由淮軍駐防北洋記名提督聶士成開辦。學生中有吳恒贊、田獻章、田錦章、崔承熾、董鴻逵、宋玉珍等。光緒二十六年，八國聯軍進攻天津，聶軍戰敗後，所有該堂學生皆歸袁世凱收用（以上李炳之述）。

又有威海隨營武備學堂，光緒十七年至二十一年段祺瑞任教習（《合肥段公年譜》）。

袁世凱早年在朝鮮至軍機大臣回籍養痾時代

袁世凱投靠吳長慶：光緒七年—十年（一八八一—一八八四）

袁世凱為民國第一個大反動統治者。他取得這種權力之根源，在北洋大臣時期。北洋大臣之取得，又伏根於小站練兵。小站練兵，又由於他在朝鮮之表現。因此，我們研究袁世凱，不得不從他早年赴朝鮮時代說起。

項城袁氏為大族。在洪、楊革命初期，袁甲三為清廷北方鎮壓革命之健將。甲三歿後，其子侄仕宦頗多。袁世凱的嗣父保慶曾任江蘇糧道，與吳長慶結為異姓兄弟。長慶於保慶故後，對其遺族時加存問。約在光緒六年四月，世凱率其鄉之無業少年十餘人，留在煙臺二十里外，隻身至煙臺，徑謁長慶於軍中（時長慶以廣東水師提督辦山東軍務，率所部屯登州），謂身為將門之子，願投麾下效力，並言其所攜之少年皆有將才，請完全錄用。長慶詫異，斥為冒昧，派一軍官偕世凱攜貲詣赴諸少年寓所，以好語遣歸原籍，而留世凱在軍中讀書。其時張謇在長慶軍中參預軍事，並為長慶次子保初業師。長慶因令世凱拜張謇為師。張謇課世凱以八股，文字蕪雜，殊無足觀。而張謇則頗賞識世凱，時向長慶揄揚。其時長慶幕中有朱銘盤者，亦稱道之。長慶遂委世凱幫辦營務處，撥勤務兵兩名以供役使，實際無事可辦，世凱欣然安之矣（據世凱與于夫人書，係其叔保恒函長慶介紹，即留署中幫辦文案）。

光緒八年（一八八二）六月，朝鮮京城事大黨事起。其時李鴻章丁憂，朝旨賞假百日，命兩廣總督張樹聲署直隸總督兼北洋大臣。樹聲迭接朝鮮情報。六月二十四日，海軍提督丁汝昌銜樹聲之命，乘軍艦急行至登州（時煙臺、天津間尚無電報），持樹聲函面交長慶，請其即日赴津商量機要。二十五日，長慶遂偕張謇乘艦至津謁張樹聲。密商三日。策劃既定，二十八日長慶及謇仍偕汝昌乘艦回煙臺，迅速準備出兵。時袁世凱以赴京鄉試，在津小住，知張謇抵津，請求同赴朝鮮。謇為言於長慶，許其同往。回煙臺後，長慶以前敵籌備諸事委張謇辦理，而自至登州軍中督率兵士開拔。張謇日不暇給，遂由長慶下札委袁世凱前敵營務處事。此出於世凱請求而張謇所推薦也。

朝鮮末代國王李熙，如清末代溥儀，以旁支入承大統，由其父大院君李應攝政。李熙既成年，昰應歸政。李熙庸懦，大權落於其妃閔氏之手。閔妃見大院君有野心，遂傾心結交中國官吏，以鞏固其政權。閔妃與大院君遂成對立，各樹羽黨。恰直兵丁欠餉數月，而發餉又不足數。適日人欲侵略朝鮮，無可藉口，遂乘此機會，利用事大黨之革命運動，密嗾其劫略漢城及日本領事館，而以保護領館為名，可以徑占漢城。正在佈置，為閔妃所偵知，急向中國官吏告密。

七月十二日，吳長慶自煙臺駛抵仁川時，日本海陸軍已在一小時前到達，且下碇矣。因暮色蒼茫，尚未登陸。

清軍甫抵仁川，正在下碇，即有閔妃密使數人隨帶譯員以小船登輪，謁見吳長慶、丁汝昌，歷述「日本侵略者與李昰應策動政變之內幕，並促請吳長慶乘黑夜派兵登陸，由間道入漢城，一晝夜可達，一切沿途供張均已預備，此間道為日本人所不知」云云。長慶、汝昌得報，遂招幕僚會議。幕僚中有張謇、馬建忠等人。決定依閔妃計畫，由長慶發令，以五百人於黑夜二鼓時登陸，以一千人於次日黎明時登陸，由閔妃所派人為嚮導，徑開漢城，其餘留待後命。長慶於密商決定後，即在其所乘招商局輪船大餐室中發令。長慶中坐，營長以上皆到，聽候命令。長慶發令時，態度沉著，令發後，各軍官皆相顧無聲。約五分鐘之久，有某幫帶者（統帶三營，略如現在團長地位），以低聲上稟：「我等皆係陸軍，不習風濤，輪船甫下碇，尚有暈船未恢復者，可否請大帥垂念，稍緩登陸之時刻，准予明日天明後登陸？」其他軍官亦同聲央求。長慶大怒，納張謇之言，將該營斥革，派袁世凱為幫帶。當即傳袁世凱進見。長慶將令箭抽出一支交與世凱，發令說：「本軍門因幫帶□□□不遵軍令，已予革職治罪。今特派汝為幫帶，所有第□營、第□營皆歸汝指揮。汝即刻收拾完備，先率一營之兵，限兩刻之內乘坐朝鮮所派到此迎候之小船，從速登陸，不得延誤，致干未便。今交與汝令箭一支，你部下兵官丁如有違背你的命令，准你有權先行正法，再行稟報。」袁世凱高聲：「遵大帥命令，不敢有違，如有錯誤，甘受軍法！」

兩刻鐘以後，袁世凱著草鞋短褲，向長慶叩辭，謂：「已與朝鮮譯官商定，登陸後夤夜出發，限天明時到某站進早餐，並在此站候大帥駕臨。」次日天未明時，長慶亦登岸，率兩營續進。午刻到某站，袁世凱已騎馬候於道旁，見吳至，下馬迎謁，謂「先鋒五百人，已命令某營官率之先行，今本人特在此地候駕」，並報告「沿途平安，朝鮮官吏供張完備，一切請大帥放心」。長慶慰勉之。世凱又稟稱：「沿途我兵丁，有強奪朝鮮農家雞鴨蔬菜等事。」長慶即言：「何不嚴辦？」世凱言：「遵大帥昨日訓示，就地正法七名，今將頭顱七個攜呈。」長慶大喜，連稱：「好孩子，好孩子，汝真不愧將門之子！」

袁世凱所率五百人，於當日黑夜時到漢城，暫駐城外。十二日晨，吳長慶所率一千人疾馳漢城，大營在距漢城七里屯子山駐紮。十三日巳刻，吳長慶、丁汝昌、馬建忠僅帶親兵一營進城，隨即輕車減從，往訪李昰應，以禮周旋。申刻，昰應率數十騎至軍中答訪。長慶、汝昌令馬建忠與之筆談，遷延約兩小時，悉將昰應所攜衛隊遣往別處，宣佈中國政府命令。建忠掖昰應出乘汝昌所預備之肩輿，以健卒百人衛之，由汝昌押送，冒雨夜馳百二十里，十四日侵晨至南陽港口，挾上瀛洲兵艦，直送天津，轉解北京（八月初十日諭，李鴻章奏「安置李昰應於直隸保定府地方」，遂幽於保定舊清河道署內）。

至第三日下午，日本軍隊約三千人，由官道開抵漢城。漢城內外已滿布中國軍隊，遂未入城。

袁世凱在軍中自稱秀才捐納中書科中書。朝鮮事平後，即以中書科中書奏保同知，已奉諭照准矣。北洋大臣忽接吏部諮文，謂遍查中書科中書之姓名，並無袁世凱其人，始知中書科中書者，係袁世凱投效時一時之謊言。嗣世凱託人向吏部書吏彌縫，遂不與追問。其時長慶軍有文案周家祿者，江蘇省名士，作七絕詩一首以嘲之，詩云：「本是中州歪秀才，中書借得不須猜；今朝大展經綸手，殺得人頭七個來。」這是中國在朝鮮的所謂壬午之役。

朝鮮事平，光緒八年九月，以援護朝鮮出力，賞中書科中書袁世凱等花翎。在保獎案內以中書科中書保升同知，所以一時稱為袁司馬。

光緒十年□月，法越失和，李鴻章回北洋任，張樹聲回廣東任，而調長慶率在朝三營駐紮金州，以提督吳兆有統三營留防漢城。由北洋奏派袁世凱總理親慶等營營務處，會辦朝鮮防務；又以長慶從軍之始所帶「慶」字坐營，委世凱兼帶，辦理交涉。所以朝鮮人稱為袁會辦。

是年十月，朝鮮開化黨發難，進攻王宮。而日本軍隊以援助國王為名，亦向王宮進兵，實則欲擒獲國王及閔妃，以推翻李熙，另謀擁立與大院君接近之人。事前為袁世凱所偵知，乍聞警耗，一方面派人至日本領館，約其共同平亂；一方面率兵直入王宮。其時日兵已駐守宮門，不准華兵入內，並且對華兵發槍。吳兆有等不敢還擊。袁世凱力向吳兆有建議，即時槍炮齊發，進攻王宮。日本喪亡最多，大敗逃走。世凱由朝鮮官吏引導，覓得朝王所在，保護至我軍營內。

袁世凱於偵得日本與開化黨陰謀後，因其時電報未通，曾有公文專人送致李鴻章。而鴻章回文僅飭其不動聲色，隨時注意，並無令其事急時可以相機處理之意。因此該軍統領吳兆有於兵到朝鮮王宮時，見日兵發槍，不敢還擊，而世凱則敢於還槍進宮。這是中國在朝鮮的所謂甲申之役。

此事日本派井上馨赴朝鮮交涉，迫令訂朝鮮賠償損失之條約。次年即光緒十一年正月，日本派伊藤博文為全權特使至中國，與鴻章在津訂兩國同時撤兵，以後兩國如欲派兵至朝鮮須互相知照之條約，即將吳長慶在朝鮮所餘三營調回。甲午戰禍，即於此約種其根矣（以上是張謇於民國三年在北京對我口述，我記下來的）。

由於袁世凱在朝鮮之表現，於是對於吳長慶有所謂攘權者。據世凱與叔保恒書云：「侄蒙吾叔之推薦，得識吳軍門於濟南。此次隨營赴韓，只緣報答知遇之心太切，見營規不整，侄為之厘訂新章；見操式陳舊，侄為之改練新法；兵之老弱者裁汰之，軍官之頑固者革除之，操之過急，不免有越俎之嫌，固屬無可諱言。所云欲攘主權以為己有，謠言之來，始自韓人。此次平靖大院君之亂，韓人俱云，『苟無袁某，吾等早填溝壑。如吳欽差者，亂事告平，猶高坐於大營中。但願袁某早日襲其職，吾等始克享太平幸福。』軍門悉其語，頗啟疑竇，只道侄果存奪權之心、有意結好韓民，並證諸訂官規、改操法，逾越權限之處，屢見不鮮，益覺可疑可慮，對侄旋形冷淡。而侄居心坦白，仍一味以忠勇事之。伏祈吾叔轉函居停，請其速釋疑慮，勿信讒言」云云。是世凱對於長慶攘權事，已自承認；而長慶於世凱之疑慮冷淡，亦未發生有何影響也。

據《張謇年譜》：「十年甲申，吳長慶自統三營回奉。不兩月，世凱自結李相，一切改革，顯才露己。」這是世凱舍長慶投身鴻章之開始經過，張謇有長函責備他（詳《張季子九錄》十一）。

袁世凱依附李鴻章：光緒十年—二十年（一八八四—一八九四）

吳長慶內調失勢了。袁世凱的政治投機原極眼明手辣，其時軍事、外交之權，仍在北洋大臣李鴻章之手。吳長慶內調，世凱乃舍長慶而投身李鴻章。

此時李鴻章並不深知袁世凱。壬午之役，鴻章於張樹聲、吳長慶的政策始終有所抵牾；甲申之役，一時議者以為功過參半。鴻章對於世凱，甚至以其少年多事矣。慶軍撤回，世凱奉令歸國，另候任用（據世凱與兄世勳書）。世凱既看準了鴻章是這一段唯一的依靠人，乃積極運用手段，就在北洋文案處與鴻章親信之有力幕僚多方聯絡（據于式枚云）。經過一時世凱在北洋運動，漸漸成熟了。適值十一年八月李昰應釋放回國，張佩綸遂推薦世凱伴送去韓。據世凱與佩綸書：「爵帥（李鴻章）因迫於日政府來電詰責，不當拘囚韓國王父，殊背國際公法，迭催迅速釋放，物色押送之人。臺端（指張）遂以弟薦，爵帥猶恐弟少年僨事，幸賴大事斡旋，使弟竟得重往三韓。」是世凱去韓，全是佩綸之力，亦即在北洋運動之效果。

自此，李鴻章以為袁世凱非第知兵，且諳外交了。世凱伴送李昰應歸國，所有表現，能使鴻章重視者，則在朝鮮君臣慰留並敦請其襄助。鴻章於是年九月奏保：「袁世凱膽略兼優，能知大體。前隨吳長慶帶兵東渡，久駐王京，壬午、甲申兩次定亂，情況最為熟悉，朝鮮新舊黨人咸相敬重。此次派令伴送李昰應歸國，該國君臣殷殷慰留，昨接朝王來函，亦敦請該員在彼襄助。似宜優其事權，作為駐紮朝鮮總理交涉通商事宜，略示豫聞外交之意，並請超擢銜階，以重體制而資鎮懾。」得旨：「袁世凱著以知府分發儘先即補，俟補缺後以道員升用，並賞加三品銜。」由總理各國事務衙門檄委世凱駐紮朝鮮總理交涉通商事宜。

世凱此次留朝，係由使用離間。據世凱與世勳書云：「爵帥不以倭奴嫉視為嫌，決然奏請派弟挈同大院君返韓。韓王李熙雖與之分屬父子，已成切齒之仇，今見生還，猶如芒刺在背，而視余亦如仇敵矣，遂與其心腹金玉均密商圖謀害我，幸得閔妃告密。弟遂使用離間計，誘韓宰相電請爵帥派弟監理朝鮮國政，以弭父子爭國之禍，業已照准。」於此可見世凱在朝的運動力，固自不弱也。

光緒十六年正月，李鴻章辦理朝鮮商務請獎奏：「朝鮮每遇交涉事件，在廷群小，多嗾西人從旁讒越，巧為挾制，唆使該國自主。經袁世凱等扼定朝鮮係中國屬藩，每暗為籌畫，設法駁正，以存體制。袁世凱血性忠誠，才識英敏，力持大體，獨為其難。擬請旨免補知府以道員分省歸候補班儘先補用，並加二品銜。」嗣於十九年三月補授浙江溫處道，復經鴻章奏留。

到了光緒二十年□月，中日戰爭開始了。此次戰役，有專書，不詳錄。關於袁世凱在朝有足紀者，據袁世凱與徐菊人書云：「目前韓事益不可為矣。金玉均雖死，東學黨之餘孽又復糾眾起事。韓王全無能力，遣使來使館求援。而館中僅有數十衛兵，奚能平亂？只得以萬急電請李爵帥派兵援救。旋得回電，知已派聶士成、葉志超二軍門率兵三千來援。而日使大島多亦急電日皇，妄稱我國已派大兵十萬至漢城，將吞併三韓矣。苟有接觸，以我三千疲弱之兵，當彼數萬勇敢之卒，勝負之分，無待蓍龜。弟因之杌隉不遑，三日間迭發急電至津，向爵帥密陳利害，乞派得力重兵兼程來韓。那知萬急密電迭發十一通，竟為洪喬誤投，杳無消息，急電佩翁，亦如石沉大海。當此間不容髮之時，倭奴欺我軍勢孤無後援，藉端起釁，一戰而吾軍全數潰敗。弟思手無兵柄，處此虎穴中徒然束手待斃，擬改裝易服，搭乘美國商輪返國。惟啟碇尚須三日，爰作函託返國僑商帶歸，一則示我無去志，一則託吾哥探聽津門誰作漢奸按捺此軍情急電」云云。《容庵弟子記》則謂「六月二十四日奉旨調回」。其實，袁之離韓，係東學黨人借日本勢力之危迫，於是改裝逃回，不能候旨而後行也（三月二十八日袁已到津）。

自光緒十一年袁世凱伴送李昰應歸國，至二十年中日開戰離韓，經過如此。

袁世凱此次回國以後，對於李鴻章的感想就與以前大不相同了。他於鴻章甲午戰爭對朝鮮之措施，已料到：（一）戰事一定難免；（二）中國一定失敗；（三）李鴻章一定因戰敗而失腳。因此，他在中日宣戰以前，便已另尋途徑。回國以後，先至天津謁鴻章，並擬進京向總理衙門報到。鴻章慮其到京有所主張，對己不利，阻止其行。及七月一日中日宣戰，鴻章令袁在關外襄助周馥辦理後方轉運事務。在軍事冗忙之際，他秘密進京，並不進謁當局，而遍訪京中密友，進行預定之活動，將光緒壬午後鴻章對日交涉如何軟弱、兩次調回吳長慶軍隊如何失算、與伊藤在天津所訂條約如何錯誤，及本人在朝鮮因中國軍隊之撤回對日交涉及對朝鮮處置如何困難、鴻章之如何掣肘，並將最近四月中來往文電，摘要抄錄繕成小冊數十份，呈送北京要人。他在轉運後方目睹鴻章部下淮軍紀律之敗壞，軍官之闒冗無能，較之吳大澂、劉坤一所率領倉猝招募之湘軍，尤為不如。心知不能再戰，於是將實在情形密陳北京當局（督辦軍務處王大臣），並懇切建議：「戰事拖延，決無希望，不如早和，否則京津亦恐難保。」此項報告，均達西后及光緒帝之目。於是后黨帝黨不再爭持，遂決定議和了（以上據劉垣《張謇傳記》）。

此次袁所用的手段，確使李鴻章受了很大的打擊。

《中日和約》，李鴻章與伊藤博文在馬關簽字，伊藤盛稱世凱。據世凱與兄世敦書云：「弟日昨晉謁爵帥，渥受獎勵，並云：『伊藤博文亦稱老弟為中國有數人物，勸我愛汝則重用之，不愛汝則殺之，彼欲我以商鞅待老弟者，忌才也。當專摺奏保朝廷破格錄用。』弟即離座叩謝。退而自思，凡官途中人都喜標榜聲華，此之謂虛名，無足輕重，惟得仇人片語褒獎，聲價頓增十倍。弟自韓歸國，除二、三摯友外，餘都白眼相加。自中外報紙記載伊藤與爵帥一席談，一般大人先生見之，咸以青眼相加」云云。李鴻章對於世凱，在中日開戰時誠不免有所遏抑，但終於憐才之一念，而仍是愛護成全他。所以世凱回國以後的發展，與鴻章還是有關係。

袁世凱結納榮祿：光緒二十年（一八九四）

袁世凱甲午回國，中日開戰，李鴻章僅令其與周馥同辦轉運，何以屢得特旨詢問、督辦軍務處成立即派其創辦新軍呢？主要因為他投靠李鴻章後，依恃在朝鮮時之表現，與北京有力量人物多方拉攏，為進一步政治投機打下基礎。其時北京所謂清流者，有南北兩派。李鴻藻為北派清流首領，張之洞、張佩綸等為其中堅。翁同龢為南派清流首領，黃體芳、陳寶琛、吳大澂、王仁堪、鄧承修等為其中堅。袁得徐世昌介紹於李鴻藻，他即向鴻藻拜門，於是與其派系都有往來。翁同龢雖鮮淵源，而在朝鮮與吳大澂接觸，亦有相當聯繫。因此，清流派對世凱常加贊許。但世凱認為清流雖有聲望，掌握當時所謂輿論，惟缺乏實際力量，而且愛惜名譽，有些事他們不肯做的。他認為政治是多方面的，須得泥沙俱下，一方面結交清流，另一方面要抓緊有實際力量者（最好是滿洲親貴），藉以達到秘密不可告人之目的。

袁世凱與兄世敦書云：「正在侘傺無聊之時，忽遇契友阮君斗瞻（忠樞）願作曹邱生，勸弟投其居停李總管（蓮英）門下，得其承介晉謁榮中堂。」（《項城書札摘抄》）據此，袁之進身榮祿，是經由阮忠樞作媒介的（我在民初曾面詢阮，阮不承認）。李鴻章的靠山，此時沒有力量了。榮祿為人識見不高，好恭維，愛金錢，於是袁就對他極下功夫。

榮祿何以得西后寵信呢？據英人濮蘭德所著《慈禧外紀》云：「咸豐十一年七月十七日帝薨，有一滿人曾扈隨熱河，述當日事云，慈禧性質堅毅，得人愛戴，侍衛等皆傾心向之，頗得眾助。當最危之時，太后與榮祿密商，非常謹慎，不使三人（載垣、端華、肅順）稍萌猜疑之心。大行皇帝靈櫬回都，榮祿帶兵一隊，星夜前進，以保護兩宮。」尚秉和《辛壬春秋》云：「當文宗之崩，御史董元醇奏請垂簾、親王輔政。肅順謂垂簾為祖制所不許，后心銜之，而陽與周旋，遣侍衛榮祿與恭親王奕訢密謀誅肅順，計定回京。」榮祿參預過這段機密，故深得西后信用，后因事出外為西安將軍。

光緒二十年，西太后六旬萬壽，榮祿在西安將軍任內入京祝嘏，六月到京。九月，派為步軍統領。袁世凱正於此時在京。兩人晤談後，袁與兄世敦書又云：「適值朝廷因綠營不足恃，急欲編練新軍，從北洋試辦入手，榮中堂正在物色人物。弟適晉謁，即蒙詳詢最新外國兵制，即以德國陸軍制度詳細答之。中堂甚韙予言，旋告之李爵帥，謂：『袁某對於軍事上之新學識，深有心得，畀以練兵之責，必能勝任也。』遂合詞奏保，即蒙召見，奏對稱旨。奉諭派為北洋練兵大臣。」同時又與榮祿討論戰局前途，及北洋舊有軍隊之不可恃。榮祿對於軍事素有雄心，袁便趨承意旨，代為策劃，因此又有進一步之結合（據陳夔龍云）。逮督辦軍務處成立，乃有袁世凱督練新建陸軍之命。

袁世凱督練新軍，實際上是何人推薦的，各書紀載不同。《清史稿》志三及〈榮祿傳〉，皆謂世凱練兵係榮祿所薦。陳夔龍《夢蕉亭雜記》謂：「甲午中日之役失敗後，軍務處王大臣鑒淮軍不足恃，改練新軍，項城袁君世凱以溫處道充新建陸軍督辦。該軍屯兵天津小站，於乙未冬成立。當奏派時，常熟（翁同龢）不甚謂然，高陽（李鴻藻）主之。」我曾面詢陳，陳謂：「袁世凱經徐世昌介紹於李鴻藻後，袁就對李拜門，並和李鴻藻子焜瀛往還極密，通過種種關係使李逐漸相信袁知兵。所以他首先推薦袁督練新建陸軍，這完全出於愛才之意。榮祿則是另有野心，更有宮廷後援，所以力量超過李之上，他贊成袁世凱督練，附和李主張，實欲借機培養自己實力。由此可知，推薦袁世凱者，係李鴻藻出面，榮祿則係從中極力主持者。

據《容庵弟子記》云：「乙未三月二十七日，聞李相由日本旋津，電告轉運事已結束，請假回籍，旋因督辦軍務王大臣保留，復由津入京。時軍機大臣為翁同龢、李鴻藻、榮祿（榮祿戊戌年始入軍機，原書誤），而李鴻藻尤激賞公，以公家世將才，嫻熟兵略，如令特練一軍，必能矯正綠防各營之弊，亟言於朝。榮相亦右其議，囑公擬各種辦法上之。」世凱之得在小站練兵，完全由於榮祿所提挈。世凱何以特推李鴻藻尤激賞己，榮相亦右其議，則以不願蒙榮黨之名，而必自附於號稱清流魁杓之李鴻藻。其實誰都知道他唯一的路線，即是榮祿。

陳夔龍《夢蕉亭雜記》謂：「（新建陸軍）距成立甫數月，津門官紳嘖有煩言，謂『袁君辦事操切，嗜殺擅權，不受北洋大臣節制』。高陽雖不護前，因係原保，不能自歧其說，乃諷同鄉胡侍御景桂摭拾多款參奏，奉旨命榮文忠公祿馳往查辦。文忠時官兵尚，約余同行……馳往小站。該軍僅七千人，勇丁身量一律四尺以上，整肅精壯，專練德國操，馬隊五營各按方辨色，較之淮練各營壁壘一新。文忠默識之，謂余曰：『君觀新軍與舊軍比較何如？』余謂：『素不知兵，何能妄參末議？但觀表面，舊軍誠不免暮氣，新軍參用西法，生面獨開。』文忠曰：『君言是也。此人必須保全，以策後效。』參款查竣，即以『擅殺營門外賣菜傭一條，已干嚴譴，其餘各條，亦有輕重出入』。余擬復奏稿『請下部議』，文忠謂：『一經部議，至輕亦應撤差，此軍甫經成立，難易生手，不如乞恩姑從寬議，仍嚴飭認真操練，以勵將來。』復奏上，奉旨俞允。」可見榮祿對袁，是始終維護成全的，故袁亦不顧一切，為其所用。

陳夔龍並告我：「袁世凱練兵，李高陽係原保之人，其後津門官紳多短袁作風跋扈，嗜殺擅權，李深為不滿。清流愛惜名譽，雖係原保而毫不袒護，且諷御史參劾之。榮祿則不然，只求有利於自己勢力之擴展，不問輿論如何，故始終維持到底。此後榮袁關係益密，決非偶然。」

由此可見，袁世凱最初攀緣李鴻藻以為進階，後又專附榮祿以自固，經過情況實為明顯。

據恭邸幕中人言：「光緒二十四年，恭親王奕訢病莫能興，兩宮親往視疾，彌留之際，西太后面訊後繼何人，王以『榮祿諳練能幹，可令柄政』為對。榮相始終得信任，西后實重奕訢薦舉。」榮祿本參預過機密，又得奕訢臨終的薦舉，袁世凱抓緊了榮祿。這樣根深蒂固，自然不可動搖了。

袁世凱督練新建陸軍（近畿第六鎮）：光緒二十一年（一八九五）

光緒二十年十月，設立督辦軍務處。以恭親王奕訢為督辦，慶親王奕劻為幫辦，戶部尚書翁同龢、禮部尚書李鴻藻、步軍統領榮祿、右翼總兵禮部左侍郎長麟會同商辦，而袁世凱亦調在督辦軍務處差委。其中奕訢、奕劻是皇族、素不知兵；翁同龢、李鴻藻是文人，本無軍事知識和經驗；長麟亦無甚表現。惟榮祿自以為將門之子（榮祿祖喀什噶爾幫辦大臣塔斯塔、父總兵長壽，見《清史稿．忠義傳》），野心勃勃，所以督辦軍務處重心，就在榮祿。

這次要旨，是想培植一個像漢人軍閥一樣的能控制整個大局的滿洲親貴。結果承繼李鴻章軍閥的，不是滿洲親貴而是袁世凱。

當中日軍事方殷之際，督辦軍務王大臣奏請速練洋隊，派江西按察使胡燏棻會同洋員漢納根在津招募開辦，嗣以窒礙中止，另由胡燏棻以東征糧台衛隊改練定武軍十營。其後胡燏棻派造京蘆鐵路，定武軍接統乏人。二十一年十月，督辦軍務王大臣奏請派軍務處差委浙江溫處道袁世凱督練新建陸軍。世凱乃就定武軍十營為基本，加募步馬各隊成新軍七千人。定武軍駐距津七十里之新農鎮，津沽間所稱為小站者也。原係淮軍周盛波兄弟率所統盛軍駐紮之地，曾仿屯田法鑿河引水以種稻，淮軍散後，漸成廢壘。世凱修繕擴充，營基始定。於是遣副將吳長純等分往淮徐魯豫各處，選募丁壯，又派都司魏德清等赴新民廳選募馬隊及購馬匹，又請軍務處發給新式步槍馬槍快炮，軍用器械，始成一律。十一月，報成軍（以上參據《容庵弟子記》，二、劉錦藻《清朝續文獻通考》二百十九）。

袁世凱督練新建陸軍上督辦稟如下：

竊查：泰西操法，每營分為四隊，每隊分為三大排，每大排分為二小排，均有弁目，層層節制，又節節策應，故戰每制勝，即敗亦不潰。向來湘淮營制，以五哨為一營，若照西人操法，分為四隊，遞分大小排，官弁頭目，各□其伍，平時僅可飾觀，臨陣最易潰亂，似必須參用泰西軍制，始可照西法操練。然全用西制，以步隊一萬二千人為一分軍，炮隊馬隊工程隊均在外，恐人數過多，需餉太巨，勢亦有難行。茲謹參酌時宜，並遵鈞諭，簡練一萬二千人為一分軍之數，擬分練：步隊八營，計八千人；炮隊兩營，計兩千人；馬隊兩營，每營五百人，計一千人；工程隊一營，計一千人，共計一萬二千人。步隊為主，炮隊輔之，馬隊巡護，工程隊供雜役，似部署可期周密，臨敵亦鮮貽誤。又擬將一軍分為兩翼，設統領二人管轄：每步隊二千，炮隊二千，馬隊一千；更各設分統一人，分領訓練：每步炮工程隊一千，馬隊五百，各設統帶一人，專轄約束。統領以各分統兼充，分統以各營統帶兼充，冀可省官省費，俟訓練有成，再加總統一人，以資督率。晚近將才甚少，簡練綦難，總統、統領之任，倍宜慎選，未得其人，無妨暫缺其額。至所擬餉數，例之湘、淮餉制，未免嫌優。但餉薄則眾各懷私、叢生弊竇，餉厚則人無紛念、悉力從公。且威著於知恩，罰行於信賞，每屆關餉，並簡派妥員核實點發，營員不得經手，則上無侵蝕，下免紛紜，積習頹風可冀力挽。惟現值庫帑支絀，似難驟擴規模。擬先就定武軍步隊三千、炮隊一千、馬隊二百五十、工程隊五百，照新軍章制，歸併編伍，並加募步隊二千、馬隊二百五十，合為步隊五千、炮隊一千、馬隊五百、工程兵五百，先行試練，俟訓練就緒，簡拔多材，再隨時添募擴充，增足一萬二千之數，務期練一兵必得一兵之用。

十月，督辦軍務王大臣奏：「……去歲冬月軍事方殷之際曾請速練洋隊，蒙派胡燏棻會同洋員漢納根在津招募開辦。嗣以該洋隊擬辦各節，事多窒礙，旋即中止。另由胡燏棻練定武軍十營，參用西法，步伐號令，均極整齊，雖未盡西國之長，實足為前路之導。今胡燏棻派造津蘆鐵路，浙江溫處道袁世凱，樸實勇敢，曉暢戎機，前駐朝鮮甚有聲望，其所擬改練洋隊辦法及聘請洋員合同暨新建陸軍營制餉章，均屬周妥。相應請旨飭派袁世凱督練新建陸軍，假以事權，俾專責任，先就定武十營步隊三千人、炮隊一千人、馬隊二百五十人、工程隊五百人為根本，再加募步馬各隊足七千人之數，即照該道所擬營制餉章編伍辦理，每月約支正餉銀七萬餘兩，至應用洋教習洋員，由臣等諮會德駐使選商聘訂，果能著有成效，尚擬逐漸擴充。」當日奉諭：「據督辦軍務王大臣奏，天津新建陸軍請派員督練一摺，中國試練洋隊，大抵參用西法，此次所練係專仿德國章程，需款浩繁，若無實際，將成虛擲。溫處道袁世凱，即經王大臣等奏派，即著派令督率創辦，一切餉章，著照擬支發。該道當思籌餉、變法匪易，其嚴加訓練，事事核實，倘仍蹈勇營習氣，惟該道是問。懍之！慎之！」（《德宗實錄》頁三百七十八—九）

新建陸軍只七千人，規模並不算大，但其組織甚強，其後勢力日張，幾乎佈滿全國。民國所謂北洋軍閥者，若大總統、副總統、執政、國務總理、各部總長、巡閱使、檢閱使、各省督軍、省長，以及軍長、師長、旅長都出自小站。所有當時組織情況及職員名錄，本無足輕重，因與近數十年政局關係極大，知者漸少，故就曩昔訪求所得者並錄之，以備參證。

新建陸軍，其總部分參謀、執法、督操三營務處。

參謀營務處，總辦徐世昌。

執法營務處，總辦王英楷。

督操營務處，總辦梁華殿。

幫辦馮國璋，提調陸建章（陸升左翼第一營幫統，改段芝貴），中軍官張勳（介乎今之副官長與待衛長之間），文案阮忠樞、沈祖憲、陳燕昌、蕭鳳文、田文烈、言敦源、吳篯孫等（等於今之秘書室）。

其營制分左右兩翼，左右翼長二人，左翼步兵二營，炮兵一營；右翼步兵三營，騎兵一營，共七營。每營統帶一人，幫統一人。步騎每營四隊，炮三隊，每隊領官一人。又工程一營，管帶一人，幫帶一人，每隊隊官一人。

左翼翼長姜桂題。

步兵第一營，統帶姜桂題兼，幫統陸建章，領官葉長盛、吳金彪等（其不記憶者闕，後並同）。

（姜不識字，袁以田文烈老成可靠，令往第一營任文案。）

步兵第二營，統帶段芝貴（段升督練營務處提調，改吳長純），領官王金鏡、何宗蓮等。

炮兵第三營，統帶段祺瑞，左翼重炮隊領官商德全，右翼快炮隊領官田中玉，過山炮隊領官張懷芝。

右翼翼長龔元友。

步兵第一營，統帶龔元友兼，幫統曹錕。

步兵第二營，統帶楊榮泰，領官楊善德等。

步兵第三營，統帶徐邦傑，幫統王士珍（王升工程營管帶，改劉浩春），領官王占元、趙國賢、雷震春等。

騎兵營，統帶任永請，領官孟恩遠、吳鳳嶺等。

工程營，管帶王士珍，幫帶衛興武，隊官鮑貴卿、李長泰等。

附營而設者，有糧餉局、軍械局、轉運局、洋務局。

關於軍事教育，袁世凱在小站新建陸軍成軍後，於光緒二十四年四月，創設德文、炮隊、步隊、馬隊四項隨營武備學堂。據袁世凱光緒二十九年六月直隸總督任內請奬奏：「臣部武衛右軍（即新建陸軍）自募練之始即規仿西制，創設德文暨炮隊、步隊、馬隊四項隨營武備學堂，於所部挑選學生入堂，並擬定條規，每屆兩年期滿，匯奬一次。據該堂總辦知府段祺瑞等援案開單詳請奏諮給奬，伏計該堂各員生自二十四年奏奬之後，迄今又歷四年。臣督飭該總辦率同監督、教習各員認真訓迪，不憚辛勤。各學生南北隨營，循序程功，寒暑不輟，經迭次考試，類多勇猛精進，實覺月異而歲不同。其畢業諸生材藝有成者，或拔任營員，或經湖北、山西、陝西各省紛紛諮調，派充教習營弁。其志期遠到者，選五十餘名派赴日本遊學，以資深造。近時直隸募練新軍所派將校官弁，亦多取材於此。」

德文隨營武備學堂（據田文烈言，即同文），教語言文字，以德員慕興禮為教習。

炮隊隨營武備學堂，段祺瑞為監督。炮隊學堂最著名，以德員祁開芬為教習，學生中有靳雲鵬、賈德耀、傅良佐、吳光新、曲同豐、陳文運、張樹元、張士鈺、李鍾岳、馬良、李玉麟、段啟勳、馮俊英、鄭士琦、何豐林等（有謂此即小站行營學堂者。）此又為天津武備學堂以後之北洋幹部。

步隊隨營武備學堂，劉浩春為監督，學生中有臧致平、丁搏霄、馮克耀、高鶴、田書年等。

馬隊隨營武備學堂，以德員曼德為教習。

工程隊學堂，王士珍為監督，分橋樑、電雷、土工（或曰溝壘隊）、測量四隊，以德員魏貝爾為教習，衛興武、李長泰等任隊長。

到了光緒二十五年，袁世凱撫東，新建陸軍——武衛右軍一同到東。原在小站隨營各學堂，移至濟南城外之新城（張聯棻述）。

榮祿直隸總督節制聶士成、董福祥、袁世凱三軍（新建陸軍）：光緒二十四年（一八九八）

西后命榮祿節制聶士成、董福祥、袁世凱三軍者，蓋先事準備軍隊以脅制帝黨也。戊戌政變，是政治軍事並重，而其所最重者，還是軍隊。在此三軍中所最重者，還是袁世凱一軍。

據《光緒德宗實錄》：

光緒二十四年四月己酉（二十七日），以大學士榮祿暫署直隸總督。

五月丁巳（初五日），實授榮祿為直隸總督兼充北洋通商大臣。

五月辛酉（初九日），直隸按察使袁世凱教練新建陸軍馬步各隊，請歸直隸總督節制，從之。

七月辛酉（初十日），甘肅提督董福祥奏，保定省北涿州一帶，難於安營，擬仍就省西以至正定，擇地駐營，並調集回隊五營，安插近地，以便訓練。如所請行。

袁世凱與戊戌政變：光緒二十四年（一八九八）

戊戌新進黨人為何要利用袁世凱呢？是因為他有新練的小站新建陸軍。

所謂戊戌政變者，是清末政局上一次大變動，對清末十幾年的政治也有一定的影響。當時對這件事的記載比較多，但對袁世凱向榮祿告密的記載，卻有很大分歧。后黨發動政變的理由，一般認為光緒帝要殺榮祿，包圍頤和園，危害太后。帝黨卻認為是太后和榮祿計畫九月在天津閱兵時危害皇帝。由於袁世凱告密而太后訓政，光緒被囚，因此這一政變的關鍵是袁世凱出賣光緒。我認為這次政變表面上是新與舊之爭，實際上是太后與帝之爭，根本原因只在爭權。因為爭權，所以便發生了挑撥離間、詆毀攻擊，以至於為達到目的不擇手段。我們須辨明他們的出發點，究竟是為國家還是為個人。至於釀成政變的原因，決非一朝一夕之故，亦須根據當時熟知內幕者之記載，分析研究，或可對當時真相全部揭露，使這個疑案成為信史。

這次政變的原因，可分遠因和近因兩方面。遠因，是西太后在這次以前已經有過兩次垂簾訓政，第一次是自同治元年至十二年，第二次是光緒元年至十五年。西太后為人本極陰險潑辣，加以兩次訓政總攬大權，一旦退居，自然不甘寂寞。那些老謬昏庸的滿漢舊臣仰窺意旨，更從中鼓蕩慫恿，自十五年至二十四年間，已有八、九年的醞釀，后黨待機而發，早有準備。二十四年四月，榮祿授直隸總督，握有軍事實權，並派裕祿為軍機大臣，以詗察政局。后雖頤養湖園，而已指揮若定矣。近因，是由於光緒銳意圖新，登用新進諸臣，改革太驟。四月二十三日，下詔定國是，並諭：「翰林院侍讀學士徐致靖保薦工部主事康有為等，著於本月二十八日預備召見。」旋即命康在總理各國事務衙門行走。又諭：「舉人梁啟超賞給六品銜，辦理譯書局事務。」康不得大行其志，於七月內始得各方面之運動保薦，命楊銳、劉光第、林旭、譚嗣同均加四品卿銜，在軍機章京上行走。從此凡關於新政奏摺，皆送經四卿閱覽，凡有諭旨，亦皆由四卿屬草。梁啟超說：「自四卿入軍機，然後皇帝與康先生之意始能少通，銳意欲行大改革矣。」

七月十九日，禮部六堂官懷塔布等因阻抑王照封奏，同時革職。他們本身的利害所關，於是危言聳聽，激怒太后，情勢更趨緊迫。八月一日，帝又召見袁世凱超擢以侍郎候補。這一措施更增加西后的疑忌，而榮祿更感到不安，因此八月初六日政變爆發。

楊銳等四卿中，以譚嗣同為最急進。楊銳之學問經濟，尤為帝所賞識。他們力請帝毅然大有改革。帝以權力未足，特於七月二十七日交楊銳帶出密諭，令他們妥速籌商。光緒當時的企圖，主要表現在七月二十七日楊銳所帶出的密諭（此即所謂衣帶詔也。楊被禍後，其子密藏回川，宣統元年繳呈監國，交實錄館。原諭以大白摺朱筆寫，端楷）。他說：「朕亦豈不知中國積弱不振，至於阽危，皆由此輩所誤，但必欲朕一旦痛切降旨，將舊法盡廢，而盡黜此輩昏庸之人，則朕之權力實有未足。果使如此，則朕位且不能保，何況其他？今朕問汝，可有何良策，俾舊法可以全廢，將老謬昏庸之大臣盡行罷黜，而登英勇通達之人令其議政，使中國轉危為安，化弱為強，而又不致有負聖意。爾等與林旭、譚嗣同、劉光第及諸同志等，妥速籌商，密繕封奏，由軍機大臣代遞，候朕熟思審度，再行辦理。」從這個密諭中明顯的可以看出光緒帝只希望在不致有負聖意的前提下盡黜老謬昏庸之大臣，登用英勇通達之人，藉以達到轉危為安、化弱為強的目的。至於一般所記同日賜康有為的密詔，即係前由楊銳帶出，他們轉錄交康有為者，由於新進諸臣急躁僨事，斷章取義，把「朕位且不能保」錄為「今朕位即不保」，因之把「妥速籌商」便也引申為「妥協密籌，設法相救」。原諭在楊銳處，初六日政變後，楊銳被難，康有為出走，所以康始終沒見原諭全文。王照以為此諭係康偽造，原因就在這裡。當時光緒銳意圖新，而新進諸臣迫不及待，加以九月閱兵實行廢立之說甚盛，自懷塔布等六堂官革職後，訓政之說益急，密詔中所謂「朕位且不能保」，就是指這種情形，但新進諸臣卻根據他們自己的了解，籌商出誅榮祿、圍頤和園之議。

由於帝后兩方面鬥爭，這就緊跟著袁世凱問題了。榮祿為直隸總督，節制聶士成、董福祥、袁世凱三軍。當時近畿軍隊，只有這三個軍隊整齊，而且是新式訓練，由此新進諸臣就對這三軍加以考慮，從后方扯到帝方，一可以削弱榮祿勢力，一可以保衛光緒安全。最初，康有為曾託徐致靖勸王照往蘆台奪聶士成軍。王照認為不可（見〈中國近代史資料叢刊〉第四冊王照《關於戊戌政變之新史料》，頁三百三十二）。林旭主張用董福祥，譚嗣同主張用袁世凱。林旭不贊成譚主張，曾有詩致譚，云：「願為公歌千里草（董），本初（袁）健者莫輕言。」而康門人張伯楨〈南海康先生傳〉則謂用康之議，出自康有為，謂：「先師（康有為）默審將帥中，惟袁世凱素機警，又夙駐高麗，頗知外國事，曾與同辦強學會，欲引為助，知其與榮祿厚，未必就範，惟舍此又無他路可行，於六月時，暗使徐仁錄入其軍幕，借觀志向。袁謬稱傾向先師甚。先師遽信，親薦於德宗，又為徐致靖草摺薦之，又交譚嗣同遞密奏，請結袁以備不測。上即降旨召見袁世凱。袁於二十九日入京。是日，召見於頤和園。初一日，降旨嘉獎，以侍郎候補。」我們想想，無論任何時代、任何政變，必得有基本的力量，尤其軍隊是重要條件之一，光緒帝素無得力可靠之軍隊，而西后有榮祿在直隸，對於軍事已早有佈置。所以維新諸人看中了袁世凱，這種做法並非錯誤，而不知其不可恃也。

梁啟超《戊戌政變記》云：「初三日夕，譚徑訪袁住之法華寺，要求袁保聖主、復大權、清君側、肅宮廷，相與言救上之條理甚詳。」惟未言所詳者何事。〈南海康先生傳〉則謂：「徐世昌時在袁世凱幕府（新建陸軍參謀營務處總辦），亦來。先師相與痛哭，世昌亦哭，舉座痛哭不成聲（徐是袁最親近者，所以康更相信袁）。先師乃屬譚嗣同遊說袁世凱勤王，率死士數百，扶皇上登午門，殺榮祿，除舊黨。袁曰：『殺榮祿如一狗耳！然吾營官皆舊人，槍彈火藥皆在榮處，且小站去京二百餘里，慮不達事洩。若天津閱兵時，上馳入吾營，則可以上命誅賊臣也。』」而袁世凱《戊戌日記》云：「譚嗣同突如夜訪，云：『上方有大難，非公莫能救。』因出一草稿，內開榮某廢立弒君，大逆不道，若不速除，上位不能保，即性命亦不能保。譚又說：『我想奏明皇上說，袁世凱初五請訓，請面付朱諭一道，令其帶本部兵赴津，見榮某，出朱諭宣讀，立即正法。即以袁某代為直督，傳諭僚屬，張掛告示，佈告榮祿大逆罪狀。即封禁電局、鐵路，迅速載袁某部兵入京，派一半圍頤和園，一半守宮，大事可定。茲但要以二事：誅榮祿和圍頤和園。』袁謂：『此事關係重大，斷非草率所能定，且你今夜請旨，上亦未必允准也。』譚云：『我自有挾制之法，必不能不准，初五日定有朱諭一道面交公。』又出示（帶來）朱諭，乃墨筆所書。予因詰以此非朱諭，且無誅榮相國、圍頤和園之說。譚云：『朱諭在楊銳手，此為林旭抄給我看，諭內另議良法者，即有二事在其內。』云云。據此雙方記載，新黨只揭明了殺榮。袁日記乃並舉殺榮圍園。即就殺榮而論，康傳皇上登午門宣佈，袁日記在津出朱諭宣讀，亦大有出入。」

關於此次政變，我曾面詢袁世凱。袁言：「當時宮廷和天津督署，天天有私人往還，所有秘密，他們知道比我（袁自謂）多，比我快，何待我告密？御史楊崇伊常常來津，在督署一住多日，禮部尚書懷塔布等革職後，他們到津與榮督秘談，所談何事，外人固不得知，聽說與太后訓政有關。七月二十九日，我奉旨到京。初一日召見，特賞侍郎候補。初三夜，譚嗣同來，聲言：『榮某近日獻策，將廢立』，要求我誅榮某、圍頤和園，並言『已有朱諭在手』。出示朱諭，乃係黑筆所書（即二十九日密詔節錄者），並無誅榮圍園之語。譚言，他能挾制皇上，於我請訓時，付我誅榮圍園朱諭。我聽其『挾制』二字，不寒而慄，告以『天津尚有聶、董兩軍，及淮練各軍七十多營、北京神機各旗營，事前不能接洽妥當，單靠我的七千人，如何能辦這樣大事？』譚嘵嘵不休。只得說：『九月閱兵時，皇上疾馳到我營，我定能保護皇上。』因其為天子近臣，多方應付，令其去。此是何等機密之事，彼等在別處亦昌言不諱。次日，京中已有交頭接耳談及此舉者矣。」我又詢初五日請訓皇上交何朱諭？袁言：「並未交朱諭。但諭『你練兵甚好，以後可與榮祿各辦各事』。似乎是：我的軍隊以後可與榮祿對立，不必受他的節制的意思。但亦未明言。」袁又言：「我見榮督，榮問：『請訓時奉何密諭？』我言：『請訓時並未奉有密諭，只叫我好好練兵。』榮言：『何必欺瞞？』我覺得北京舉動，彼已聞知，因言：『皇上對於太后並無他意，只是新進諸臣興風作浪。』即將初三日夜譚嗣同談話詳要說明，並言：「這是他們的策劃，與皇上絲毫無干。毋慈子孝，他們的胡作非為，萬不可牽累皇上。我們應當調和兩宮，保全皇上。』榮笑言：『你倒是皇上忠臣。』我言：『外有各國使臣，內有各省督撫，如果有非常之舉，難保不有異議，致生他故。』榮頻點頭言：『你還是好好練兵吧。』」我又詢袁：「彼時都說榮祿初五夜專車秘密到京才決定大計，實情如何？」袁言：「太后訓政，醞釀已久，近日殺榮圍園，風聲傳播。后黨方面又加甚其詞，所以提前辦理。我在此時亦是他們懷疑防閑之一人，榮果秘密到京，自然不令我知道。我此時憂讒畏譏，亦不敢多有議論。」云云。所言如是，並錄之以備參證。

我和袁世凱的上項談話，是在民國二年。袁世凱戊戌八月十四日日記，是民國十五年《申報》所載的，內容與袁對我所談者又有不同。據記者云：此日記得自張一麐，有人說這是張一麐的手筆，至少是經張氏改過的。但張一麐是袁的親信，袁世凱的事情，他聽到的比較多，因此這個日記，我們可以把它看做袁自己的另一種解說，其中最大的漏洞是袁初五日回津一段。他說：「初五日請訓，退下即赴車站，候達佑文觀察同行。抵津日已落，即詣院謁榮相，略述內情，並稱『皇上至孝，實無他意，但有群小結黨煽惑，謀危宗社，罪實在下，必須保全皇上以安天下』。語未竟，葉祖珪入坐，未幾佑文亦來。久候，至將二鼓，不得間，只好先退，約以明早再造詳談。次早，榮相枉顧，以詳細情形備述。商量良久，迄無善策。榮相回署，復約佑文熟商。是晚搢笏來招，楊莘伯（崇伊）在坐，出示訓政之電，業已自內先發矣。」這是何等重大事件，豈有當晚「略述內情」而等待「次早」卻又「枉顧」之理？

這篇日記和前幾個說法都不符合。為了掩飾告密釀成政變，而說成初五夜榮祿沒去京，初六早晨榮尚「枉顧」，訓政之電自內先發，不是自榮祿發，更與袁世凱無干。明顯的可以看出這篇日記的目的，在為袁世凱告密釀成政變這一事實洗刷。事實上卻是欲蓋彌彰，並不能達到他們洗刷的目的。

袁世凱超擢侍郎，當時就有種種傳說。榮祿不免也有些疑忌，因之他調聶士成軍守天津，並調董福祥軍秘密開赴京師，以備不測。後來榮祿內召，即令袁世凱暫護直督。有人說，這是對他表示拉攏，並藉以觀察他的趨向。實際上袁世凱是榮祿所提拔並引為心腹的人，這次告密，明顯的是站在后黨方面。但光緒召見特加擢用一事，不免添些痕跡，袁世凱卻更用盡心力，趨承恐後，慢慢的榮祿便也釋然了。陳夔龍在《夢蕉亭雜記》裡曾有下列記載：「慈聖以袁君存心叵測，欲置之重典。文忠仍以才可用，凡作亂犯上之事諉之黨人，並以身家保之，袁乃得安其位。慈聖意不能釋，姑令來京召見。袁最機警，諂事東朝，前事不憚，悉諉之主坐。而宮闈之地、母子之間，遂從此多故矣。」袁世凱又通過榮祿、李蓮英討好慈禧。因此，袁世凱不但鞏固了自己的地位，而且勢力更逐漸發展了。

最近得袁世凱與兄世勳書云：「弟迭遭慈親大故，以至銷假抵京，困難叢聚一身。蓋緣皇上急欲變法圖強，擢用康有為、梁啟超等一班維新之士佐治改革。康、梁遂設立保皇黨以資號召，知余統練新軍，誘引入黨，密奏皇上將余破格超升授為候補侍郎。余思保皇本為臣下之天職，慨允入黨。其黨綱以革除腐敗老臣、施行維新政策為宗旨。不料太后在頤和園得此消息，立召榮相並滿漢大臣商議，欲廢皇上為庶人，另立端王之子溥儁以承大統。事機不密，為康、梁所探悉，急奏皇上，降密旨命余提兵圍困頤和園，將太后軟禁，榮祿等一班奸黨一律逮捕監禁。弟接旨後頗覺進退兩難，不奉詔是欺君逆旨；若提兵軟禁太后，是助君為不孝；逮捕榮相，是以怨報德。自問天良，弟無榮相特保，安有今日之勢位？若派他人殺之囚之，弟可不問；由我督兵捕之，天理人情均嫌不合。此中委曲，後世明眼人自能諒之。弟徬徨終夜，此種重大機密又不能與幕友磋商，直至天明，決意提兵入京，見機而行。及抵京師，屯兵城外，孑身入宮，面見皇上，授余密詔，捕拿太后羽黨，榮相列首名。余只得唯唯而退。行近宮門，正遇榮相入宮，攔路問余帶兵來此何事，弟被逼辭窮，只得以實情詳告。榮相立帶弟入頤和園面奏太后。此非弟之賣君求榮，實緣榮相是余恩師，遂使忠君之心被天良所戰勝，斷送維新六君子之生命，弟之過也。皇上遂遭幽居。榮相入京掌理朝政，保弟護理直督兼北洋大臣。但弟資格太淺，斷無真除之理。如此反復圖功，必受後世之唾罵。若然拘囚太后，後世又將責弟助君為不孝也。」云云（《項城書札擇抄》）。

據此，袁對於家庭通訊，當比較確實，而與當時紀載大有徑庭之處。我們詳細分析他，即可推知其作用所至矣，如下：

加入保皇黨

康、梁設立保皇黨，在后黨視之，保皇即是反后。袁加入這黨，后黨視之亦是一樣。我初疑袁係榮所提拔並引為心腹的人，何以聶軍調守天津、董軍開赴京師防守，而不及袁軍？後來推測袁在維新運動初期，即與新黨日密而與后黨日疏（據當時紀載，袁此時未見其與舊黨有何行動可證）。后黨非不知也，只以袁帶有軍隊，兵力特強，姑隱忍以觀察其趨向耳。有人說，如果此時對袁若有不利裁制，袁立刻就可靠緊帝黨，聶、董非其敵也。

初五日面交密詔

到了八月初間，后帝兩黨已進入短兵相接時候，所云「康、梁急奏皇上降密旨提兵圍困頤和園，將太后軟禁，榮祿等一律逮捕監禁」，此當是新黨如譚嗣同等傳達密旨（或即初三夜訪一幕），而初五日面交密詔，則實有其事。當時記載則辨無其事。這時袁是站在帝一方面。

提兵入京

袁提兵入京（約在八月初四、五間），此時袁奉密旨提兵圍園捕榮，袁果遵旨辦理，就完全站在帝一方面。是否可操勝算？如想站在後一方面，關於這等大舉動，素未與后黨聯繫，那敢冒昧從事，所以他說相機而行，這時正徘徊於兩大之間也。提兵入京一事，當時記載從未敘及。這時袁已站在后、帝兩方面矣。

初五日請訓告密

袁初五請訓奉有密詔，在宮門遇榮，攔路問帶兵來此何事，在此時不得不圖窮而匕首見矣。袁以實情相告，榮帶袁入奏太后，至此袁就決定他的忠君之心不惜為天良所戰勝了。寧我負人，毋人負我，自古權奸遇到緊要關頭，都是手段很毒辣的。有人說，倘若袁在宮門含糊不表示態度，榮立刻就可殺他。袁對譚嗣同曾說：「殺榮祿如殺一狗。」這也可以說，「殺袁世凱如殺一狗」了，袁的投機亦險矣哉！這時袁完全站在后一方面，犧牲帝一方面了。

由此我們如認為袁書確實，是袁告密，地點在北京不在天津[1]，日期是八月初五日。一般記載袁到津告密、榮來京日期一切的疑問，都是附會掩飾不實在的。

袁世凱在光緒二十一年自小站督練新建陸軍到二十四年，未曾添募軍隊，他這一軍的表現，造成了戊戌政變，以破壞政局，摧殘新機，使中國萎靡而不克復振。

榮祿編練武衛軍（新建陸軍——武衛右軍）：光緒二十四年（一八九八）

光緒二十四年十月，練兵大臣大學士榮祿奉旨督練武衛軍，此雖為另一事，就北洋之軍事系統言，自亦不可不提。

武衛軍的創建，也可以說是清廷「集權中央」的一種做法。最要緊是將主帥統轄的權力付與滿人，所以把直隸提督聶士成的武毅軍調駐蘆台，改其番號為武衛前軍；把甘肅提督董福祥的甘軍調駐薊州，改其番號為武衛後軍；把四川提督宋慶所部的毅軍，調駐山海關內

1 編者案：姜鳴〈關於袁世凱告密的新史料〉，《網易新聞》二〇〇九年六月二十九日，引盛宣懷檔案《虎坊摭聞》言袁世凱在北京密告禮親王世鐸，可以參照。

外，改其番號為武衛左軍。同時，袁世凱小站的新建陸軍也改為武衛右軍。而榮祿則另募親兵一萬名，號武衛中軍，駐防南苑。這就是榮祿編練的武衛五軍。陣容已很明顯，明的是加強京師週邊的警備實力，暗的則置於交通便利、耳目易周的地方，以便控制。

現將武衛五軍官長籍歷述於下：

聶士成，安徽合肥人。咸豐年間，由武童投效廬州軍營，初隸李鴻章淮軍，積功以提督記名簡放。其後駐防北洋。光緒十年，法人據基隆，士成赴援，台防解嚴，仍回北洋。十七年，調派統領淮練等營，駐蘆台。中日開釁，葉志超軍潰，士成接統其眾。二十一年，授直隸提督，和議成。二十二年，帶隊入關，挑足淮軍馬步三十營改為武毅軍，仍駐蘆台。這支武毅軍，是從淮軍編成的，又曰聶軍。

董福祥，甘肅固原人，同治初年，回民在陝甘起事，福祥據花馬池聚眾十餘萬，為劉松山所敗，乞降，積功以提督記名簡放。光緒十六年，授喀什噶爾提督。二十年，德攘膠澳，命率甘軍入衛。次年調甘肅提督，旋又率師回甘。二十三年，調紮近畿。這支甘軍，是從甘肅關內外編成的，又曰董軍。

宋慶，山東蓬萊人。咸豐三年，收撫捻首孫之友等，編為奇勝營，同治元年，會統前敵各營，旋分統毅字三營，是為毅軍之始。河南巡撫張之萬復諮調入豫，是為豫軍之始。六年，授湖南提督，旋調四川提督，光緒八年，會辦奉天防務，移防旅順。中日開釁，幫辦北洋軍務，和議成。二十四年，統毅軍三十營，移防山海關。這支毅軍，是從豫軍編成的，亦曰慶軍。

袁世凱新建陸軍，前面業已詳述，不再復述。

榮祿自練中軍：據光緒二十五年五月榮祿奏，武衛中軍親兵萬人，調募成軍，分為二十七營旗，認真教練。

此武衛五軍，其中聶士成武毅軍、董福祥甘軍、宋慶毅軍，皆以舊將練新兵。庚子義和拳事起，聶士成殉難天津，董福祥遣戍新疆，馬玉崑（繼宋慶）、姜桂題僅浮沉其間。榮祿雖屬新軍，訓練未久，經過拳役，亦潰敗不能成軍。可說此五軍，只是袁世凱一軍帶至山東，得以保存其原有的勢力，而且勢力日益增加。

袁世凱在山東巡撫時代（武衛右軍先鋒隊——近畿第五鎮）：光緒二十四年—二十七年（一八九八—一九〇一）

自戊戌政變以後，西太后對袁世凱以其反覆，擬懲辦，經榮祿、李蓮英的解釋，而袁乃運其手腕承奉西后，於是西后對袁的寵信日益加深，適值毓賢不見容於山東，調任山西，繼任的人，就想到袁世凱，又得榮祿的推薦，在二十五年十一月袁世凱山東巡撫發表了，美國白皮書有以下一段記載：

天津美國領事J. W. Ragadale致美國副國務卿報告云：「早在一八九九年九月，這個會社（義和團）在山東已造成禍害，進行劫掠和暗殺，同時威嚇所有外國人將被驅逐出國。他們得到該省巡撫的鼓勵和同情。巡撫的一舉一動，得到北京政府的支持。我們再三促使北京政府注意他們特別寵愛義勇軍的可怕的野蠻行為。山東巡撫毓賢的撤換，是我們使館要求的，接受我們的請求，巡撫撤職的命令終於發表了。

袁世凱被任命為山東巡撫，從他一般的名望看來，外國人是希望能給予很好的幫助的。」（朱士嘉譯）

據這段記載，毓賢去山東，是他們使館要求的。袁世凱繼毓賢任，雖然沒有說明出於他們要求，但他們對袁世凱是有很大的希望的，什麼希望？就是他們的帝國主義在中國要找一個強有力的人，以進行其侵略。袁世凱是承受李鴻章衣缽的，他看準了政治的基本：軍隊之外，就是外交。他在朝鮮賞識了唐紹儀，早和英美發生了聯繫，回國以後，以至小站練兵，都是唐紹儀替他在外交方面拉攏（唐是留美留學生，當然更與美親密），又有出使美國大臣伍廷芳（伍亦是留美學生，同為袁賞識之人）內外勾串，所以袁山東巡撫發表，美國人就首先捧場了。（光緒二十七年十月，袁在山東任內奏保道員唐紹儀交軍機處記名簡放。二十八年六月，在直隸任內奏保出使美日秘大臣四品卿銜道員伍廷芳懇破格錄用。）

關於軍隊方面，袁世凱一直是不放鬆的。他奉命撫東，即帶小站所練的新建陸軍（武衛右軍）第六鎮七千人到東，又在東省添募、歸併成立二十營，名為武衛右軍先鋒隊，就是後來編練成鎮之基礎。這支軍隊屯駐在津浦之中樞，足以控制南北，其力量是相當大的。自此，山東地盤長久的在北洋軍閥勢力範圍之下，到了奉軍進關後，張宗昌督東，才有動搖。

毓賢是以袒庇義和團去職的。袁世凱怎樣呢？他對於義和團，曰：解勸、稽查、彈壓、懲辦，其有積年慣匪託名拳會，立即捕治（光緒二十六年四月奏）。遂將大股拳會驅逐到直隸東邊鹽山、慶雲一帶，由是而保定（廷雍）而天津（裕祿）而北京（載漪、剛毅等），便不可遏止了。有人說：這是以鄰為壑的辦法，一方面是維持山東地面，一方面是觀看風色，保全他個人的實力。

他佔據了南北要衝的山東，便參與長江督撫東南互保之約。他在北京緊急的時候，所派的勤王之師，只孫金彪等三千人到德州（同年五月袁世凱奏），雖然奉旨折回，後來聯軍前進天津，奉旨嚴催，也只派夏辛酉六營赴援（同年六月袁世凱奏）。他看準了聯軍力量，如果整旅以出，不過如聶士成武衛前軍潰敗而已。這還是為個人打算，保全他個人的實力。

兩宮逃到太原，李鴻章奉命到上海。袁世凱探定了和議有希望，於是在藩運各庫湊集銀十萬兩，截存安徽運解京餉銀十一萬六千兩，江蘇解京銀五萬五百兩，派員解赴行在投交（同年八月袁世凱奏）。兩宮到了西安，他又籌備現銀，分別貢獻宮廷及贈送軍機處及宮內太監等（據西安行在回來人說）。西太后自北京倉皇西狩，沿途受盡了千辛萬苦，這時得了袁世凱的源源而來豐厚的供奉，而且軍機處有榮祿，宮廷裡有李蓮英，天天在西太后面前說袁世凱的好話。李鴻章到京議和，病勢日重。這個直隸總督北洋大臣，自然當今之世捨我（指袁世凱）其誰了。

自袁世凱將新建陸軍（武衛右軍）第六鎮帶至山東，又添練武衛右軍先鋒隊二十營——第五鎮，這一支軍隊的表現，一時以他在山東能遏制拳會，參與東南互保，盛稱其能。但是他捕治拳會，並驅逐到直隸東邊鹽山、慶雲一帶，以至蔓延保定、天津、北京，釀成庚子之禍，中國不亡亦幸矣。

袁世凱在直隸總督北洋大臣時代（直隸第二、四鎮近畿第一、三鎮）：光緒二十七年—三十三年（一九〇一—一九〇七）

自李鴻章督直以後，北洋就成了政治、外交、軍事的中心。此次袁世凱督直，是出自西后預定的。前面說過，榮祿和李蓮英是其重要的關係。尤其外交方面，據光緒二十七年九月二十七日張之洞致洛陽行在軍機處電云：「昨德公使穆默自京來鄂密談，穆云，李相病頗重……。其大意願袁撫到直隸而已。按今年以來所見各國提督領事，皆盼袁撫為北洋大臣，眾口一詞，不僅穆一人也。穆又云：『假如袁調直隸，山東事有妥人接手否？』答云：『不能臆揣，但山東海面向歸北洋，山東事朝廷亦可令袁遙為兼顧照料。』穆欣然首肯」（《張文襄公全集》一百七十四）。西后心目中早有一袁世凱，而外人又重視他，所以毫不猶豫的就發表了。

袁世凱在北洋，誠然有不少的表現。關於外交方面，辛丑條約簽字後，八國聯軍由大沽口乘海艦回國，但是他們的軍官尚在天津，保留了一個共同的都統衙門，管轄天津到大沽海河兩旁二十華里的地面的民事刑事訴訟及收稅等。袁世凱是挾外交以自重的，在九月奉命督直，十月，首先奏調唐紹儀隨同來直。他駐在保定辦公，不到天津，以唐紹儀任天津海關道與各國交涉，表示八國的都統衙門不取消、八國的軍官不離天津，即不到天津辦公。當時外交樞紐在帝國主義的英美兩國，這兩國是與袁特別要好的，唐紹儀又素與這兩國有聯繫，因此兩國從中斡旋。到了次年七月，將都統衙門取消，袁才到天津，距和約簽字，差不多有一年。這是他依附帝國主義的結果，也就是北京倚靠他主持外交的先聲。

軍隊方面，在北洋的規模，比他省更為擴大，這是可以遠承淮軍、近仿武衛軍而建立的。袁世凱於光緒二十七年十月由山東巡撫升直隸總督，他在直隸總督任內，依然「整軍經武」，為自己的前途樹基礎。自就直督後，次年正月即派王英楷、王士珍等在正定、大名、廣平、順德、趙州、冀州（均今河北省境）等地，挑選壯丁六千名，創練常備軍（新練軍），算是直隸的地方武力，即是他小站新建陸軍後一種新起的勢力。

直隸常備軍（新練軍）總部，袁世凱在省垣創設軍政司，其中分兵備處、參謀處、教練處（光緒二十八年五月袁世凱奏）。

軍政司督辦，直隸總督北洋大臣袁世凱兼。文案，傅增湘。

軍備處總辦劉永慶，幫辦陳燕昌。分五股，提調言敦源、葉崇賢、王亨鑒、葉登第、姜文熙（股長稱提調）。文案孟錫珏、管風龢。

參謀處總辦段祺瑞，幫辦鄢玉春。分三股，提調靳雲鵬、李鍾岳、吳昭麟。文案徐樹錚。

教練處總辦馮國璋，幫辦鄭汝成。分二股，提調李純、南元超。

以上三處總辦，係奏派，又有營務處、糧餉、軍械、軍醫三局。

營務處總辦陳光遠、吳笈孫、

糧餉局總辦陸嘉穀。

軍械局總辦顧廷枚。

軍醫局總辦徐華清、姜文熙。

練兵處成立，北洋軍政司改督練公所。王士珍調督練公所總參議，光緒末年，王英楷、田文烈相繼為總參議，其後各省均設督練公所（以上傅增湘述）。

此項常備軍（即新練軍）營制，分左右兩翼，各設翼長一人，每翼步隊六營，共十二營，又炮隊二營、馬隊四營，又工程、輜重各一營。每營設營長一人。在保定東關外訓練。

左翼翼長王士珍

第一營營長何宗蓮

第二營營長鮑貴卿

第三營營長沈青山

第四營營長盧永祥
第五營營長曹錕（幫統兼）
第六營營長張永成
右翼翼長王英楷
第七營營長王占元
第八營營長王賓
第九營營長何豐林
第十營營長楊善德
第十一營營長王吉林
第十二營營長朱泮藻

以上常備軍，即直隸第一鎮，因所練京旗常備軍，定為近畿第一鎮，改直隸第二鎮（以上姜文熙述）。

其添練常備軍一鎮，以留京各營抽調編練，三十一年改編第四鎮（是年五月袁世凱奏），如馬隊即抽調第三鎮馬隊第一營。（李炳之云）

以上添練一鎮，即直隸第二鎮，因直隸第一鎮定為直隸第二鎮，改直隸第四鎮。

袁世凱到直，注重練兵，並注重軍事教育。他在新練軍總部設有軍事學堂，如下：

屬於參謀處者：

保定參謀學堂　光緒二十八年開辦，旨在造就幕僚幹部。段祺瑞以參謀處總辦兼參謀學堂總辦。學生中之著者張聯棻、師景雲、熊秉琦、吳新田、楊文愷、靳雲鵬、陳調元、段芝榮等。

保定武備學堂　光緒二十八年開辦，段祺瑞總辦。

測繪學堂　亦光緒二十八年開辦，段祺瑞總辦。吳佩孚即出身於此。

此三學堂設在一處，由一門進出。故有言測繪學堂係測繪班，附屬參謀學堂者。段祺瑞在保定所辦的即此三個學堂。

屬於教練處者：

練官營　總辦馮國璋，幫辦張士鈺。分步、馬、炮、工四隊　步隊隊官李澤霖，馬隊隊官王廷楨，炮隊隊官張紹曾，工隊隊官賈賓卿。據張一麐〈故代理大總統馮公事狀〉云：「公（馮）為教練處總辦，先設練官營，以張君士鈺為幫辦，遴派教員，修明操法，於是北洋舊有之軍與新成之軍，教練漸歸一律。」

保定將弁學堂　光緒二十八年開辦。招募舊軍將官及侍衛等人堂肄業，等於後來的將校研究班。據〈馮公事狀〉云：「其時淮軍宿將多若積薪，棄之則無以恤前勞，任之則與新者又格不相人，袁公又建議設將弁學堂，仍一委之公（馮）。淮軍宿將，于于而來，年之高者且逾六十，武職則至提鎮，文職則至道員，且有侍衛一班，以宮禁之虎臣，廁於諸生之列，資望既峻，約束良難，公獨剛柔得中，四方材俊，一聽公部勒。」

保定速成武備學堂　光緒二十八年開辦，旨在培植中下級幹部　馮國璋以教練處總辦兼速成武備學堂總辦。速成（北洋所轄各省）三班，協和（全國性）三班。二十九年，馮調練兵處軍學司正使。適年，段祺瑞出督各學堂（據〈馮公事狀〉）。學生中之著者，速成頭班楊文愷、盧香亭等；二班齊燮元、劉汝賢、齊振林、何恩溥等；協和頭班李景林等。據〈馮公事狀〉云：「袁公建議設陸軍學堂，齋舍、操場以及儀器、自修各室，皆取各國新制，復延聘外國軍學家，以廣教材。而師範（一曰武師範）學堂、經理學堂，亦附設於其中。」

保定軍官學堂　光緒三十二年開辦，督辦段祺瑞，歷任監督趙理泰、曲同豐、毛繼成、蔣方震等。有速成、深造兩科。宣統二年，學員畢業。其著者，深造科有師景雲、熊秉琦、陳調元、馬毓寶、張學顏、張榮魁等；速成科頭班（待補）；二班王承斌、方本仁、孫岳、唐國謨、胡龍驤、王都慶、李濟臣等。

保定軍官學堂（即現在之陸軍大學），宣統二年正名為陸軍大學。其保定速成武備學堂改為陸軍軍官學堂。故保定軍官學堂有兩種性質，一為前清陸軍大學前身，一為後來所改陸軍軍官學堂。

其時段祺瑞督辦北洋陸軍各學堂，故陸軍速成、軍官各學堂學生，皆認段為師，所謂保定（速成）軍官派也。段頗信任陸軍速成（及早期）軍官學生，不重用國外陸軍留學生。

陸軍大學　即宣統二年由保定軍官學堂正名為陸軍大學。初在保定，宣統二年遷北京。歷任校長張鴻逵、胡龍驤，學員中之著者李濟琛、徐永昌、秦德純、劉光、魏宗瀚、崔承熾、吳心田、吳光新、張聯棻、熊斌、劉驥、郭松齡、阮肇昌、陳文運、陶雲鶴、何遂等。民國十八年遷南京。

陸軍軍官學堂　即宣統二年以陸軍速成所改之陸軍軍官學堂，民國稱陸軍軍官學校。歷任校長曲同豐、蔣方震、王汝賢（洪憲時第八師師長兼），教育長張承禮。

袁世凱在北洋又編練京旗常備軍（近畿第一鎮）。

光緒二十八年十一月諭：「現在八旗挑練兵丁，著先派三千人，交袁世凱認真訓練，期成勁旅。」袁世凱奏請添派內閣學士鐵良為京旗練兵翼長；又奏：「此項旗兵既就近由北洋酌調訓練，其一切軍規營制，自應仿照北洋常備軍奏定章程，擬請名為京旗常備軍，以示區別。」

據此，京旗練兵始終由袁世凱主持，其奏請添派鐵良為翼長，蓋以示好於京旗，並藉以聯絡鐵良也。此軍既派袁訓練，其一切軍規營制，又仿照北洋常備軍奏定章程，自與北洋各鎮一樣，不過區別其名曰京旗而已。有以此軍不屬北洋系統者，殆未深考。

袁世凱在日俄戰事局外中立之時又編練北洋常備軍（近畿第三鎮）。

光緒二十九年九月，日俄兩國將在中國東三省開釁，政府以東事日急，特詔袁世凱籌備，按照局外中立之例辦理。十二月，袁世凱奏：「前因日俄消息甚緊，必須籌備，曾函商慶親王等，擬添兵三萬，需餉六百萬，先湊撥三百萬，名為開辦練兵處經費，實則用以籌防，蓋不欲彰明顯露，啟外人疑忌。」又奏：「日俄相持益急，遵諭嚴密籌防，擬增兵三萬，請飭部迅籌餉」云云。此奏擬添兵三萬，不見復奏，當是未照三萬原議添練。就可知者，北洋當局外中立之時，倉卒於直隸省而外，在山東、河南、安徽等選募，成立一軍，駐紮山海關至奉天一帶。

袁世凱在直督北洋大臣，添練了第二、四鎮，第一鎮，第三鎮，計四鎮。這四鎮的（並第六鎮）表現：

第二、四鎮並第六鎮，辛亥武昌革命，北京派軍南下組織第一軍，以這兩鎮並第六鎮為主幹。馮國璋憑藉反動的勢力攻克漢口、漢陽，以壓制革命軍，皆此第一軍也。爾後王占元第二鎮駐湖北、李純第六鎮駐江西，由此北方勢力佔據長江，而形成為南北對峙的形勢者，皆這幾鎮之作俑也。

第一鎮　卻無所聞。吳祿貞在石家莊，中央抽調第一鎮之一標歸其調遣。據說吳被戕與此京旗有關。

第三鎮　南京專使來京嗾使兵變者，即此鎮也。盧永祥率領第五協進入山西，以殘殺奸擄三晉者，亦即此鎮也。爾後曹錕率以入川、入湘，吳佩孚自衡回師戰勝皖係、奉係，橫行中原，以蹂躪我人民者，這一繼續的反動勢力，一直到第二次直奉戰爭失敗為止。

袁世凱依附奕劻：光緒三十年（一九〇四）

前清末年，政治上腐敗，都說是奕劻的貪污造成的。光緒三十年，御史蔣式瑆奏劾奕劻將私產一百二十萬送往英商匯豐銀行收存。奕劻自簡任軍機大臣以來，細大不捐，門庭如市，是以其父子（載振）起居飲食，車馬衣服，異常揮霍云云。據一般人說，他的私產一百二十萬，尚不止此數。至所謂細大不捐，則誠合乎事實。當時京官窮苦，凡是外官普通的饋送，有所謂三節兩壽。三節者，端午節、中秋節、年節；兩壽者，王爺及其福晉壽（即本人及其妻壽）。有所謂一年兩敬者，夏天曰冰敬，冬天曰炭敬。大都少則數金（那時候銀以兩計），多則十數金，這樣的饋送算是照例。到了後來，增加到百金、千金、萬金，最多幾萬金了。奕劻對於饋送者，數金、十數金固要，萬金、幾萬金也要，少亦不嫌，多則更好，所以說細大不捐。但是這時候的饋送沒有到達十萬金的。在光緒二十九年，榮祿死了，奕劻進了軍機，袁世凱去掉榮祿的庇護，就對奕劻下功夫，真是金錢萬能，一拍即合。據劉垣《張謇傳記》有一段記載說，袁世凱諂事榮祿，對奕劻也一直是按時饋贈的，但這並不能滿足他的要求，奕劻曾對人發牢騷說：「袁慰亭（世凱）只認得榮仲華（祿），瞧不起咱們的。」但榮祿自辛丑回鑾之後，體弱多病，時常請假，後竟不能入值，屢次奏請開缺，西后不准。照病勢推測，恐不久於人世，於是有慶王入軍機說消息。袁世凱立即派楊士琦賚銀十萬兩送往慶府，並向慶王說：「袁宮保知道王爺不日必入軍機，在軍機處辦事的人，每天都得進宮，伺候在老佛爺左右的許多太監們，一定向王爺道喜討賞，這一筆費用也就可觀，所以這些微數目不過作王爺到任時零用而已，以後還得特別報效。」奕劻從來未得過一次十萬金的，當即笑嘻嘻的接受了。奕劻入軍機，無論慶府的年節、生日、請客、婚嫁、子孫彌月周歲一切費用，都由世凱預先佈置，不費王府一錢，因此深得王爺的歡心。所以榮祿死後，袁世凱便投靠了奕劻。

我們再說明奕劻憑藉的地位所以貪污的緣由。前清中樞的軍政大權原在內閣，自雍正七年設立軍機房，十年改軍機處。咸豐十年，因《北京條約》設立總理各國通商事務衙門，其重要等於軍機處，奕劻自光緒十年繼恭親王奕訢後管理總理衙門。二十七年改外務部，仍總理部事。二十九年，授軍機大臣。到宣統三年改內閣，仍為內閣總理。至袁世凱內閣，始改任弼德院總裁。在此三十八年間，奕劻總攬軍政大權，所以他氣焰薰赫，趨附者眾，一時貪污風氣，便由秘密而公開了。

袁世凱聯絡慶王，為什麼要派楊士琦呢？原來甲午以前，李鴻章的胞兄李瀚章做兩廣總督有好幾年，他是有名的貪官，廣東人送他一個綽號叫做「李大荷包」。楊士驤、士琦兄弟兩人都在瀚章幕府，甚得瀚章信任。自甲午戰敗，鴻章失勢，瀚章亦就開缺了。等到庚子年，鴻章做了兩廣總督，鴻章以前的幕友多半星散，知道楊士驤兄弟熟悉廣東情形，就攜他兩人到廣東。後來奉命議和，仍回北洋任，他兄弟倆就同到北京參預機密。士驤出身翰林，小楷頗工，所有重要奏章都由他謄寫，而士琦則奔走於慶王與鴻章之間。原來在議和時，外國人以慶王頭腦不清，什麼大小的事都由李鴻章面談。鴻章遇到必須與慶王面商的時候，因自己精力不支，懶得與慶王麻煩，都派士琦通知慶王。所以士琦與慶王差不多天天見面，混得極熟。後被袁世凱得知，就把他兄弟倆仍留在北洋幕府。士驤不過是一個普通官僚而已，士琦則機械變詐，可算是一個大陰謀家。他自把慶、袁兩人拉在一起之後，得到袁世凱的非常信任（以上劉垣《張謇傳記》第三章第一節）。

據汪貽年按，王蘧常所撰《沈寐叟先生年譜》言，時疆吏多以賄進，公獨未嘗有饋遺達權要，故三年署藩不得真除云。此亦為彼時賄賂公行之證。以貽年所聞，則沈譜所言尚是婉曲之辭，實則某巨公遣人索賂於沈君，許以真除，且餂以如能過於所索，則不久可坐致封疆。沈君拒之甚力，又知既拂其意，必被中傷，故即毅然乞退云。

又按，金梁所著《光宣小紀》有云，錫文誠公（良）自聞武昌之變，頗自奮發，廷議以公督陝，召見決策，而樞要索賄八萬金，公作色曰：「生平不以一錢買官，況此時乎？」竟改授熱河都統，謂備北狩。而公預保張錫鑾為晉撫，聞致賄四萬，竟先得赴任。值此日此勢，當軸猶忍索金，真全無心肝者矣（以上《汪穰卿傳記》四）。

袁世凱供奉西太后及其太監李蓮英

袁世凱在北洋對於宮廷供奉，是無微不至的。但是人言嘖嘖，並未舉出事實。有農商部主事于守仁曾說頤和園打井故事，可以看出不少的秘密，如下：

光緒末年，西太后、光緒帝及后駐頤和園歇夏。園中雖有昆明池，卻無井，太后忽想用新法開井。這是農工商部承辦的。當時楊士琦為農工商部侍郎，係袁的嫡係舊部，凡涉及宮廷的事，無大無小，皆替袁氏關心。袁的長子克定任該部右丞，士琦與克定商派主事于守仁前去監工。此人係士琦親信的人。派定後，克定即備酒招請守仁。守仁去到袁家，克定說：「家嚴平日對宮中一切舉動，皆注意小心，這回開井監工，楊侍郎與壽翁（守仁字壽伯，清江浦人）親密，才煩壽翁前去，兄弟特請壽翁飲酒，即是囑託壽翁進去，一切謹慎。重要的是對李總管（即李蓮英，又稱皮小李），兄弟已有信紹介。我們對於他家生朝滿月都須應酬，壽翁在監工期間內如有要應酬的事，兄弟即以壽翁名義備帖代送禮物。如果遇有此事，他必聲謝，一聲謝，壽翁即知我已代送禮物了。」果然守仁一到園中，先見李，一見面，不須問，李即以壽翁稱守仁矣（自然是克定預先紹介）。到了開工的第二天（時係夏日），太后、帝、后皆來看開井，守仁跪下請安。太后叫他起來，問了些話。太后命隨從的人說：「賞他一封。」當時隨從者即置一個黃封於地，守仁叩頭謝恩。太后、帝、后走後，守仁細看所賞係一銀封，封長可三寸，長方形，黃綾紙殼糊成，旁用楷書工寫「直隸總督臣袁世凱恭進」十個字。及帶回家拆看，係十個圓形小銀錠，每個一兩，共十兩。太后、帝、后二次來看，太后又賞一黃封和糕點六件。及第三次來看，再賞一黃封和寧綢袍褂料一套、糕點又六件。在監工期間，有一天李總管來請，及見面，李稱謝云：「舍內些微小事，竟承厚賜，大不敢當。」留坐送茶談一會而散。李且問：「克定到衙門還勤嗎？」守仁以「極勤」答之。李云：「也罷。」守仁暗想：「袁大爺係本部丞參，堂堂大官，李胡有此問？」其後探得袁與李係乾親家，□□其「寄兒」也，才知道前清閹人做官，真有不少的方法。其後守仁將賞銀事告士琦，士琦曰：「此項用款皆李文忠所遺，備北洋正用，宮保得借作宮廷應酬。從前如曾文正、李文忠輩，對宮廷即不必如此。如宮保對宮廷不如此，即不能行，因為起家的資格不同，那手法也不能一樣，這是無可如何的。」此改革後守仁在農商部對其司長田步蟾所說的（以上漆運鈞述。漆前農商部僉事）。

據龔怡軒說，袁世凱在北洋對於西太后的供奉，李蓮英而外，以內務府堂郎中白敦甫者為之牽線。白有女，常入宮，因入侍之際知后嗜好，及有所需，輒走告其父轉達袁，無不及時備辦。李於事後，每為輾轉陳明。又有王桂巖者，理藩院尚書續昌管事人，與李通好，亦向袁傳達內府消息而兼採辦者。一日，後偶然說翠飾以菠菜綠鐲最佳，李以示王，遂為購進一副，色澤甚佳。后知為袁獻，偶於召對之餘提及，頗加獎許。李並告以此鐲良好，惜圈口稍大，能再有圈口合適者更美。因再囑王某覓購，遍尋京市內外，急切不可得。嗣詗知慶寬存有圈口合適的，慶知為袁購，索價十萬，雖婉商再四，竟未肯貶值如願以獻。慶字小山，初亦內府司員，善畫鐲飾花樣，曾由李之介不時傳入，當面描繪式樣圈口，平時見有珠寶商兜售佳品，即選存以備採辦者所需云云（此不止龔一人說。龔前市政公所參事，龔自珍侄孫）。袁承奉宮廷之術，此亦其一端也。

此外尚有驚人的巨額承奉，由楊士琦經手不得指出名項者，讀者意會，不再贅敘了。

練兵處編定六鎮：光緒二十九年（一九〇三）

光緒二十九年十月諭：「前因各直省軍制操法器械，未能一律，迭經降旨，飭下各督撫認真講求訓練，以期劃一。乃歷時既久，尚少成效，必須於京師特設總匯之處隨時考查督練。著派慶親王奕劻總理練兵事務，袁世凱著派充會辦練兵大臣，並著鐵良襄同辦理。」十一月，命商部左丞徐世昌開缺，以內閣學士候補充練兵處提調，直隸即補道劉永慶充軍政司正使，直隸補用道段祺瑞充軍令司正使，候選道王士珍充軍學司正使。

練兵處提調、三司再詳紀如下：

提調徐世昌（升任兵部侍郎，改會辦大臣），壽勳繼。

軍政司正使劉永慶，王英楷繼；副使陸嘉穀，姚錫光繼；監督（每司分股，股長稱監督）沈尚濂等。

軍令司正使段祺瑞，副使馮國璋（馮任軍學司正使）。軍學司正使王士珍（王調北洋總參議），馮國璋繼；副使陸建章、良弼；監督吳祿貞、哈漢章、盧靖遠等。

又有委員許秉琦、吳笈孫、緒和、劉嘉瑞、增慧、定安、王崑、鐵泉。

此次練兵處所派奕劻、袁世凱、鐵良，此三人中，自然是袁世凱為主要人物。他在天津只能遙領會辦名義，所以推薦親信的人徐世昌充當提調，劉永慶、段祺瑞、王世珍充當三司正使。在袁世凱之意，蓋欲以一手包攬練兵處，更伸展其勢力於中央也，而不知其中情況並不如是簡單。

練兵處之設，是繼承督辦軍務處而來的，形式上是統一軍政，收回各省兵權，而其重點很明顯的在北洋所練新軍收回中央，這是中央與地方之爭。實際上是想削除漢人龐大的兵權，這是滿與漢之爭。督辦軍務處打算培植榮祿以替代李鴻章，練兵處打算培植鐵良以代替袁世凱。前者榮祿保薦袁世凱督練新建陸軍武衛右軍，經過義和團事變，庚子八國聯軍結果成就了袁世凱。後者鐵良雖曾參與京旗訓練（袁世凱奏保的），但其才具資望遠不如榮祿，其所恃為暗中謀畫者良弼（士官學生），但良弼回國未久，資歷尚淺，不能放手活動，只有在練兵處招致了士官派以對抗武備派。

軍諮副使哈漢章有一段記載，現節錄於下：

中國軍隊，最早多半行伍出身，自小站練兵，始取材於武備學堂。後來派遣學生到日本士官學校留學，近年學成陸續回國，因為北方軍隊的武備派成了一種勢力，不能插進，所以分散各省。良賚臣（弼）係滿洲鑲黃旗籍，他是紅帶子，在旗人中有此嶄新軍事人材，而且才情卓越，故在北京能周旋於親貴之間，時常遊說：「我們訓練軍隊，須打破北洋武備勢力，應當找士官作班底，才能敵得過他。」樞要（反慶、袁的）中人都很領會。所以練兵處成立就調在湖北的士官第一期吳祿貞，第二期哈漢章、易迺謙、沈尚濂等；又向各省增調第一期盧靜遠、章遹駿、陳其採，第二期馮耿光等數十人來京，在練兵處擔任草擬各項編制餉章及有關教育訓練並國防上應有計劃重要職務（也有參加兵部的。）於是練兵處就成為士官派的大本營，良弼即暗中作為士官派與北洋派爭奪軍權的領導者。

其時袁世凱在北洋包攬軍權財權，人人對他無不側目而視，言官紛紛糾彈，御史王乃徵至指為元惡大憝，亦可見一時權臣之敢為，朝士之敢言矣。王乃徵奏[2]節錄如下：

……古今中外不聞舉國兵柄利權挈而授於一人之理。今練兵之事，旨派慶親王

[2] 見光緒二十九年（一九〇三）的〈籌款練兵立召禍亂奏請收回成命摺〉。

為總理，袁世凱為會辦，兼有鐵良襄辦矣。顧慶親王分尊事見，素不典兵，何從識武將一人？何能議軍政一事？鐵良之才，素無表現，愈益可想！然則大權在握者，固惟獨袁世凱耳！觀旨派提調三司，如徐世昌等皆該督薦舉，素日為其心腹，將來濟濟師旅感挾纊之恩而指揮唯命者，豈復知有他人？又況督責天下之餉需，欲戶部不得過問；舉劾天下之將弁，欲兵部不得持權，既歷史所未有，亦五洲所不聞。枝重有拔本之嫌，尾大成不掉之勢，此其立召禍亂者五也。凡此五者，事至易明，理至易辨。昔宋臣歐陽修著有〈為君難論〉，引秦符堅聽慕容垂之言而代晉，清泰帝聽薛文遇之言而移晉祚，謂兩君皆力扼群議，專信一人，以致亡國。臣恐今日之事，正有類此。

再，臣聞袁世凱之請派餉練兵也，所謂司馬氏之心，路人皆知，豈果奮忠謀以維國勢哉！……臣觀國家二百餘年，雖事變不一，從無強臣逼僭之嫌。何則？制馭有法，恩不至竭而生其慢，位不至極而長其驕耳！今該督年甫四十，曾無勳績足錄，而寵任之隆，已為曾國藩、李鴻章所未有滿溢之戒。該督既不自知逾分之嫌，朝廷獨不加慮乎？夫禁兵衛士自來必用旗籍，今宮廷之前皆列該督練軍，是其爪牙布於肘腋也。京卿重秩必於勳舊有功，今楊士琦授參議，徐世昌擢閣學，皆奔走於該督而由所薦舉，是其腹心置於朝列也。自來樞要重臣或由廷推，或膺特簡，而那桐之授外部，榮慶之入軍機，人言藉藉，謂由該督託慶親王保薦，是其黨援置於樞要也。臣愚尤所不解者，從前大學士榮祿當國，該督所諂事而固結者，知有榮祿一人而已，其餘樞臣尚皆仰該督鼻息。今春榮祿薨逝，聞該督皇皇失勢不可終日。是時有天津罷市之事，朝命罷去印花稅，不准藉端科斂，巧立名目，該督愈益悚懼。何意數月之久，而慶親王之倚信反有十倍於榮祿者。此次該督練兵籌餉之奏，聞兼擬進諭旨，慶親王即袖之以入。樞臣如王文韶、鹿傳霖等聞雖退有後言，而皆隨同畫諾。所有旨派提調三司，既由該督薦舉，歸所統轄，而皆尊以副都統之銜。又聞創立名目，有四科二十餘股之稱，至於官弁、餉需、軍械、徵調、度支，欲舉吏、戶、兵、工四部之權，一人總攝。群情駭異，謂疑於帝制，自為倚信，至斯可謂古無今有。臣竊私心揣測，誠知聖明軫念時艱，固將倚一重臣，以資柱石，而慶親王之倚信不疑，亦必有冥冥然契合於無間。臣敢謂朝廷待之以赤心，而該督不報之以戰慄哉！特是覯人者，必究其本原；謀國者，必慮其深遠。如該督之不愜於輿論，不信於朝臣，豈皆悠謬不足憑？而北洋兩年一切舉措若何，人人耳目周知，得失不難立辨。顧復欲假美名以濟其私，握重權以便於己，一封朝奏，詔旨立頒，豈忠奸可以不辨、微漸可以不防乎？夫自古元惡大憝，非必先事即著，亦豈必初心所甘？恩極位極，權寵逾溢，而羽翼之攀附，國勢之凌夷，復有所積漸而致之、相逼而成之耳！以今日國家兵賦大政悉聽一人，專恣如此，即使忠純如曾國藩、胡林翼、左宗棠，臣抑以為未可，況該督之斷斷非其人也。

此時都中空氣，對於慶、袁異常惡劣，而始終不能動搖，仍是北洋六鎮之實力。

光緒三十年，練兵處、兵部奏定營制餉章：

軍分三等，一曰常備軍，一曰續備軍，一曰後備軍。常備軍平時編制以兩鎮為一軍，每鎮步隊二協，每協二標，每標三營，每營四隊；馬炮隊各一標，每標均三營，每營馬四隊、炮三隊；工程隊一營，每營四隊；輜重隊一營，每營四隊。步炮工每隊皆三排，每排三棚；馬隊二排，每排二棚；輜重隊二排，每排三棚。各種隊伍，每棚目兵十四名。計全鎮官長及司書人等七百四十八員名，弁目兵！一萬零四百三十六名，夫役一千三百二十八名，共一萬二千五百十二員名。至戰時徵調，應按地勢敵情，或以參為一軍，或合數軍為一大軍，或只派一鎮分往一路，不受軍之節制。

光緒三十一年練兵處奏：

惟陸軍編制之始，自京旗以及各省，須通國一氣相聯。保定所駐之京旗陸軍，為京師禁旅，開練最早，已具有全鎮規模，編列號數宜居各旗之先。陸軍第一鎮，應編步隊第一、第二協，第一、第二、第三、第四標；馬隊炮隊標數、工程輜重營數，留俟京旗陸軍奏請考驗再行編列外，此次應編北洋各鎮，即自第二鎮起依次遞推。所有現駐遷安之陸軍，應編為第二鎮；駐保定之陸軍，應編為第三鎮；駐馬廠之陸軍，應編為第四鎮。第二鎮所統步隊，應編為第三、第四協，第五、箏六、第七、第八標，馬隊炮隊各編為第二標。第三鎮所統步隊，應編為第五、第六協，第九、第十、第十一、第十二標，馬隊炮隊各編為第三標。第四鎮所統步隊，應編為第七、第八協，第十三、第十四、第十五、第十六標，馬隊炮隊各編為第四標。三鎮工程輜重營數，各隨本鎮號數編立。

又，練兵處奏：

……至京畿一帶，曾調有武衛右軍分紮巡防，並有該軍千人宿衛宮禁，擬將該軍調集南苑屯紮，益以南洋自強軍兩千數百人，照新章並編一鎮，此一鎮仍作為拱衛京師之兵。……又查山東有武衛右軍先鋒隊二十營，係臣世凱撫東時編練，擬酌量情形，將該軍抽六七成擇地屯紮，汰弱留強，並增募壯丁，照新章編練成鎮。

所謂北洋六鎮，自光緒二十□年袁世凱小站督練新軍——武衛右軍；二十五年，世凱撫山東帶至濟南；二十八年，世凱督直隸又調回京畿，後改編近畿第六鎮。這是他軍事上基本的勢力。其留在山東省，有武衛右軍先鋒隊，後改編第五鎮。是年十一月，世凱到直隸任，首先釐定募兵章程，於二十九年正月成立所謂新練軍，即第二鎮。三十年又編第四鎮，這是他在小站所練七千人以後的新成的勢力。光緒三十年日俄戰爭時，又添練了第三鎮，都是他一手編成的。其第一鎮係於光緒二十八年在八旗挑練兵丁，雖奏派鐵良為翼長，也是由他訓練。所有各鎮將領大都出自小站，其中成軍的經過，言者不詳，就聽知者，表以明之，如下：

鎮名	統率者			駐紮地點	成立經過	備考
	官名	人名	年月			
近畿陸軍第一鎮	統制	鐵良		京北仰由洼	光緒二十八年十二月，諭：現在八旗挑練兵丁，著先派三千人，交袁世凱認真訓練。袁世凱奏：請派內閣學士鐵良為京旗練兵翼長。又奏：此項旗兵，擬請名為京旗常備軍。二十九年六月，成第一鎮。	光緒二十九年未改統制以前稱翼長。鳳山初任京旗第一協營務處處長，時曹錕為協統，其下有兩標統：李純、李奎元。
		鳳山				
		何宗蓮	宣統三年三月			
	第一協統領	曹錕				
		李奎元	宣統三年三月			
	第二協統領	何宗蓮				
		朱泮藻	宣統三年三月			
直隸陸軍第二鎮	統制	王英楷	光緒二十九年	直隸永平府暨附近山海關一帶	光緒二十八年正月袁世凱奏：在正定各屬挑選土著壯丁六千人分左右兩翼，各六營，又炮馬隊各三營，名新練軍。	此項常備軍——新練軍，即直隸第一鎮。因所練京旗定為第一鎮，編為第二
		馬龍標	宣統三年三月			
		張懷芝				
		王占元	宣統三年十月			

鎮名	統率者：官名	統率者：人名	統率者：年月	駐紮地點	成立經過	備考
	第三協統領	王占元	宣統三年三月		是年五月，世凱奏：按照新訂營制，創練常備軍一鎮，俟今秋明春，餉項稍裕，添練一鎮，合成一軍。	鎮，所謂添練一鎮即直隸第二鎮，編為第四鎮。
	第四協統領	鮑貴卿	宣統三年三月			
近畿陸軍第三鎮	統制	段祺瑞	光緒三十年五月，練兵處軍令司正使兼。三十一年正月，調第四鎮統制	直隸保定府暨奉天錦州府一帶。光緒三十三年三月調駐長春、奉天。宣統三年十月，開回北京。	光緒三十三年□月，陸軍部奏：陸軍第三鎮，係於光緒年間當局外中立之時倉卒成軍，無暇招募土著，因於直隸省而外，在山東、河南、安徽等省選募。	
		段芝貴	光緒三十一年正月			
		段祺瑞	光緒三十二年正月，由第六鎮統制調			
		曹錕	光緒三十二年□月			
	第五協統領	雷震春		調通永鎮總兵		
		徐占鳳		調江北協統		
		盧永祥	宣統三年三月			

鎮名	統率者 官名	人名	年月	駐紮地點	成立經過	備考
	第六協統領	張永成	調山東第五鎮			
		徐萬鑫	宣統三年三月			
		陳文運	同年□月			
直隸陸軍第四鎮	統制	吳長純	光緒二十年	直隸天津府附近馬廠、小站一帶	光緒三十一年五月，袁世凱奏：現在留京各營，改編陸軍第四鎮，分駐南苑一帶。（此軍係以抽調各鎮營編成，如第三鎮馬隊第一營。）	
		段祺瑞	光緒三十一年正月由第三鎮調			
		吳鳳嶺	宣統三年三月			
		王迁甲	宣統三年九月			
		陳光遠	宣統三年十月			
	第七協統領	楊善德	光緒三十二年□月			
		王迁甲	宣統三年三月			
	第八協統領	陳光遠	宣統三年三月			
近畿陸軍第五鎮（武衛右軍先鋒隊）	統制	吳長純		山東濟南府暨濰縣一帶	光緒二十六年三月，袁世凱奏：查山東省現有各營，先分別裁調二十營，仿照武衛前左各軍營制，擬集成新兵二十營，依次編伍，增立一	宣統三年□月山東假獨立，賈賓卿以協統為副都督，取消後亡去。
		張懷芝				
		張永成	宣統三年三月			
		張樹元	宣統三年□月			

鎮名	官名	人名	年月	駐紮地點	成立經過	備考
	第九協統領	洪自成	宣統三年三月		軍。諭：著即名為武衛右軍先鋒隊二十營，係臣世凱撫東時編練，擬將該軍抽六七成，照新章編練成鎮。	
		馬良				
	第十協統領	賈賓卿	宣統三年三月			
近畿陸軍第六鎮	統制	王士珍	光緒三十年五月，練兵處軍政司正使兼	宿衛宮門並南苑海淀一帶，後駐保定。辛亥革命，第十一協改編第二十一混成旅，由李純率往漢口；吳祿貞率第十二協至石家莊。	光緒三十一年，練兵處奏：京畿一帶，曾調有武衛右軍，分紮巡防，並有該軍千人，宿衛宮禁，擬將該軍調集南苑屯紮，益以南洋自強軍兩千數百人，照新章並編一鎮。袁世凱奏：查江南自強軍馬步炮隊共十一營，自調防畿輔，經練兵處於上年十二月間奏准該軍二千數百人，又以武衛右軍第六鎮，已於三十一年二月初一日編定。	
		段祺瑞	光緒三十一年八月，由第四鎮調			
		趙國賢	光緒三十二年十一月，調潮州鎮總兵			
		段祺瑞	宣統元年九月，二年十一月，調江北提督			
		吳祿貞	宣統二年十一月			宣統三年九月，吳在石家莊被刺。
		李純	宣統三年九月			

鎮名	統率者			駐紮地點	成立經過	備考
	官名	人名	年月			
	第十一協統領	陸建章				
		李純	宣統三年三月			
	第十二協統領	周符麟	同右			
		吳鴻昌	宣統三年□月			

陸軍部收回六鎮：光緒三十二年（一九〇六）

光緒三十二年十月，考察政治大臣載澤回國，主張立憲，首先釐定官制，在海淀朗潤園編纂。是時外省督撫到京參與者，惟袁世凱一人。那些充編纂的大臣，多守沉默，惟袁獨有主張，他最堅持廢除軍機處，改組責任內閣，設總理大臣一人（一般人揣摩說：他的用意，此總理一席自屬奕劻，他就可以憑藉奕劻勢力，為所欲為，異日奕劻去位，似乎也留下自己的地步）。北京親貴驟然看見袁這樣作風，便以為他的氣焰凌人。據袁與兄世勳書云：「本月初六奉詔入京，在政務處共議立憲，弟主張立憲必先改組責任內閣，設立總理，舉辦選舉，分建上下議院，則君主端拱於上，可不勞而治。不料醇王大起反對，不辨是非，出口謾罵。弟云：『此乃君主立憲國之法制，非余信口妄議也。』振貝子亦云，他曾出洋考察立憲國，政治井然，皆由內閣負責任所致。醇王聞言益怒，強詞駁詰，不勝，即出手槍擬向余射放，幸其邸中長史深恐肇禍，緊隨其後，見其袖出手槍，即奪去云（載灃不配有此作風，或是故甚其詞）。就此罷議而散，弟即匆匆反津」（《項城書札擇抄》）。此時親貴對袁都側目而視，所以他不等官制擬完，就被排擠回天津去了，連他帶來的隨員如張一麐、金邦平等也站不住，不由得不悄悄的跑走了。袁出京後，官制草案，軍機處改內閣，總理大臣一人，添副大臣二人，交到考察政治館總司核定的王大臣審核。其時館中設有提調為寶熙、劉若曾，軍機大臣不常來館，提調主持館務。我是該館館員，這項官制草案，叫我整理並擬摺稿，由瞿鴻禨改定具奏。大家都以軍機處要廢止，總理和副大臣要設立了。九月二十日諭：「軍機處為行政總滙……自毋庸復改內閣，軍機處著照舊行，其各部尚書，均充參預政務大臣。」據說，這是瞿鴻禨揣測西太后意旨於獨對時決定的。軍機處只留奕劻、瞿鴻禨，袁黨的榮慶、徐世昌等均出軍機。瞿又援引林紹年在軍機大臣上學習行走，可說是這時樞要的勢力在瞿鴻禨，而袁世凱勢力頓減。

官制宣佈，與袁世凱有重大關係的為北洋六鎮。其時兵部改陸軍部，以練兵處併入，鐵良為陸軍部尚書，所有他在練兵處招致士官學生，紛紛帶到陸軍部。鐵良雖曾經袁奏保他為京旗翼長（第一鎮），他們的滿漢界限，不是一個保奏就能消除的，而且他是拿士官派做班底，那能與北洋的武備派相容？於是借統一全國軍政之名，來收回北洋六鎮。那些年輕的親貴們，都以為時機到了。袁世凱亦自惴惴，所以有陸軍各鎮分別歸部歸直的陳奏，現摘錄如下：

光緒三十二年十月袁世凱奏：

查陸軍第一鎮，係臣會同尚書臣鐵良督率訓練，第二、第三、第四、第五、第六等鎮，係專由臣督練。現鐵良已補授陸軍部尚書，第一鎮本係京旗兵丁，應歸部臣專管。第三鎮駐紮保定府暨奉天錦州府一帶，第五鎮駐紮山東濟南府暨濰縣一帶，第六鎮宿衛宮門並駐紮南苑、海淀一帶，現在未設統制，各該鎮均擬請歸陸軍部直接管轄，無庸由臣督練。第二鎮駐紮永平府暨附近山海關一帶，第四鎮駐紮天津府附近乙馬廠、小站一帶，值此客軍尚未盡撤，大局尚未全定，所有第二、第四兩鎮，擬請仍歸臣統轄督練。

得旨：所有第二、第四兩鎮，著暫由該督調遣訓練（宣統二年十月，直督陳夔龍奏：

二、四兩鎮移交陸軍部）。

同時又奏：

臣所兼各差，如參預政務，為新定各部尚書之職銜，與各國之國務大臣居中任事者相類，臣忝為外僚，未宜兼任。如會辦練兵事務，及辦理京旗練兵等差，現在陸軍部業經設立，以練兵處併入，軍政所匯，責有攸歸，臣可毋庸分任。如督辦電政，督辦山海關內外鐵路，督辦津鎮鐵路，督辦京漢鐵路各差，現在郵傳部亦經建設，電務路務，均應隸屬該部，自無須臣督率經理。如會議商約一差，現在英美日本等國商約，均已議定，嗣後有轍可循，亦無須臣再參末議。以上臣兼差八項，擬請旨一併開去（以上《養壽園奏議輯要》，頁四十二）。

得旨：著照所請，開去各項兼差。

三十三年三月諭：「奕劻著管理陸軍部事務。」人多不解其原因何在，據軍機處領班章京華世奎言：「自陸軍部成立，收回北洋軍隊，部省摩擦日甚。袁督雖出第一、三、五、六四鎮，而統制以下各級軍官，都是袁舊部武備派舊人，軍部擬陸續以士官派更換，自非舊派所能甘服。事為宮禁所聞，故有此諭。諭中並有『徇私偏執，一併嚴懲』之語。太后於袁督本來倚重，其命慶邸管理陸軍部者，蓋以調處兩者之間，不致釀成事故也。」

袁世凱對東三省勢力之擴充（第一、二混成旅）：光緒三十二年（一九〇六）

袁世凱政治上的野心，總是前進的。向來北洋控制東北只在遼河以南各地區，袁氏督直後，即著手規劃奉、吉、黑三省全部。日俄戰爭結束，他就條陳統一東三省方案。光緒三十二年九月，命載振、徐世昌前往奉天，又由奉天前往吉林、黑龍江查辦事件。至三十三年三月，東三省改設行省，徐世昌為東三省總督兼管三省將軍事務並授為欽差大臣，唐紹儀為奉天巡撫，朱家寶署吉林巡撫，段芝貴賞給布政使銜署黑龍江巡撫。這都由袁世凱保薦，尤其段芝貴是袁的私人，差不多等於差官，以素無表現之候補道驟躍而署巡撫，一時輿論譁然。御史趙啟霖奏劾「段芝貴以歌妓楊翠喜獻於載振，並從天津商會王竹林借十萬作慶親王壽禮」。當派醇親王載灃、大學士孫家鼐確查，同時撤去段芝貴布政使銜毋庸署黑龍江巡撫。載灃等復奏查無其事。趙啟霖革職，而載振亦開去御前大臣領侍衛大臣、農工商部尚書等缺及一切差使。這樣處置，人人驚異。趙參不實，段芝貴、載振等不當受處分；趙參果實，則不僅以撤署巡撫開去尚書了事。其時我自東省來京，所聞參預政務大臣到館者言，此事曲折，宮廷非無所知，但是岑春煊到京，連合瞿相以排除奕劻。此等瀾言佈滿宮禁，西后一面不直此次用人之不當，一面又感於植黨營私風氣之不可開，故趙啟霖革職諭有「結黨傾陷」之語。此時慶袁一派勢力無與抗者，清議所在，仍不能不顧忌也（華世奎亦云）。此是我正在京親見其事。

據軍諮處副使哈漢章告我說：載振、徐世昌自考察東三省回京，路過天津，直督袁世凱留他們在津休息兩天，蓋討論東三省設官問題也。即以李文忠祠為招待所，召梨園演戲，楊翠喜演《翠屏山》。演畢，載振退入後面休息室，段芝貴隨之入，問：「貝子爺看他們所演何如？」載振說：「楊翠喜甚好。」段言：「我即叫他進來伺候貝子爺。」自是載振即未再出看戲，次日回京，挈楊翠喜同來。一時街談巷議，都喧傳此事。趙御史疏入，載振就連夜將楊翠喜秘密送津巨商王益孫家作為使女，借以掩避。迨載灃等派員到津訪查時，楊翠喜確在王宅，此事亦係段芝貴一手辦理，云云（哈是軍諮處派至天津歡迎載振，親見此事者）。有一人到政治館言：這使女來京，即入護國寺定府大街慶王府，送回天津時，又轉移一處，再行上車去津。

又據惲毓鼎（即著《崇陵傳信錄》者）《澄齋日記》云：

東三省建立行省，以徐世昌為總督兼管三省將軍充欽差大臣，唐紹儀、朱家寶、段芝貴為奉天、吉林、黑龍江巡撫，皆北洋所保薦也。三省為祖宗發祥之地，三百年來例用豐沛人鎮守。前年授趙次帥（爾巽）將軍，猶是漢軍旗人也，全用漢人，實自今始，而事權之重，為向來所未有。徐帥且遞條陳謂用人不關吏部，用財不關度支，練兵不關中樞。如是遼左設治，儼然折桂，北洋勢力範圍，遂包萬里。於是御史趙啟霖疏劾段芝貴鑽營放缺，慈聖疑有人主使（西林北來，外間頗有入清君側之疑，而此疏適在其後）。慶邸力請查辦，遂派醇親王、孫相國確查。越三日，御史江春霖復入一疏言：該妓可以退還天津，易於掩飾，而京報又訛傳言官大會於嵩雲草堂，謀聯銜入告為趙御史聲援。此言上達禁中，上益疑外廷結黨傾陷，兩大臣復奏查無其事，上大怒，褫趙啟霖職云。

徐世昌調往東三省軍隊，有一鎮兩混成協，名為鞏固邊防，實則擴張北洋勢力，如下：

光緒三十三年三月徐世昌奏請將陸軍第三鎮全隊撥赴東省，再於第六鎮及二、四、五鎮內抽撥步、炮、馬各隊，立混成兩協，令赴東省，填紮外兵撤退地面，均歸總督節制調遣，以重邊衛。

一、近畿第三鎮　第三鎮統制曹錕、第五協協統盧永祥、六協協統陳文運到東北後，五協，馬隊第三標駐昌圖，步九標駐吉林省城，十標駐昌圖；六協，炮三標及工程、輜重兩營駐長春。宣統二年，曹錕丁憂，由盧永祥代理統制。辛亥革命事起，袁世凱為內閣總理大臣，調第五協進關，即以步十標作衛隊（標統為唐天喜），其時曹錕已回防，全鎮陸續進關（以上陳文運述）。

一、第一混成協　三十三年四月，袁世凱奏飭二、四兩鎮，每標抽撥若干營，編為混成一協，委參將王汝賢統帶，歸東督節制（《容庵弟子記》四）。

一、第二混成協　第二協有第三、第四兩標，騎炮兵各一營。協統藍天蔚，第三標標統聶汝清。辛亥革命事起，藍謀獨立，東督趙爾巽以聶汝清接充。

事實證明，如果鞏固邊防，則軍隊佈置其重兵在奉天，當駐守安東一帶；在吉林，當駐守琿春、延吉一帶；在黑龍江，當駐守瑷琿、呼倫貝爾一帶。而徐世昌到東後，所調第三鎮，分佈於長春、昌圖、吉林省城，都在奉、吉交通便利之地，只可曰以北洋勢力移植於東三省，而與邊防無預也。

慶、袁、瞿、岑之政爭：光緒三十三年（一九〇七）

光緒三十三年丁未政潮，亦清季一大事也。慶親王奕劻自繼榮祿而為軍機領袖，直隸總督袁世凱深與結納，為其謀主。於是北洋遙制朝政，其權力之偉，更遠過於李鴻章。時瞿鴻禨以才敏受知，且有清望，簾眷亦隆，與奕劻同直樞垣，遇事每有爭持，對北洋則時主裁抑。由是奕劻與之積不相能，世凱尤憾之。而清議以奕劻貪庸，世凱跋扈，多右鴻禨。此為丁未政潮之張本。

三十二年丙午，議改官制。世凱奉命參與，欲乘機行責任內閣制，俾奕劻以總理大臣握行政全權。鴻禨知其意，隱沮之，言路亦陳其不便。孝欽採鴻禨之議，仍用軍機處制。世凱大失望，並銜鴻禨。

翌年丁未三月，東三省設督撫，以徐世昌為東三省總督並授為欽差大臣兼管三省將軍事務，班居各督之首。奉、吉、黑三巡撫，則唐紹儀，朱家寶、段芝貴也。四人之膺簡，慶、袁之力，北洋勢力愈伸張。而芝貴以直隸侯補道驟署黑龍江巡撫，速化尤可驚，輿論為之大譁。初，奕劻子貝子銜鎮國將軍載振，以按事東三省過天津，芝貴購歌妓楊翠喜以獻，至是其事闃傳焉。新授四川總督岑春煊入覲，道出漢口，突於是時入覲。孝欽念西行護駕之功，溫慰備至，留京補郵傳部尚書。未到任，即面參郵傳部左侍郎朱寶奎（黨於慶、袁者也）革職，並屢為孝欽痛言奕劻貪黷誤國，請予罷黜。慶、袁已大震，而御史趙啟霖復抗章嚴劾段芝貴獻妓載振並十萬金賄奕劻諸狀。命罷芝貴署撫，派醇親王載灃、大學士孫家鼐按其事。以世凱等巧為彌縫，載灃等亦懼開罪奕劻等，未肯深究。四月，以所參不實入告，奉諭革啟霖職（當尚未復奏，御史江春霖亦上章論列，案結後，又劾王大臣查案疑竇頗多。都御史陸寶忠、御史趙炳麟均論救啟霖）。載振不自安，乞罷，遂准其開去御前大臣領侍衛內大臣、農工商部尚書等缺及一切差使。孝欽蓋亦不能無疑於奕劻父子也。

慶、袁以瞿、岑相合，林紹年助之，均為清議所歸，非去之不能自全，力謀排去之道，乃由奕劻以獨對施其技。是月，春煊首外簡兩廣總督，擯出國門。紹年繼奉補授度支部右侍郎之命，俾罷樞直，鴻禨於孝欽前力請留紹年於軍機以資贊襄，孝欽可之，降諭毋庸到度支部任，仍直樞垣。而春煊以粵督之簡，大出意外，引疾懇辭，奉諭：「岑春煊病尚未痊，朝廷亦甚廑念，惟廣東地方緊要，是以特加簡畀，務當迅速赴任，毋得再行固辭。」始怏怏出京，陛辭時，猶以朝政為言，孝欽意亦尚惓惓云。

五月，鴻禨突以翰林院侍讀學士惲毓鼎奏劾罷斥，上諭云：「惲毓鼎奏參瞿鴻禨暗通報館，授意言官各節，著交孫家鼐、鐵良秉公查明，據實復奏。」同日，朱諭云：「惲毓鼎奏參樞臣懷私挾詐請予罷斥一摺，據稱『協辦大學士外務部尚書軍機大臣瞿鴻禨暗通報館，授意言官，陰結外援，分佈黨羽，余肇慶與該大臣兒女親家，託法部保授丞參』等語。瞿鴻禨久任樞垣，所稱竊權結黨保守祿位各節，姑免深究。余肇慶雖經法部補授丞參，該大臣並未據實奏陳，顯係有心回護，實屬徇私溺職。法部左參議余肇慶著即行革職，瞿鴻禨著開缺回籍，以示薄懲。」語意殊牽強支離，蓋不過借毓鼎一參而行其處分耳（孫家鼐等旋奏遵查各節，請毋庸置議，報聞）。奕劻之所以施其媒孽者，據聞乃以戊戌舊案動孝欽也。至七月，罷春煊兩廣總督。同日，出紹年為河南巡撫。政潮乃告一結束矣。（以上《國聞週報》第十四卷第五、六期）

袁世凱致端方兩江總督親筆密札（章行嚴藏[3]），可為此次政潮之證據，據錄如下：

午橋四弟大人閣下：上中兩旬間，奉讀三月二十五日、四月初八日兩次惠函，拜聆種切。大謀此來，有某樞暗許引進，預為佈置臺諫。大謀發端，群伏響應。大老被困，情形甚險。幸大老平時厚道，頗得多助，得出此內外夾攻之厄。伯軒、菊人甚出力。上怒乃解。而聯合防堵，果泉亦有力焉。十六日大老獨對，始定議遣出。上先擬遣，次日即發表，公舉蘇龕本意，大老亦在，上前說明，頗以為然。但大謀既去位，置蘇公，必將又鬆一步。為蘇計，大可趁此北來，在部浮沉數月，明此心跡，為將來大用地步。大謀不肯去。十六日，亦曾議及，當有對待之術。總之，伊眷漸輕，勢大衰，無能為矣，不如不來為愈也。舉武進鄭、張，上均不以為然。人得藉口，謂其推翻大

3 端方於一九一一年十一月二十七日於保路運動中被殺，此密札後流出市面，為章士釗所得。一九三七年掌故家徐一士刊登於天津《國聞周報》。

老，排斥北洋，為歸政計，因而大中傷。武進供給亦有人言及，恐從此黃鶴一去矣。兄久有去志，其願大謀或武進來代，但大局攸關，受國厚恩，何敢任其敗壞也。育公始頗受疑，此次全開差缺，由於某樞耍弄，現已釋然。默揣情形，大老決不能動，同班中或不甚穩耳。人心太險，真可怕也。大老心地厚道，事理明白，閱歷深久，聲望遠著，如推翻之，何人替代？當今實無第二。兩宮聖明，必可鑒及，若輩何不自量耶？匆匆此復，敬請臺安。祈即

付丙

如小兄名心頓首

四月十九日

再，東鄰愚弄手段素著靈活，追憶箕封，知之最稔。現以圖箕政策，轉而向我，勢非達其目的不肯歇手。歐美早悟，而我終不悟，將群起兼併之。心恐嗣後感情愈來愈惡，欲求倖免，安有斯理？七邸果歸無效，更無可望。西林求進，亦愚之甚者，處此世道，伊果有措手之處耶？多見其不德，不量力耳！近聞執事有南洋之說，如不得已，在外勝於在內，但必須使內外劃清權限，各專責成，方可稍得展布也。高明以為何如？祈閱後付丙

兄又叩

札中多隱語，某樞指鴻禨，大謀謂春煊，大老謂奕劻，伯軒為世續，菊人為徐世昌，果泉為誠勳、蘇盦為鄭孝胥，張蓋張謇，育公謂載振（字育周），武進謂盛宣懷。

據此，奕劻以危詞聳聽，即謂：瞿、岑輩謀重翻戊戌舊案，請太后歸政，頗顯然矣。人得藉口云云，蓋不啻自道耳。此最為孝欽所驚心動魄者。瞿、岑眷隆，動搖匪易，以歸政為說，實排擠之妙訣也。瞿、岑戊戌前，皆嘗與康有為、梁啟超款曲，鴻禨於辛丑間猶力舉康、梁，並請解黨禁。孝欽雖不懌，而未疑有他，不之罪也。及是京滬及海外報紙斥奕劻者，與言官所論，若出一口，奕劻輩遂持以聳動孝欽，大抵以瞿、岑外結黨人報館，主謀在歸政為詞。浸潤既行，乃借題以發之矣。

春煊四月十七日授兩廣總督，與札中所敘十六日奕劻獨對事，正相吻合（紹年十八日授度支部右侍郎，十九日命毋庸到任，仍直樞垣）。至云同班中或不甚穩，蓋微示鴻禨將去矣（世傳孝欽曾於鴻禨獨對時，甚露不滿奕劻之意，鴻禨因請解其機務，俾保晚節，孝欽頷之。鴻禨門人汪康年聞其事。旋外報載奕劻即將罷直消息。孝欽怒鴻禨洩漏，奕劻詗知，於是鴻禨被參罷斥矣。此說頗盛傳也。奕劻於鴻禨罷後，即自請罷直，蓋試探之意，雖懿旨慰留，而命載灃入軍機以分其勢。載灃分較親，惟庸懦不能抗衡耳）。

方段芝貴暨奕劻父子之彈也，道路沸然，多謂奕劻宜出軍機，春煊宜代世凱督畿輔。世凱所謂「兄久有去志，甚願大謀或武進來代」云云，蓋得意語，亦痛定思痛之語耳。盛宣懷與世凱交惡，世凱對之亦甚有虞心也。至謂「大老心地厚道，事理明白，聲望遠著，當今實無第二」云云，則慶、袁交誼深固，奕劻甘為傀儡，世凱利用之，其作此言自無足怪。趙啟霖輩直聲震一時，而謂「預為佈置，群伏響應」云云，亦見政敵口吻。

春煊入覲時，面懇開四川總督之缺，並微示願留京之意。孝欽即曰：「你的事總好辦。」又指德宗而語春煊曰：「我常和皇上說，當年若無岑春煊，我母子安有今日？」遂授郵傳部尚書，其承眷如是，迨動於奕劻之危詞，屏而遠之，而猶有念舊之意。春煊行至上海，聞鴻禨出政府，意頗遲回，因稱疾不遽赴鎮，其後決仍蒞粵矣。而開缺之諭驟下，蓋又被中傷也。慶、袁以春煊雖眷漸輕、勢大衰，而身膺兼圻重任，巖疆開府，勢猶足慮，且東朝對之並未決絕，宜更為斬草除根之計。據聞係遣其黨偽為梁啟超（一說康有為）與之同在上海時報館攝影（或謂即端方承旨所為，一說蔡乃煌），由奕劻呈諸孝欽以為佐驗。孝欽果大恚，遂罷春煊，且謂「彼負我，我不負彼也」（以上《汪穰卿傳記》四）。

據瞿宣穎（鴻禨子）跋：

項城致湮陽密札數通，其中一通為光緒丁未四月中事。是時西林赴鎮四川，道出漢口，突請入覲。既至，痛陳慶王貪庸誤國之罪，並引庚子蒙塵時情事，以危詞動東朝。於是以忠款益被顧遇，留京授郵傳部尚書，未及履任，首劾罷侍郎朱某，即項城與慶王之私人也。會貝子載振奉使污黷事發，言官露劾，道路沸然，咸謂慶王當引咎出樞輔，西林當代項城領畿疆。一時清議，延頸拭目，引先君文慎公及西林為重。慶王與項城素相膠附，項城跋扈之跡昭著，固非一日。先君嘗主北洋新軍改隸部轄之議，又於入對時屢發其奸。項城詗得之，乞人居間欲投贄稱門下，繼又請為兄弟交，皆拒不應，及是知慶王若去位，己必不免，益晝夜共謀所上惑上聽者。蓋先君與西林戊戌前皆嘗與南海、新會兩君款曲。先君於辛丑後，猶力舉兩君，並請解黨禁，東朝雖不悅而無以罪也。及是京滬及海外報紙斥慶王者，與言官所論，若出一口，若輩遂持以聳動東朝，大抵以先君與西林外結黨人報館，主謀在歸政為詞。東朝雖夙倚兩臣，終以漢人疏逖不能無疑，浸潤既行，始假端以發之。於是西林以四月復出鎮兩粵，先君以次月罷職歸里。西林行至上海，聞先君出政府，遂稱疾不赴鎮，其後項城猶恐其復起，更使僉人偽為南海與之同在上海時報館攝影，令慶王奏上東朝，以為佐驗，故亦旋罷。項城既入樞垣，盡以私人佈滿朝列內外，玩親貴於股掌，移國之謀，基於此焉。跡其生平，徒以持祿之故，不惜變亂是非，惡直醜正，以慶王父子之貪庸，而推崇之曰當今無二。以趙、江諸君之抗節敢言，直聲震一時，海內外識與不識，無不抵掌稱快者。而謂先君佈置臺諫為西林地，以罷垂簾開黨禁為輿論所引領，反供其傾陷之資。今此冊中手筆具在，其忮害先君與西林，並勾結滿臣與漢大臣中之躁進者，羽翼奸回之狀，躍然如見，始知當時眾口藉藉，信有徵也。又其人不徒壟斷朝局而已，復工於鉤距捭闔，假外人以為重，此冊中論東鄰數語，一似忠懇溢言表者，殊不知其既示德於歐美，復翹語國人曰：外交艱巨如是，非我孰能任之？歐美使節墮其術中，亦輾轉騰告曰：中國非袁某不能收拾。一倡百和，徒使我國家蒙其毒而已。試問其當國之日，所埤益於外交者，果何在乎？自項城以權譎為政，啟擁兵之端，既自速禍，亦以誤國。此札寥寥數百言，實論史者所不可忽已。

據林步隨跋：

光緒壬寅以後，兩宮歲常以春夏園居。三十三年丁未，西林入都授郵傳部尚書。一日，西林幕客同里高君嘯桐走告曰：「聞昨召見軍機之後，慶王單起，此何事也？故事樞廷獨對，必有非常處分，君在瞿相邸中寧有所聞耶？」余愕然無以對。高君謂「此事關係至巨，急宜往淀園面叩其詳」。余諾之。次晨馳往，文慎方退食，余如高言以叩。文慎喟然曰：「為贊帥耳！」蓋林文直在樞廷，以方鯁取厭同列非一日，上意亦下然。慶王獨對，即為承旨按擯文直出軍機也。旨下，授文直度支部右侍郎。故事，軍機大臣本秩已躋二品，出授卿貳，顯為左降，大駭觀聽。文直以邊省巡撫驟入政地，實文慎左右之。及是文慎為之力請，乃收回退出軍機之命，更降旨令不必到部。不知者以為文直危而復安，為文慎得君未替之證，而不知非也。西林之入都也，面劾慶王貪默，詞甚激切。臺官江春霖、趙啟霖又先後抗章彈其父子，而汪舍人康年主《京報》譏詆尤力，士論譁然和之。上亦頗為之動。一日，慶王以疾乞假，文慎承旨，太后慨然謂：「奕劻年老，設遂不起，爾試思誰可繼其任？」文慎請依故事用近支宗親，因舉醇王，太后頷焉。此事為慶王及袁督所聞。袁、慶素相結，朝士趨炎以圖自貴者，京津之間交午無虛日，聞之大恐。西林掌郵部，未履任，即劾罷侍郎朱某。到部以後，又嚴劾冗濫旗員。趙侍御彈貝子載振雖獲罪，而載振卒不敢戀棧。初，北洋候補道段芝貴進女伶楊翠喜於載振，穢德彰聞，袁實陰主之，遂得驟簡黑龍江巡撫。文慎、文直皆侃侃以為不可，而慶王已納其賕，悍然不顧也。詎意卒為臺諫所劾論而罷。若輩既自危，追原其故，以西林素為文慎所厚，漢大臣中，兩公皆得太后旨，非兩公聯翩去位，若輩不能安枕。又以江侍御、汪舍人為文慎門人，趙侍禦為邑子，疑彈章必文慎授意，於是密為傾陷之謀，以事報復。首以文慎與西林，意在復翻戊戌前案排去北洋謀歸政為詞。其詞危聳，且依約附會，頗有跡象，最足中太后之忌。文慎嘗自恃得君，密請赦還康、梁，至於再三。積前後事，遂頗有疏疑之意矣。

是日慶王之獨對，蓋即密陳此說，先去西林，使復粵督，假罷林文直事，為掩同列耳目計耳。文慎忠而忘危，竟未之覺也，事後朝士始知之。今觀袁與端手札中，果有大老獨對遣出西林及某樞不穩之言，並所進排斥北洋謀歸政之說，亦具在焉，不啻俯首自承。此事本出密謀，外間雖能揣知其情，初無佐驗，及見此札，和盤託出，遂成千古信讞矣。說者多謂汪舍人漏洩文慎奏對之語以致禍，其實當丁未春夏之交，慶王眷已稍衰，觀西林之留京，載振之開缺，朝士已微知之，無待於漏洩。此蓋若輩中傷之計已售，特假某詞臣一疏，摭暗通報館一事，以為發難之端耳。文慎忠謹素著，得君最專，豈有倚信七年之久，忽因漏一言而獲罪？況文慎之與慶王不協，上意亦非不知之耶？某詞臣此疏，出侍郎楊某手筆，先欲賄臺臣上之，皆憚清議無應者，繼重賂某始得上焉。其事宣傳輦轂，士庶無不知者。文慎罷相出都之日，由部備專車，朝士赴車站送行者甚眾，而楊某與焉。趨蹌之際，忽悚然卻行數武，見者愕然稱異云。又楊翠喜之案，交醇王及孫壽州相國查辦，壽州主稿復奏，極力為慶王父子洗刷，大為士論所不與，高嘯桐尤憤切，譏之曰：「壽州今為夭州矣。」此皆當時逸話，牽連記之。

袁督初求媚於文慎，無所不至，嘗自言當修門生之敬，文慎拒之。繼又請為昆弟交，亦不納。是時京師權貴，家有婚喪，輒由北洋公所委員供應帳飲之費，已成事例。乙巳，文慎為次子授室，援例以請，復進賀儀八百金，皆謝卻之。袁既絕意於結納，不得不謀排擠矣。

丙午議改官制，袁入京，主張最多，全案皆其一手起草。文慎與司核定，隱操可否之權，袁亦知之，曾密請先示意旨。文慎陽為推讓，袁不疑也。及奏上，竟用文慎言，不用內閣總理制，而令軍機大區不兼部務。於是鹿傳霖、榮慶、鐵良、徐世昌一日並罷，文慎與慶王獨留。袁大驚愕，失所望，而朝列亦自此多側目。不及一年，遂不克安其位矣，文慎與北洋齟齬，一在北洋創辦印花稅，一在北洋新兵歸陸軍部直轄，而官制亦其一，皆意在削袁之權也。七年之中，雖未嘗大行其志，而獻替實多，《清史稿》本傳云：「持躬清刻，以儒臣驟登政地，銳於任事。」頗得其實也。

據葉恭綽跋，林、瞿兩跋所述事實，尚有待證補者，因並出於後：

初，袁等知西太后恨康、梁不已，而岑春煊故與康、梁有舊，因以岑所攝影與康、梁攝影，復攝於一紙，若相對密談者，上之太后，后怒甚。林跋所謂依約附會，頗有跡象，即指此事。實則合二為一，稍具攝影技術者皆能之。西后不知，以為二人果密有所謀也。此事乃蔡乃煌所為，時為上海道，因此益固其位。其後湘人陳啟泰為蘇撫，遂摭他事劾罷蔡，入民國，蔡任粵中售鴉片事，與龍濟光不協，為龍所殺，傳龍實受岑指，疑莫能明也。至瞿之出軍機原因固復，而汪康年之洩露機密亦有以促之。始，慶王一日以病乞假，瞿獨對，太后詢以可繼慶之人，不知如何事洩於外，汪據證所辦《憲報》。《憲報》者，固盛宣懷出資用為喉舌者也。同時倫敦《泰晤士報》北京館員摩理遜亦先知之，急電該報，倫敦政府據以詢其駐使，適太后宴外賓，英使夫人與焉，請間以問太后，后否認其事，但疑其事只曾與瞿商，顧英人何以知之，已疑瞿之不慎矣。慶、袁詗知，因由楊士琦以五百金贈翰林院學士惲毓鼎上其疏，適中太后所忌，遂逐瞿，如林跋所言。厥後瞿歿，溥儀謚以文慎，蓋具有湔洗意也。又林跋所言改官制事，亦有足補充者。初，袁瞿議官制相齟齬，瞿短袁於太后，謂其專權跋扈。一日，太后問袁：「官制何以久未定稿？」袁謂：「意見紛歧，不易一致。」太后曰：「那怕什麼？你有的是兵，不會殺他們麼？」袁聞之汗流浹背，出即具奏：「北洋待理事多，擬回津清理。」太后可其奏。此為林跋所未及者。餘維光緒末兩方相構，早成水火，慶、袁固百出其計，瞿亦儼成大敵。大抵瞿挾臺諫及朝野清流以自重，袁則內倚親貴而以外交、軍事為後援。太后則操縱其間，自矜智術，以不學故，終為人所愚。平心論之，清自勝太平天國，西太后驕滿猜忌，暗於時勢，早成累卵之局。甲申、甲午、戊戌、庚子諸役，人心盡失，即微袁世凱，亦安能免於危亡？瞿氏徒欲以一輩書生，以廉謹勤恪支大廈之傾，其何能淑？即其所主張起用康、梁，較為有意義之舉，然由今日觀之，此改良派當政，能否遏止革命大潮，亦全成疑問。故瞿氏所為，正未必能有裨於清室，徒多一牛李洛蜀之事蹟而已。故論史者，宜曠觀前後以為判斷焉。

袁世凱在軍機時代：光緒三十三年—三十四年（一九〇七—一九〇八）

慶、袁、瞿、岑政爭，結果慶、袁勝利了。四月十七日，岑春煊外簡兩廣總督。五月七日，瞿鴻禨出軍機，他所援引林紹年，後來亦開去軍機出任河南巡撫了。一時清議，仍集矢於慶、袁。五月九日，奕劻奏請開去軍機。六月初一日，袁世凱奏患病請假，雖是裝腔作勢，實有不得不然者。

瞿鴻禨罷職後，雖世續在軍機，無非仍是旗人的關係，漢人只一鹿傳霖，已衰老不能膺繁巨，軍機處就沒有主持得力的人。西太后乃命張之洞、袁世凱同入軍機。向來軍機大臣皆出自特簡，雖說也有保薦的，但必經慎重的考慮。有一次軍機上缺人，奕劻保薦楊士琦，西太后即召見孫家鼐，問：「楊士琦是安徽籍，你看此人如何？」孫復奏云：「此人鄉評太壞，係一不講品行的人，未便用在機樞之地。」所保作罷（後來孫家鼐謚文正，一時以為即此一事，正字當之無愧）。此次張入軍機，朝廷早有此意。袁授外務部尚書入軍機，當時外務部尚書必須軍機大臣兼任，瞿既去位，軍機中無此折衝樽俎適當的人，袁以能辦外交著稱，故令其為外務部尚書、軍機大臣，其時都中有地位的人都如此說。

袁在軍機，所有一切政令，都是稟承諭旨，沒有單獨發表的事件，只外交部重要政策可以主持。當徐世昌督東三省，唐紹儀巡撫奉天，鑒於帝國主義侵略者日俄兩強難於應付，唐紹儀主張聯美，企圖拉美國勢力插入關外，以分化日俄之均勢。適美國有退還庚子賠款之舉，袁即請派唐為專使赴美，表面上是致謝退款好意，其實另有使命。袁氏外交政策本係聯英，及光緒二十八、三十一年，日英先後訂有秘約，於是不得不再聯一與國以為牽制。當時太后一派主聯俄（李鴻章在時即一貫如此主張），劉坤一、張之洞一派主聯英日，迨日俄開戰後，袁世凱等又主聯美，故有中美互派大使之議。據徐世章（徐世昌弟，隨同唐到美）告我言：「此次到美，攜有秘密的計畫，將與美締結聯盟，不僅對俄，並對英日。此次計畫極為重要，在樞府亦不盡人皆知，外邊人揣測以為是一則借款修築錦瑗鐵路，一則秘商互派大使，其時若單是這兩問題，亦無待特派專使到美商量。」世章又言：「就我們知道的，此次有一大量的實業借款（錦瑗在內）以抵制四國銀行，但唐使在美尚未談及條款，而國內政局大變，迄未進行」云云。

此時日俄戰罷，日本獨力侵略滿洲，悍然無忌，日英聯盟又隱隱佔據太平洋霸權；俄雖東絀於日，而與我西北處處接壤，隨時隨地皆有胡馬南牧之勢。中國沿邊沿海都被這幾個帝國主義者的大國所包圍，勢成孤立，如能聯美以牽制之，誠然是外交上之有計劃的政策。但是，日俄、英日是以政治運用經濟的方式來壓迫中國的；美國則從經濟包含政治的方式來壓迫中國的，它的外交是以它的經濟本身利害為主動的。總之，列邦對華各具野心，皆以有利於己為目的，那肯積極的從實際上真為中國作後盾？唐紹儀到美運動果能成功，據我們推想，不過借得一筆極巨的款項，築路開礦，誠然於華方經濟上有很多的幫助，而於政治的根本上，還是沒有重大的變更，不過是英日各國經濟的侵略添了美國侵略罷了。後來錦瑗鐵路，東督如錫良、趙爾巽，也同樣想商借美款興築，終未成就；互派大使一事，亦因無人主持，遂亦擱淺。《容庵弟子記》謂袁去位由商派大使案，則是掩飾罷斥的門面話矣。

袁世凱回籍養疴：光緒三十四年（一九〇八）

光緒三十四年十月二十一日，光緒帝死於瀛台，二十二日，西太后亦死於儀鑾殿。光緒先死，距太后死時約早大半日。當時太后病重，軍機大臣慶親王奕劻等入內，請立嗣繼承帝位，太后似無若何表示。退而奕劻與世續、張之洞、袁世凱等共同討論，復相偕入內，於是以皇太后懿旨攝政王載灃之子溥儀為嗣皇帝，攝政王載灃監國。當時在京有地位的人，都如此說。

據《光緒德宗實錄》如下：

> 光緒三十四年十月壬申（二十日），上不豫。
>
> 同日，諭：「朕奉皇太后懿旨：『醇親王載灃之子溥儀，著在宮內教養，並在上書房讀書。』」
>
> 又諭：「朕奉皇太后懿旨：『醇親王載灃授為攝政王。』」
>
> 癸酉（二十一日）上疾增劇。上疾大漸，酉刻，崩於瀛台之涵元殿。
>
> 同日，皇太后懿旨：「攝政王載灃之子溥儀入承大統為嗣皇帝。」
>
> 又，皇太后懿旨：「現值時事多艱，嗣皇帝尚在沖齡，正宜專心典學，著攝政

王載灃為監國，所有軍國政事，悉秉承予之訓示，裁度施行，俟嗣皇帝年歲漸長，學業有成，再由嗣皇帝親裁政事。」

甲戌（二十二日），太皇太后懿旨：「……現予病勢危篤，恐將不起，嗣後軍國政事，均由攝政王裁定，遇有重大事件，必須請皇太后（此皇太后指隆裕）懿旨者，由攝政王隨時面請施行。」

同日，太皇太后疾大漸，未刻，崩於儀鑾殿。

據揮毓鼎《崇陵傳信錄》：「戊申秋，突傳聖躬不豫，徵京外名醫雜治之。十月十六日，尚書溥良自東陵覆命，直隸提學史傅增湘陛辭，太后就上於瀛台，猶召二人入見，數語而退。太后神殊憊，上天顏黯淡。十八日，慶親王奕劻奉太后命往普陀塔視壽宮，二十一日始返命，或曰有意出之。十九日，禁門增兵衛，譏出人，伺察非常，諸閹侍出東華門淨髮，昌言駕崩矣。次日，寂無聞，午後傳宮中教養、醇王監國之諭。二十一日，皇后始省上於寢宮，不知何時氣絕矣，哭而出，奔告太后，長歎而已。……畀帝尸甫出乾清門，有閹侍馳告太后病危。皇后率閹侍踉蹌回西苑。帝崩之明日，太后乃崩。」

據袁世凱與弟世彤書：「皇上已於二十一日酉刻龍馭上賓，余奉懿旨於半夜入宮。太后本在病中，受此驚慟，愈形沉重，召余至榻前，親受懿旨，立載灃之子溥儀繼承大統，深恐宗室懿戚中有異議，命余在宮中彈壓。那知延至次日辰刻，余在醇王府中商承大統事，忽見內監奔來，報稱：『太后駕崩，有遺命請王爺與袁中堂入宮，共襄大事。』余與醇王雖有夙嫌，當時事到臨頭，只得盡釋前嫌，同行入宮。由醇王福晉親送新皇帝入宮，舉哀即位，年才四歲，遵太后遺命以皇父醇王為攝政王，抱新皇帝登基，受百官朝賀」云云。《容庵弟子記》：「孝欽后欲立溥儀，密以詢公，公力贊成，且倡議以醇王監國。」此則以宮中夜半定策之功，完全推在袁身上矣。

以上光緒帝、西太后先後死及溥儀嗣位，《實錄》按日排載，係根據內閣發抄諭旨及軍機處檔案，證諸惲錄，日期決無舛誤，與袁信說二十一日半夜入宮親受懿旨，二者迥不相同。且以時考之，奕劻二十日尚未返京，則二十日之諭旨當然是張之洞、袁世凱榻前承命，而奕劻並不在側。惲錄亦有內閹昌言駕崩之語，或光緒帝實已於二十日死去，因繼承未定，秘不發喪，至二十一日始正式以帝崩佈告中外。一時傳說，太后病危，一切朝旨均逕由軍機處擬發，甚而言西太后死後追發者。此時太后病雖沉重，對於繼承大事，當然尚要主持，其謂逕由軍機處擬發者，似不盡然。其癸酉（當在二十一日半夜後）懿旨，預留西太后訓政地步，還是秉承或仰窺西太后意旨；甲戌（當在二十二日早）懿旨，則是秉承隆裕意旨，若死後追發，亦無庸如此措詞矣。因此事於清廷與袁世凱大有關係，故詳紀之。

西太后死了，攝政王載灃監國，黨於袁者，都為袁危。果然，十二月十八日（距西后死五十七日）譴斥之諭下矣。如下：

軍機大臣、外務部尚書袁世凱，夙承先朝屢加擢用。朕御極後，復予懋賞。正以其才可用，俾效馳驅，不意袁世凱現患足疾，步履維艱，難勝職任。袁世凱著即開缺回籍養疴，以示體恤之至意。

此段公案言人人殊，有謂是日隆裕太後面諭監國叫「殺」的，有謂親貴們主張「拿交法部治罪」的，經張之洞再三乞恩，始改為「開缺回籍養疴」。張乞恩理由，以為「袁在直多年，握有龐大的軍力，如果嚴懲，恐生他變」（其實，袁的軍力在北洋六鎮：京旗第一鎮何宗蓮，遷安第二鎮馬龍標，吉林第三鎮曹錕，山東第五鎮張永成，南苑第六鎮趙國賢。我們想想，這一般人均是舊日提鎮，拜爵公朝，亦不過感恩私室，若為著袁個人的進退，有那一個敢於擁兵發難拼著頭顱公開地說一「不」字呢？在帝威高壓之下，若因擁護私人而釀出變故，這是不容易而且不可能的事情）。當日經過是否如此，外人不知也。有詢張者，張亦不明言（以上楊熊祥述。楊，清學部總務司司長，是時常在白米斜街張處）。

據穆瀛（鐵良子）說：「項城放歸事，聞諸吾父云，隆裕召軍機領班獨對，攝政在側，慶邸入，后出『先帝手敕辦袁世凱』，慶伏地無言，后怒甚，問：『汝何意？』慶回奏請『召漢大臣議』，並陳『張之洞在值未退』。后即斥退慶，召張入，示以此旨，張回奏大意：「主幼時危，未可遽戮重臣動搖社稷，可否罷斥驅逐出京？』后默許。遂有回籍養疴之諭。袁在樞垣，起坐不寧，張下，迎詢上意，張謂『回去休息良佳』，袁謝『世叔成全』，匆遽退值，即日赴津。」

袁由內廷返錫拉胡同寓所，已備悉譴斥經過，異常驚惶，惟恐尚有後命，遂匆遽微服赴津，暫憩於英租界利順德飯店，令人密告直隸總督楊士驤囑圖一晤。楊聞之大驚，立遣其長子毓瑛（字璞山）往見，始知袁「擬連夜搭輪赴日本避禍」。毓瑛告以「其父不便出署，但太老師（楊拜門稱受業，故毓瑛稱太老師）係奉旨穿孝大員（袁以軍機大臣、外務部尚書，奉旨賞穿百日孝），今擅釋縞素，又不遵旨回籍，倘經發覺，明日續有電旨令拿辦赴京，則禍更不測，且亦決無法庇護」。袁聽之徬徨無策。毓瑛返署報告其父。楊立飭鐵路局速備三等車兩輛，另調機關車，升火待發，再令毓瑛赴利順德報告袁，即陪同坐一輛馬車赴老龍頭車站（即津東站）登車，由路局某總辦陪同返京。楊並堅囑袁「明晨必須返豫，不可稍作勾留」。袁遂於次晨由西車站倉皇登車，時到站相送者，僅學部左右侍郎寶熙、嚴修及端緒（禮部郎中，端方之弟）、繼光（端方之子）數人而已。是日適學部值日，嚴修抗疏請收回成命，監國面囑張之洞轉告嚴：「此旨已屬從寬，不必再有瀆請。」遂未明發諭旨。嚴旋即奏請開缺，得諭旨即返津云（以上津幕親與其事者云）。

據徐一士題〈項城致洹陽手札．廬江劉氏紀〉：戊申項城放歸，是日，樞臣散直，攝政王復召世、張二相，出諭旨，初更嚴峻，經世相力爭，僅得開缺回籍。項城奉詔面赤，強作獰笑云：「天恩誠厚。」時孝欽顯皇后之喪仍在宮中，先帝奉移觀德殿，項城為恭辦喪禮大臣之一，輪日值宿，忽念及此曰：「今當直，奈何？」世相曰：「吾為子往。」項城半跪謝之。乃出為歸計。聞其家人恐有後患，力勸為國外之行，項城意不之動，家人長跪許久，號泣隨之。乃以電話召張鎮芳都轉至京議之，為籌資斧計也。語至經夜，翌日（袁於罷職當日赴津，即夜返京，次晨即由西車站出京。此記云翌日赴津者誤），與乘京奉車至天津，都轉在一等車，至城站下；項城微服在三等車，至老龍頭車站下，寓利順德飯店。旋得趙智庵（秉鈞）、楊杏城（士琦）兩侍郎電話，促其速返，乃還京就道。一說，項城之免罹重辟，南皮之力為多，謂攖監國手滑也。戊申嚴旨朱筆，有「居心叵測，著拿交法部嚴訊」語。其以足疾放歸，蓋從南皮墨筆旁注。胡晴初（嗣瑗）曾見之內閣舊檔中，云云。

光緒三十四年十二月，袁世凱開缺回籍養痾，似乎他的政治生命暫時作一結束了，但是他的舊部仍然佈滿各地，北洋各鎮統制等，仍是他提拔之人。這些人心目中本來只知有他們的宮保，一時迫了朝命，雖都不敢說什麼，而無不期待他的東山再起。袁自回到彰德，以至再出督師，為時將及三載，他的潛勢力依然存在，等到他重執朝權，仍是大大的得力於北洋六鎮。

附：全國陸軍三十六鎮

光緒三十□年□月練兵處、兵部奏：常備兵額，約需三十六鎮

三十三年□月，陸軍部奏云：兩年以來，內由練兵處王大臣、外由各省督撫等分別籌

餉，次第編練，其業經成鎮考驗奉旨編定者，為近畿第三鎮，直隸第二、第四鎮；見已具報成鎮者，為近畿第一、第五、第六鎮，湖北第七鎮；此外各省，或甫成一鎮，或先成兩協及一協一標，並有未經編練者，亟應分配兵區，立定年限，依期如數編足。

近畿四鎮，現在已成四鎮，內一鎮移駐山東，又經東三省奏准，調在一鎮，並混成一協，除俟各該省自編成鎮或自籌的餉，再由臣部照原撥鎮數，分別調回，及添練補足，以符定額。

直隸兩鎮，山東一鎮，現在直隸兩鎮業經編定；山東一鎮，係以近畿第五鎮移駐，應令該省另籌的餉自編一鎮，將原鎮調回或騰出第五鎮，籌餉由陸軍部另編一鎮，即以原鎮改屬該省，均由該撫詳細參酌，諮商度支部、陸軍部奏明辦理，仍以三年為限。

江蘇兩鎮，現在江寧已成一鎮，應令按照章制認真編練，以待考驗；江蘇已編步隊一協，馬炮隊各二隊，工程一隊，並擬編輜重一隊，應限三年編成一鎮。

江北一鎮，現已編成步隊一協，炮隊二營，應由南洋大臣會同江蘇、山東、河南、安徽四省巡撫、江北提督協籌的餉，限四年編成一鎮。

安徽一鎮，江西一鎮，河南一鎮，湖南一鎮，現在安徽已改編步隊一協，馬隊一營，炮隊二隊，工輜各一隊，軍樂半隊；江西已編步隊一協，馬隊二隊；河南已編步隊一協，馬炮隊各二營，軍樂一隊；湖南已編步隊一協，應統限四年一律編練足額。

湖北兩鎮，現已編成一鎮，又混成一協，應限三年編練足額。

浙江一鎮，福建一鎮，現在浙江已編一協，據奏擬編一鎮；福建已成步隊一協，擬編步隊一協，炮隊一營，工程二隊，應均限二年各編足一鎮，以符定額。

廣東二鎮，廣西一鎮，現在廣東已編混成一協；廣西已編步隊三營，炮隊一營，均應限以五年一律編練足額。

雲南兩鎮，現在已編步隊一協，炮隊二營，應限五年籌餉添練，於限內編練足額。

貴州一鎮，現在已編步隊一標，應限五年編練足額。

四川三鎮，現在已編步隊一協，應限三年編足兩鎮；其餘一鎮，另有度支、陸軍兩部商籌協撥，統於限內編練足額。

山西一鎮，陝西一鎮，現在山西擬編混成一協，已成步隊一協；陝西已編步隊一協，炮隊一隊，均應限以三年，一律編練足額。

甘肅兩鎮，新疆一鎮，現在甘肅已編步隊一協，馬隊二營，炮隊各一營，應限五年編足兩鎮；新疆已編步隊一標，馬隊二營，炮隊一營，應限三年編足一鎮。

熱河一鎮，惟創始非易，應令該都統妥為策畫，限四年編練足額。

奉天一鎮，吉林一鎮，黑龍江一鎮，現在該省除奏調近畿一鎮及混成二協外，其自行編練者，惟吉林步隊一協，其餘均未編設，應責成該省督撫等速行籌畫，統限二年一律編練足額。

清末練新軍，僅北洋練有六鎮，各省亦練有新軍，而獨北洋著稱於時者，其原因可略言之。

清末練新軍時，以北洋六鎮配備最好。槍炮彈藥，皆最新購自外國者，效能極強。各省新軍名為洋操洋械，但與北洋六鎮相比，則又多係粗劣舊械，故實際力量相去甚遠。

北洋六鎮在編練之始，雖亦收有防軍，但選擇極嚴，實同徵募兵，兵士之體格、文化，皆有一定之標準，而各省則多係舊兵改練，即新招者亦未經過嚴格之甄別，故士兵之本質亦不同。

新軍之訓練，關係軍隊之優劣。北洋當時選聘外國知名軍人充當教習，尤其中下級軍官多半熟習新操新制，各省之督撫統領，或則敷衍塞責，或則對新事所知不多，故訓練之認真與敷衍又有極大區別。

北洋六鎮軍費充沛，故官兵軍餉較他省為高，各省則僅按數頒發，這對士兵的鼓舞上影響尤大。

綜上所述，北洋新軍與各省新軍實有不同，加以各省互不相屬，勢力分散，不能統一，以六鎮訓練有素而裝備待遇有極大不同之北洋新軍，與各省一鎮或一二協相較量，強弱之勢非常明顯。袁世凱所以能操清室政局，而別人莫可奈何，六鎮新軍實係其根本。

光緒三十年畫定軍制，改定新軍區為三十六鎮。據《清史稿．兵志》所載，三十三年統計至宣統三年，先後共成立十六鎮（《兵志》作二十六鎮，誤）。武昌變起，各省應之。三十六鎮卒未全立，並表列之以備參考。

	光緒三十三年統計				宣統三年統計	備考
	鎮協名	駐地	官兵數		鎮協名	
近畿	第一鎮	京北仰山洼	七四八	一一,七六四	第一鎮	
	第六鎮	南苑	七四七	一一,八四六	第六鎮	
直隸	第二鎮	保定永平等府	七三七	一一,一七三	第二鎮	
	第四鎮	馬廠	七四八	一一,七五六	第四鎮	
山東	第五鎮	省城濰縣昌邑等處	七四八	一一,七六四	第五鎮	
河南	第二十九混成協	省城	三三八	五,六一八		
	步隊一協馬炮隊各一營	調駐京城	一六二	三,〇八五		以上直魯豫兵力
山西	步隊二標馬炮隊各一營	省城	二六二	四,五五七		
陝西	步兵一協炮隊一隊	省城	二二〇	三,九三六		
甘肅	步兵二標炮隊一營	省城河州固原西寧	二二一	四,一二八		
新疆	步隊一協馬隊一標	省城	一六七	二,三三二		
東三省	第三鎮	吉林省城長春寧安延吉及奉天錦州等處	七五三	一一,八八三	第三鎮	
	第一混成協	奉天省城	三〇三	三,〇五九		
	第二混成協	奉天新民等處	三〇四	五,五一三		
	第二十鎮				第二十鎮	

	光緒三十三年統計				宣統三年統計	備考
	鎮協名	駐地	官兵數		鎮協名	
吉林	步隊一協一標炮隊一營	吉林	三六一	七,八七〇	第二十三鎮	以上北方各省兵力
江南	第九鎮	省城	七六九	八,二五五	第九鎮	
江蘇	第二十三混成協	蘇州等處	二七四	四,三四五		
江北	第十三混成協	清江浦	三七六	二,四八一		
安徽	步隊二標馬隊一營炮隊一隊	省城	二五三	四,一五五		
江西	步隊一協馬隊二隊	省城	二三一	四,二八七		
湖南	步隊一協炮隊一營	省城	二四八	四,〇五六		
湖北	第八鎮	省城	七〇二	一〇,五〇二	第八鎮	
	第二十一混成協	武昌漢陽及京漢鐵路	二八八	四,六一二		以上長江各省兵力
浙江	步隊一協	省城	一五九	二,三八四	第二十一鎮	
福建	第十鎮	省城及福寧延平等處	四五五	六,七八八	第十鎮	以上沿海各省兵力
雲南	步隊一協炮隊一營	省城及臨安	二三八	四,二四八	第十九鎮	
貴州	步隊一標炮隊一隊	省城	一〇七	一,八四六		
四川	步隊	省城	一一	六一(?)	第十七鎮	

	光緒三十三年統計				宣統三年統計	備考
	鎮協名	駐地	官兵數		鎮協名	
廣東					第二十一鎮	
廣西					第二十五鎮	以上西南五省兵力

第二篇
孫中山與袁世凱的鬥爭

緒言

孫中山是舊民主主義革命的領袖，袁世凱是反革命的官僚。這兩人代表著敵對的階級，根本不相容。在辛亥革命中，袁世凱打擊孫中山，是反革命向革命的攻擊，其陰謀是非常狡猾的，事實經過是非常錯綜復雜的。今就自己所知，特作比較有系統的敘述如下：

袁世凱在北洋的勢力

袁世凱站在封建統治的立場，一向是挾有北洋實力而又依靠帝國主義以自重，這是人人皆知的，不待贅述。到了光緒三十四年十二月（一九〇九年一月）回籍養疴，他的政治上野心仍是無止境的。他在彰德洹上村，一直是在不斷的和各方面進行拉攏，注視著國內外的一切政治情況，迫切的期待著有利的機會，準備東山再起，奪取政權。在政治上的主要聯絡對象：在朝的有清室親貴奕劻等，滿族大員那桐、蔭昌等，漢族大員徐世昌等；在野的有君主立憲派楊度、張謇等，革命黨人朱芾煌等。在軍事實力方面：他的舊部佈滿各地，當時北洋六鎮，雖然歸陸軍部直轄，但統制仍是第一鎮何宗蓮，第二鎮馬龍標，第三鎮曹錕，第四鎮吳鳳嶺，第五鎮張懷芝，第六鎮段祺瑞（宣統二年十二月換吳祿貞），而且還有姜桂題、張勳等人所率各軍，都是他當時一手提拔起來的舊部。這些軍隊，心目中並不知有國家，只知有他們的「袁宮保」。他在彰德時，這些將領沒有一個不是歲時餽遺絡繹不絕的。在國際方面：各國使館他都有人進行聯絡，特別是英帝國主義駐華公使朱爾典，他們經常保持著聯繫。在這種情況下，洹上村儼然成為當時政治、軍事、外交的一個中心。

袁世凱這種活動，從他所拉攏的對象，可以看出無論君主專制、君主立憲或資產階級革命，在他都無所用心。他所希望的是無論什麼主張，只要能給造出一個機會來達到自己奪取政權的目的就好。武昌起義後，各省紛紛響應，清室政權已經陷於不可收拾的地步，同時中國資產階級還是比較幼稚的，起義軍的內部分子又非常復雜。這方面的情形，袁世凱看得很清楚，這是他期待已久的機會，他要利用來奪取最高統治權。他的部下很了解他，都曾積極的向他獻策。他的親信幕僚張一麐，在民國四年密陳大計呈稿中說明了在辛亥革命時就對袁世凱實行過「勸進」。他說：「當大總統視師蕭家港時，一麐曾馳電勸進，是時天下大亂，民無所歸。」（《心太平集》卷一，頁十二）袁世凱這樣想，他的部下又這樣勸，為什麼到民國四年才發生「洪憲帝制」呢？這種事實，徐世昌了解的很多，曾和我談過當時的大概情形，他說：「辛亥革命，項城起用，武漢督師，入朝為內閣總理，此時權勢，無與抗衡者。其左右親昵即有以利用機會，取清而代之之私議。而項城不出此者：一、袁氏世受國恩，在本人不肯從孤兒寡婦手中取得，為天下後世所詬病（袁賊說謊）；二、舊臣尚多（如張人駿、趙爾巽、李經羲、升允等），亦具有相當勢力；三、北洋舊部握有實權者（如姜桂題、馮國璋等）尚未灌輸此等腦筋；四、北洋軍力未能達到長江以南，即令自為，不過北方半壁，內部或仍有問題，而南方尚須用兵；五、南方民氣發展程度尚看不透。所以，最初他在表面上維持清室，其次始討論君主、民主，又其次乃偏重民主，最後清帝退位而自為大總統。此時南北和議，北方代表唐紹儀主民主，楊士琦主君主。其所謂民主，袁本打算由清室受禪，故清帝退位詔中，袁仍加有『由袁世凱以全權組織臨時共和政府與民軍協商統一辦法』之語。其用意在高踞題顛，以北方勢力支配民軍。不料南方先選舉孫中山為總統，項城的總統且由孫中山推薦，非項城所逆料也。至楊士琦等之所謂君主者，人人以為維持清室，實則非宣統乃項城也。同時汪兆銘、楊度組織國事匡濟會，楊度所謂君主者，與楊士琦亦同，但兩人各不相謀耳。項城是不肯冒險的，終由穩著走民國一途。」

由於上述的原因，他不得不改換方式，先奪取民國大總統的位置；看風使舵的部下們自然又都轉變方向在這個新題目上想辦法了。民國元年，趙秉鈞在國務院向我推譽洪述祖的時候，曾告訴我，洪述祖替袁世凱所想的辦法，也是袁世凱自己所採取的辦法。趙秉鈞說：「唐紹儀到北京，住在東交民巷六國飯店，當時還在考慮是否就袁閣郵傳部大臣的問題。直隸候補道洪述祖，在北洋時與唐有舊，力勸唐不就職，趁此機會仿照美、法等國情形，將中國帝制改造成民主。進行方法是：一面挾北方勢力與南方接洽；一面借南方勢力以脅制北方。對於宮庭、親貴、軍隊、外交、黨人也都可以加以運用。」並謂：「照這辦法去做，清帝退位並不甚難，可與宮保（袁世凱）詳密商定。創建共和局面後，宮保為第一任大總統，我公可做新國內閣總理。」後來實際情形，大概不出這個計畫。

帝國主義者干涉和議提出總統問題

在袁世凱再出督師，未派蔡廷幹和劉承恩去武昌以前，就曾直接和黎元洪電信來往。從黎氏覆函中可以看出，在革命軍方面也了解袁世凱奪取權利地位的企圖，並可以看出他們對袁所持的態度。所以回信說：「……公果能與吾徒共扶大義，將見四百兆之人，皆皈心於公。將來民國總統選舉時，第一任之中華共和大總統，公固不難從容獵取也。……果能翻然速來，則息壤具在，……何必屢出甘言，思以詐術懈我軍心，轉為公利。……」這封回信，並不是一句空話，後來進行談判即始終以此相周旋。所以袁世凱在打下漢陽給南方一點顏色看以後，便由他的共同策劃者，有著四十多年交情的英國駐華公使朱爾典電漢口英領事，向民軍提出議和三項條件。馬君武、雷奮等（各省都督府代表聯合會廣西和江蘇代表，親與其事者）和我談過當時情形，現將舊日所記馬君武等談話摘錄如下：

鄂中首義，各省響應。清室起用袁世凱，袁遂利用機會，一方面派馮國璋率隊南征（馮國璋率第一軍南下，是奉清廷諭旨，其實袁尚未出督師），鎮壓黨人方張之氣，使其易於就範；一方則利用楊晳子與汪精衛通款。想盡方法以威逼清廷，軟硬兼施，以遂其推倒清室取而自代之野心。先是各省因無臨時統一機關，對內對外均感不便。由鄂督黎元洪電邀各省派遣代表赴鄂會議。各代表抵漢口之次日，已由北京英公使電致漢口領事轉告各代表，提出三項條件：一、雙方即日停戰；二、清廷宣佈退位；三、選舉項城為大總統。並謂如能照辦，則共和即可成立。各代表討論之結果，又徵求黎元洪、程德全、黃興等人意見，均認為可行。南北議和就是在這個基礎上開始的。

從馬君武和雷奮等談話中，可以看出南方是需要一個統一的決策機關來指揮各省的革命活動，並代表各省進行對外交涉。同時，袁世凱一方面想借這個機會奪取最高統治權，一方面又怕被人詬罵「奪天下於孤兒寡母之手」，所以一時還不好從自己口裡提出「禪位」的要求來。因此，他就想利用南方各省在不妨礙自己取得最高權威的範圍內，給「孤兒寡母」增加壓力。具體的辦法就是讓南方成立一個臨時機構以威脅清廷，使清廷知道已經無法再維持其統治。但是這個機構只作為一個形式的、表面的欺騙工具；這個工具絕對不應該有具有很大聲望的最高領導。因為在他看來最高的領袖除他自己以外，任何人都不應該考慮。但出乎他意料之外的是由於孫中山回國，這種情況改變了。

孫中山回國當選臨時大總統

由於孫中山長期從事革命活動和同盟會同志的醞釀，各省代表就準備正式組織民國政府，並選舉孫中山做第一任臨時大總統。但因最初雙方已有清帝退位即選袁世凱為大總統的協議，所以這時對於選舉孫中山的問題，確曾費過不少考慮。十一月初七日（十二月二十六日），南方各省代表致黎元洪電，略謂：代表團決議於十日（二十九日）開選舉臨時大總統會，再由被選者電告袁內閣，如和議成立，即當避席。次日，黎覆電：「希望和平了局，無論何人為總統，皆所歡迎。」其意就是因有協議在前，恐怕和議破裂。選舉臨時大總統會，即於十一月初十日（十二月二十九日）在南京正式選出孫中山為臨時大總統（孫中山十六票，黃興一標）。

關於孫中山回國的情形，居正《辛亥札記》中曾有記載：「辛亥八月（一九一一年九月）同盟會總理（孫文）在美洲遊歷，得克強密電報告武昌新軍舉義事，決由歐洲返國。抵倫敦，徑駛香港，廣東首義同志謝良牧等候之，告以國內情形，須急應上海之請，組織統一之政府。廣東都督胡漢民等亦先後來港。總理即從同志之議，攜胡漢民等徑馳上海。

總理到，即寓寶昌路四百零八號（滬都督府先期預備），日不暇給。時有傳總理攜帶若干款項並購置軍艦歸來以是否屬實為問者，總理笑答：『余攜全副革命精神以歸，款項其餘事也』。」（孫中山於十一月初六日〔十二月二十五日〕下午乘香港船到滬，見《民立報》。）

袁世凱反對孫中山為臨時總統

當時南北雙方仍處於戰爭狀態，情形還是相當嚴重。南方也很明白袁世凱的企圖，因此孫中山當選後對就職問題還經過了一番考慮，誠恐北兵並力渡江動搖南方的基礎。當時我以湖北省代表的資格和汪精衛、魏宸組等隨唐紹儀在上海，因為這個問題，汪、魏曾約我和孫中山直接談過當時的情勢。現將我和孫中山會晤時的談話，據當時日記摘錄如下：

孫中山到上海，與唐紹儀一同來滬參加南北議和之汪兆銘、魏宸組時來報告消息。孫選為臨時大總統，盛傳北方將派大兵渡江。十一月一日（十二月三十日）深夜，汪、魏兩人倉皇來言：「中山先生擬日內去南京就職，北方果用武力，倘有危險，如何下臺？」我言：「外間傳中山有若干兵、有若干餉」。汪言：「純是空氣，但帶有革命精神耳。」我言：「北方有多年根據，項城又老於兵事，即使有兵有餉，此時亦不足與抗。須知項城以北方兵力威脅南方，又以南方民氣恫嚇北庭，如大兵渡江以後，便無文章可做。中山去寧決無危險，但出項城意外，其心中不痛快耳。」汪、魏約我到孫處，我是初次見面，又剖切言之。孫頻點頭稱是。孫態度和藹，說話極誠懇，一再介紹我加入同盟會，並邀同去南京參加政府。我言：「本人向在北方，未曾公然作革命運動，忽而加入，不知者以為獵官，於個人做人極有影響，好在革命事業，在黨外亦可幫忙。」孫決定去南京就職。

自孫中山當選，即與袁世凱通電表示「虛位以待」，上款為「北京袁總理」。袁覆電稱之曰「孫逸仙君」，即表示不承認他的總統。孫再覆電，即改稱「袁慰亭君」，針鋒相對。此是雙方意見的開始。袁世凱在孫中山被選為臨時大總統以前，比較相信南方對他的推舉和清帝退位後選他做大總統的約定。所以在這一時期間，他只想利用南方威脅清帝讓位，自己還裝做是清室的忠臣。經過這一事件，他感覺南方的推舉是不太可靠了，因此對南方表示極大嫉恨。一九一二年一月二日（孫中山就職第二日），袁致南方代表伍廷芳（其時唐紹儀代表辭職，南北和議由袁、伍直接電商）電云：「國體問題既由國會解決，乃聞南京忽已組織政府，顯與前議相背，此次選舉總統，是何用意？」可謂情見乎詞矣。同時對清室的態度也隨著改變了，他自己開始積極的、公開的對清室直接使用壓力。具體措施有下列幾點：一、以軍費脅迫親貴王公；二、以駐外國公使電奏退位脅迫清帝；三、以內閣合詞力奏恫嚇要脅皇太后（隆裕）。此外，更用優待條件來誘餌清室。到一月十九日，更由胡惟德等在御前會議上提出天津另組政府的問題。袁世凱想以這樣一個凌駕南北政府之上的政府實行對全國的統治。關於在天津組織政府事，胡惟德曾和我談過當時的經過，大致情況如下：

宣統三年十二月初一日（一九一二年一月十九日）開第三次御前會議，本人（胡自謂）和趙秉鈞、梁士詒代表內閣列席：是日，趙秉鈞等提出內閣解決時局辦法：將北京政府與南京政府同時取消，另於天津組織臨時統一政府。各親貴王公與議者均反對，無結果：據趙秉鈞言，自清帝退位之說日緊一日，各親貴王公等異常憤激，在有形無形中有一種結合，一時所指為『宗社黨』者是也。此時南京選舉孫文為大總統，而清帝退位又不能急轉直下，故有天津組織臨時統一政府之提議。是時陳夔龍為直隸總督，只知袁受清室劫持，十分危險，即趕速秘密佈置，預備袁到津，致有主張即日微服去津者（陳督幕中人亦云）。其實親貴憤激，亦無力足以制袁，禁衛軍屬馮國璋，詎肯變叛。袁之出此，一方面脅限親貴，一方面撇開北京與南京，在天津另行組織政府以支配一切。其後不出此者，以清帝退位急轉直下，而東交民巷某使方面亦不以此舉為然。

同時，袁並電伍代表將在天津另組織臨時政府辦法轉達南京政府，要求清帝退位後，南京政府即行解散。孫中山即令伍代表電袁，提出辦法四條：

一、清帝退位，放棄一切主權；

二、清帝不得干預臨時政府組織之事；

三、臨時政府地點須在南京；

四、孫總統須俟列國承認臨時政府、國內改革成就平和確立方行解職，袁世凱在孫總統解職以前不得干預臨時政府一切之事。

據第一、二兩項，即針對清室禪位；第三項即後來國都問題；第四項是雙方未經妥協，則南京政權可以無期地延期，言外亦便是對袁世凱表示抵制。

孫中山又於民國元年一月二十二日，令伍代表電袁提出最後辦法五條：

一、清帝退位，由袁同時知照駐京各國公使，請轉知民國政府或轉飭駐滬各國領事轉達亦可；

二、同時袁須宣佈政見絕對贊成共和主義；

三、文接到外交團或領事團通知清帝退位佈告後即行辭職；

四、由參議院舉袁為臨時總統；

五、袁被舉為臨時總統後，誓守參議院所定之憲法始能授受事權。

同時，將前列各項送交各報館披露，並附以說明；大意謂：袁能斷絕清政府之關係變為民國之國民乃能舉為總統。在袁世凱方面，對於未來的總統本早由唐紹儀與南方代表互有默契，而袁彼時所處地位對清廷及北方尚有種種做作，表示他謀國之忠、用心之苦以掩飾其逼脅「禪位」之真面目。不料孫中山已洞燭其隱，完全給宣露出來，叫他不能躲閃，更無從兩面玩弄手段，且使知「事已垂成，位無他屬」，亦可料其不能就此翻臉。袁世凱對此已無較好之對付辦法，況外交團亦不贊成在津另組政府，因此這個計畫遂成一番空話，對北對南皆未能起預期的作用。

孫中山在南京就職的當天，袁世凱即利用北洋軍人反對南京選出總統的嫉恨情緒，密令段祺瑞、馮國璋、段芝貴等有力的軍人，聯名電請內閣代奏，主張維持君主立憲，極端反對共和；又聯名電伍廷芳，謂：「若以少數意見採用共和政體，必誓死抵抗。」張懷芝亦曾於一九一二年一月九日發通電，企圖聯合各軍做最後之準備（原電見《中華民國大事記》卷一，頁二十九）。同時，袁又密令前線軍隊破壞停戰的約定，進行軍事挑釁。經過一再解釋，和議才得繼續進行。事實上袁世凱這種態度只是其篡奪手段的另一種表現。從他的根本的最後的利益來看，南方對清室是很好的一個壓力，他還是要設法加以利用，這是和議繼續的基本原因。

孫中山首次與袁世凱通電後，袁的覆電堂堂皇皇提出君主、共和問題，又公私分明的提出「國民公決無從預揣」。但表面上這些空腔，無論如何也掩蓋不了不可告人的真實企圖。他只怕有了孫中山這樣一個大總統後，影響自己籌畫已久的（袁大總統）被選問題。從二月十日段祺瑞致孫總統電，可看出這位「萬不願以個人地位致壞全局」的袁世凱所以要脅抵賴的癥結所在。段電的主要內容，不過「善後綱領亦須預籌」幾個字。再說得明白一點，只是要求「臨時大總統並須預行推定」一個目的而已。這個目的，在同日蒙古王公聯合會的電文中說得更明顯，他們在袁氏的指使下已經直接把項城提出來了。這也就是給南方一個暗示，將來總統只有用袁世凱才成。

袁世凱攫得臨時大總統職位

宣統三年十二月二十五日（一九一二年二月十二日）清帝正式宣布退位，袁即電告孫中山表示贊成共和。略云：「共和為最良國體，世界所公認。今由帝政一躍而躋及之，實諸公累年之心血，亦民國無窮之幸福。大清皇帝既明詔辭位，業經世凱署名，則宣布之日，為帝政之終局，即民國之始基。從此努力進行，務令達到圓滿地位，永不使君主政體再行於中國。」

此電到寧後，孫中山一方面反對袁組織臨時共和政府，一方面根據清帝退位及袁世凱發表政見這兩個事實，於二月十三日向參議院諮請辭職，並附辦法條件如下：

一、臨時政府地點設於南京，為各省代表所議定，不能更改。

二、辭職後，俟參議院舉定新總統親到南京受任之時，大總統及國務各員乃行解職。

三、臨時政府約法為參議院所制定，新總統必須遵守頒佈之一切法律章程，非經參議院改訂仍繼續有效。

同日，中山諮參議院推薦袁世凱為臨時大總統。

孫中山任臨時大總統完全是過渡性的，因為在漢口所召開的各省都督府代表聯合會，在十月十二日（十二月二日）的會議上，已經根據朱爾典的意見決定如果袁世凱反正，當公舉為大總統。各省代表準備於十月二十六日（十二月二十六日）在南京召開臨時大總統選舉會時，即因唐紹儀向浙江代表陳毅說明袁世凱主張共和而延緩選舉。十一月初十日（十二月二十九日）選舉孫中山為臨時大總統的時候，這種情況並沒有改變。

孫、袁對待帝國主義的態度根本不同

孫中山在辛亥革命時所注意的中心問題是推翻清朝。這一點在當時一般人的看法更是這樣，覺得推翻中國幾千年的專制統治實在不是容易的事。所以對袁世凱的態度，有些人認為他能一變而使清帝退位，免去流血慘禍，總算是有能力的人，因此相當看重他，對於他的本來面目還是後來逐漸認識的。這種思想情況反映在對外問題上也是軟弱的、妥協的。孫中山在元年（一九一二年）就任臨時大總統的第二天（一月二日）發表的對外宣言書就是一個明顯的例子。只覺得推翻清朝是主要的，帝國主義對半殖民地的中國，控制得那樣厲害，取消不平等條約更不是簡單的事情。而且非常害怕帝國主義會直接幫助北方加強他們的力量，這樣一來推翻清朝就更困難了。所以當時還是承認了帝國主義在中國的特權，對外宣言書是由外交代表伍廷芳根據大總統命令用洋文繕發。

事實上這種對外政策是早已決定的。一九〇五年孫中山在日本組織同盟會，所擬定的《同盟會革命方略》中，包括「對外宣言」，已聲明「中國前此與各國締結之條約皆繼續有效，應償還之外債照舊擔任，外人之既得權利一體保護」。這些宣言可以表明孫中山當時對待帝國主義的態度，而且這種態度一直延續到護法戰爭時期。

孫中山對袁世凱妥協、對帝國主義妥協，現在回憶起來，大約是因為：孫中山只看重了軍事的力量。辛亥革命時袁世凱掌握著訓練已久的北洋六鎮。而孫中山在他的革命進行中，只能就現成的軍隊著手運動，武昌新軍革命成功了，各地新軍也有許多起義了，可是在孫中山回國以後，這些起義的軍隊，還不能實行統一編制和統一調動。孫中山單以現有的軍隊來較量短長，就向袁世凱妥協，因之亦就向帝國主義妥協。

其次，清朝政府依靠借款度日，自武昌起義各國約定不借款給南北政府，但袁世凱可向外國商洽借款，南方政府卻借不到外債。當時各國就曾表示願意借與少數款項給袁世凱以作為「維持北京市面」之用，美國公使芮恩思更竭力這樣主張，他說：「倘北京政府因財政困難不能維持，則中國或將陷於無政府狀態。且列強合作借款與袁世凱，亦可對南方領袖之氣焰予以打擊，不致要求過奢致中國南北兩方和議不能成立。」就這些話來研究，已可說明帝國主義對南北兩方所持的不同態度了。而南方政府急需軍費，又把經費來源放在借款方面。元年二月，陳其美在招商局借款會上說：「籌款之法，至今日已勢窮力竭，一言以蔽之曰借款而已。」（見《中華民國大事記》第二冊，頁四）孫中山致廣東陳都督（粵路借款）電：「各省代表必要臨時政府，此『臨時』字樣斷難使各國立即承認，數處雖有成議，亦因之而阻遲。故現時借款必要以私人名義，尚不能用國家名義。」（同上第二冊，頁二十四）後來在華俄道勝銀行借一百五十萬鎊，先交華幣三百萬，已簽草合同，終歸無效（同上第三冊，頁一一二）。革命黨把財政看作只有借款一條路，於是向袁世凱和帝國主義妥協了。

再次，英、美、法、德、日本和沙俄等帝國主義國家，他們使用著侵略殖民地的慣技，在中國進行掠奪。到了辛亥革命時期，各國相約所謂「中立」了，而日本之於東北，帝俄之於蒙古，英國之於西藏，還是想乘機侵佔，不肯放鬆。日本更於南北兩方播弄離間，企圖從中取利。當時北方政府是從清室繼承下來，各國對它既得權利，袁世凱可以根據這種繼承的關係取得各種方便。清帝退位詔下，他就以全權的名義照會各國公使，在北京以外務部首領繼續辦理外交，在國外則以現駐出使大臣改稱臨時外交代表接續辦事（見辛亥年十二月二十六日（一九一二年二月十三日）《政府公報》）。從法律上來講，南北政府各國都未承認，然事實上各國是已承認北方政府了。

北方政府依靠帝國主義，到了一九一三年十月，袁世凱就任正式大總統後，即向各國公使外交團宣言：「本大總統聲明，所有前清政府及中華民國臨時政府與各外國政府所訂條約、協約、公約必應恪守，及前政府與外國公司、人民所訂之正當契約亦當恪守。又各外國人民在中國按國際契約及國內法律並各項成案、成例已享之權利並特權豁免各事，亦切實承認，以聯友誼而保和平。」

從以上種種文件可以看出北方政府完全倒向帝國主義。南方政府也承認不平等條約繼續有效，但是與袁世凱依靠帝國主義不同。我還記得孫中山就職後六、七日，胡漢民、汪精衛約我和章宗祥、馮耿光到南京，當晚胡、汪在魏宸組住室中和我單獨談話。談到南京政府承認清朝政府所有條約一事，胡說：「北京政府和各國有幾十年關係，我們這次新政府剛才成立，他們還沒有承認，雖說中山在外多年，同英、法各國感情不錯，但是個人不是國家，各國在中國既經奪取的權利，北京政府尚在繼續，我們倘宣佈取消，他就完全幫助北方，我們恐怕就站不住了。」汪說：「這次武昌起義，瑞澂走，德領還想幫助他開炮轟擊民軍，嗣因鄂軍政府於八月二十二日依據同盟會宣言發出正式照會，於是各國嚴守中立，即其明證。」我說：「我認為對於以往條約不外：一、承認，一、廢除，一、修正。新政府成立，為何不表示修正？」這一點，胡答：「承認或廢除是我一方面的事，修正是兩方面的事。彼沒有承認我們，我們就沒有資格正式提出，就是提出，彼亦未必接受或不作答覆，中山尤其注意到此。這次宣言，第一條說『認為有效，至於條約期滿而止』以及第五、六條都含有不是完全承認的意旨。」魏說：「對於廢除或修正，總須國家完全統一，國內有相當辦法。日本明治維新後才能修改條約，是其明證。」汪說：「此次革命，只希望推倒清朝成一統一政府，合力建設，再謀對外。」汪又說：「老實說，我們此時沒有真實力量，所以對於北方政府以及對於各國外交，不得不容忍遷就，正在於此。」從這段談話，可以看出他們關於對外問題的態度雖然和袁世凱一樣是承認了帝國主義的侵略條約，但這一方面是由於遷就讓步。也就是因為有這樣的不同，所以孫中山於一九二三年在上海便提出「力圖改正條約，恢復我國在國際上自由平等之地位」的主張。一九二四年更提出「反對帝國主義」、「廢除不平等條約」

的號召。而北洋派的政府到這時卻仍堅守著一貫的「外崇國信」賣國政策。孫中山革命和袁世凱反革命的不同，從這裡也可以看出來了。

辛亥革命由於向帝國主義侵略者和官僚地主階級妥協而很快的失敗了。但這種妥協並不是沒有鬥爭的，而且這種鬥爭並沒有隨著中山的辭職而結束。

孫中山公佈臨時約法

民國元年三月十一日，孫中山所公佈的《中華民國臨時約法》，就是繼續和袁世凱進行鬥爭的一個很顯著的例子。原來各省都督府代表聯合會已於十月十三日（十二月三日）在漢口議決臨時政府組織大綱二十一條。第一任臨時大總統的選舉和臨時政府的成立都是以此為依據。這個組織大綱是在戰爭吃緊的情況下匆促制定的，沒能經過詳密的研究，隨著政局的漸趨穩定是需要加以改訂的。但後來公佈的臨時約法都不完全是基於這個原因而制定的。在立法者的思想中更重要的是企圖以這樣的方式達到限制袁世凱的目的，所以當時他們所注意的中心是總統職權的問題。組織大綱所採取的總統制，大總統負有實際政治責任，是政府的主持者，它能操縱議案並握有軍權、戰權和設立法院權。袁世凱取得這種地位，無疑的對共和政體是極端不利的。因此隨著南北和議的進行，南京政府便在孫中山領導下，積極的針對即將代孫中山而為大總統的袁世凱，修改組織大綱。自二月七日開始至三月八日，經過三十二天的期間，《臨時約法》全部通過。《臨時約法》變總統制為內閣制，把大總統規定成一個不負實際政治責任的國家元首，想以民黨的國會多數，利用內閣限制袁世凱反共和的企圖。這一措施也的確給了袁世凱很多束縛。但袁掌握著北洋實力，很快的就開始披露了真面目。以內閣總理自任的宋教仁，就犧牲在袁世凱的魔爪之下。在官僚地主階級掌握政權的國家內，想實現資產階級的民主政體自然是不可能的。

袁世凱製造北京兵變

清帝宣佈退位後，孫中山於二月十三日即電袁世凱，表示推讓，十五日參議院開臨時大總統選舉會，袁世凱被選為臨時大總統。

這時以孫中山為首的革命派和袁世凱之間醞釀已久的建都問題的鬥爭便很快的表面化了。孫中山等想讓袁南下就職，改變他擁兵自重的情況以便使他稍就範圍，袁則於這緊要關頭決不讓步。正在這兩種意見對立時，黎元洪又有建都武漢的主張，當然更不會實現了。

當時也有人覺得北京比較合適，所以這個問題在參議院投票表決的時候就發生過很大的周折。始而大多數贊成北京，及孫中山交付覆議並經過盡力的解釋，又多數主張南京，前後的意見已不一致。然而從事實上所看到的各方面電報材料，其主張建都北京，包括各種政治派系的人物，如同盟會的藍天蔚，光復會總會，立憲派的譚延闓、蔡鍔，及其他中間派如莊蘊寬、蔣雁行、蔣尊簋、朱瑞、姚雨平、柏文蔚，以及上海各團體、各報館、回族教掌等都是這樣說法。至於直隸之張錫鑾、張懷芝等本是受袁世凱之直接指揮，列舉各項理由認為必須建都北京，在他們的立場更無疑義了。

國都問題尚在爭執未定，而請袁世凱南下就職的電報已紛至沓來。袁當然有他的固定的方針，表面上滿口應承極願南行，實則以種種藉口來抵制。其覆黎元洪電有云：「與其孫大總統辭職，不如世凱釋政，擬商請南京政府將北方各省及各軍隊妥籌接收，接收以後，凱立即退歸田里，……已請唐使紹儀代表此意赴寧協商。」試問這種辦法如何能夠實現呢？其要脅之意，亦言外可見。

在這種情況演變之下，孫中山亦很了解袁世凱的用心，所以於袁當選之後，即通電各省說：「臨時政府地點今定南京，以袁公到南京接事日為文辭職之期。」已有你不來我不走之勢。對於袁的要脅電報，當然認為滑稽，無可置論。一方面仍即派蔡元培等北上，歡迎袁世凱南下就職。二月二十七日蔡元培等到北京，袁世凱表面上自然是熱烈招待。但到這時候對於南下就職及北京或南京建都的選擇問題，已經不是口頭上、電報上所能解決，而要立即付諸實踐了，因此發生了北京兵變。孫中山又一度向袁妥協，結果袁世凱在北京就職了。

表面看來，此次兵變是在威嚇專使，阻止袁世凱南下，但據了解內幕的人說（徐世昌亦這樣說），實際情形還不只是這樣。據說，這事是袁克定做的。他感覺南方民黨不好對付，原計劃慫使第三鎮到清宮裡去把宣統趕走，立刻就把袁世凱擁到宮裡去做皇帝。但何以沒有這樣進行呢？因為清帝退位後，守衛宮門仍是禁衛軍，這一部分軍隊是馮國璋所率領的。策動這次兵變的人是不能和馮直接談這類事情的（當宣佈共和之前，馮國璋召集全部官兵講話，以身家性命擔保兩宮安全及尊號仍存不廢，所以他當時還不能走這條路）。由於第三鎮和禁衛軍方面沒有接頭，所以變兵一到東華門即遭禁衛軍抵禦，因之沒有能進宮，整個計畫也就沒法實現。

為什麼他們能鼓動第三鎮這樣做呢？因為這一部分軍隊才從前線打仗回來，自以為是有大功的。軍隊上前線的時候都是每月發雙餉，但回來以後，雙餉被陸軍部給裁了，他們不平，所以容易鼓動。北京兵變以後，天津、保定也繼之而起，到處鳴槍焚掠，商民遭受巨大損失。張一麐《五十年國事叢談》有下列一段的記載可以印證：「當南京政府之議決請袁項城南遷踐位也，時則專使蔡元培、宋教仁入京就館。某公子（袁克定）者素選事，召各鎮中下級軍官開會密議，議決以兵入東華門，奪清帝位，效黃袍加身故事。是時禁衛軍為馮國璋所統，不與謀，故火焚東華門，禁衛軍抵禦不能入。兵無所泄，遂大掠東西城以及於天津（此事有某君相告，暫隱其名）。」（《心太平集》卷一，頁二十六）

其時袁世凱調第三鎮的一團來京，駐城外。是夕攻朝陽門而入，事前當有接洽。兵入城，攻禁門不克，遂大掠東城。彼時駐城內者尚有姜桂題所統之毅軍，見三鎮兵之飽掠而颺去，亦躍躍欲試。翌晨即傳聞毅軍將繼搶西城，果於夕間發動。至津、保之相繼兵變，亦不過效三鎮兵之故智，意在發財而已。

事變既肇，袁世凱須維持北方秩序，一時斷難南行，更振振有詞。於是專使蔡元培、宋教仁、汪精衛一再會商，擬定：一、取消袁南行之要求；二、確定臨時政府之地點為北京；三、袁在北京行就職式。將以上各節電達南京。南京政府根據蔡元培等來電，提出辦法六條交參議院議決，於是一場波瀾就此平靜，而袁不南下就職之目的居然達到了。

孫、袁協定內政大綱

袁世凱既在北京就職，孫中山亦實踐諾言辭職下野。及元年八月二十四日，孫中山入都，兩人始相聚一堂。據《梁燕孫年譜》有一段記載，撮錄如下：

中山先生自南京解臨時大總統職後，周歷各省宣傳主義。袁總統迭電邀請晉京，晤商要政。至是抵北京。留約一月，與袁會晤共十三次，每次談話時間自上午四時至晚十時或十二時，更有三、四次談至二時後者。每次會晤，只孫、袁及梁士詒（原作先生，改用姓名，取便閱者）三人（就可知者，有二次國務員在坐，有三次總理在坐，府院秘書長同在坐），摒退侍從，所談皆國家大政中外情形，論事最為暢洽。一夕，孫語袁，請袁練成陸軍一百萬，自任經營鐵路延長二十萬里。袁微笑曰：「辦路事君有把握，若練精兵百萬恐非易易耳。」

關於孫中山來京，我當時也有日記，抄錄如下：

中山到京後第三天，袁世凱在迎賓館設筵為盛大歡迎，到者有四、五百人。在大廳佈置冂形餐案，孫及其隨員北面南向坐，袁及內閣閣員及高級官吏皆北向坐，北洋一般軍官坐在東西兩排，孫、袁在正中對坐。入坐後說了一些普通客套話，吃過一個湯，第二個菜方送上來，便聽到西南角上開始吵嚷，聲音嘈雜，說的都是「共和是北洋之功」，隨著又罵同盟會，認為是「暴徒亂闖」，隨著東南角也開始響應，並說「孫中山一點力量也沒有，是大話，是孫大炮」、「大騙子」。這時兩排的軍官已經都站了起來，在吵嚷的同時，還夾雜著指揮刀碰地板、蹬腳和杯碟刀叉的響聲，但都站在自己的座位呼喝亂罵。中山態度還是從容如常，坐在他旁的秘書宋靄齡等也不理會。仍照舊上菜，只是上的很慢。

我當時想袁或段（陸軍總長）該說一說，你們不能胡鬧，但他們始終沒作聲，鬧了有半小時左右，似乎動作很有步驟，從當時的情形看，顯然是預先佈置好的。起頭的是傅良佐等，想在吵鬧時等中山或他的隨員起向答辯，便借機由北洋軍人侮弄他一番。但出乎意料的是中山等始終沒加理睬，若無所聞。筵宴終了，孫、袁回到廳旁休息室，廳內便又大亂起來，北洋軍人離開座位肆意亂吵，非常得意，很久才逐漸散去。

中山來京時，我每天在上下午國務院辦公後都到迎賓館，經過這一場的第二天，我到他那裡向他表示：北洋軍人都是老粗，程度太不夠。但中山卻仍和往常一樣，並對我說，這沒什麼關係，態度絲毫沒變。

中山在北京期間，我每見面時，他總勸我參加同盟會，並表示在十年內將致力於修路工作。我說：現在中國情形辦十萬里鐵路，非籌巨款不可，是否用督辦名義全權去籌？政府能否切實作主始終信任？必須堅定沒有動搖才能著手。趁這回結結實實的商量明白，這事不是空話所能做的，不然督辦全國的名義也只等於零，結果一個款也籌不著，一條路也不能辦。」中山說：「袁總統意見很誠懇的，不會有虛假的。「我說：「還是趁你在北京的時候把這些說結實些！」（以上我當時日記止此）

九月九日，特令授孫中山以籌辦全國鐵路全權。

二十五日，由總統府秘書廳通電，承大總統命宣佈內政大綱，大意謂孫中山、黃克強兩先生先後蒞京，因協定內政大綱，電詢黎副總統徵其同意，覆電贊成云云。

一、立國取統一制度。

二、主持是非善惡之真公道以正民俗。

三、暫時收束武備，先儲備海陸人才。

四、開放門戶，輸入外資，與辦鐵路、礦山、建置鋼鐵工廠以厚民生。

五、提倡資助國民實業，先著手於農林工商。

六、軍事、外交、財政、司法、交通皆取中央集權主義，其餘斟酌各省情形，兼採地方分權主義。

七、迅速整理財政。

八、竭力調和黨見，維持秩序，為承認之根本。

以上所列大綱，只能說是辦法，談不到主義，不過對外表示政見相同而已。

袁世凱刺殺宋教仁

孫、袁會面後，商榷國事，在一般人看來，覺得是「推誠相與，融洽無間」。然而如袁之機謀權詐，孫中山哪能窺其底蘊。及宋教仁之案發生，而雙方的裂痕已顯然暴露。孫中山公開反對袁世凱實以宋案為導火線。除在上海公佈文電及各報紙登載案情外，就我當時日記中所記摘錄如下：

唐紹儀內閣辭職，袁世凱對於宋教仁、王寵惠、蔡元培一再慰留。雖非本意，然因政局不定，頗欲黨人仍任閣員以撐門面。其時國民黨人在內閣者，以宋教仁為骨幹，黨人有主張不離政局以待時機者，宋初意亦為所動，後來決定以政黨內閣為號召，在選舉時爭勝，魏宸組主持尤力，於是同時去職。

宋教仁去職後，住農事試驗場。每於夜間進城，到國務院秘室，與國務總理趙秉鈞私人對談，至天明始返。據魏宸組言，宋以政客手腕，推崇趙無所不至，許以國會成立後舉其為內閣總理，甚而選為總統；趙亦推許宋為大黨領袖，應組織政黨內閣。宋之更事，究不如趙，有時將黨中秘密盡情傾吐；趙告以北洋底細，似亦無所隱諱。由是兩人交歡，惟是否彼此推誠，抑係利用，均不得而知。

後來宋教仁因國會選舉，自京返南，在各選區周歷演說，以政黨內閣為號召，並抨擊北方政府頗厲，結果國民黨在兩院議席占大多數，自為北方當局所畏忌，於是掀天巨浪之上海車站刺宋案以起。

民國二年三月二十一日，國務院正開國務會議（星期二、四、六日國務院例開會議。總理、各部總長、秘書長出席，旁設一席，以秘書記錄）。國會選舉事務局長顧鰲突進會議室向趙總理報告：前門車站得上海來電，宋教仁昨晚在滬車站被人槍擊，傷重恐難救云云（宋之被刺，北京得信以車站電報為最早）。總理大驚變色，當即離座，環繞會議長桌數次，自言自語：「人若說我打死宋教仁，豈不是我賣友，那能算人。」各總長相顧均未發言。少頃，府中電請總理，總理即倉皇去府。司法許世英問：「院中近來曾接上海特別密電否？」記錄秘書恩華答言：「本年似在一月間某日深夜，上海來『應密』急電，電務處向秘書廳取密本，廳中查未有此『應密』。是夜本人（恩自謂）在院值班，即到總理處取來『應密』本。此本皮面，原寫『洪密』二字，『洪』字塗去改『應』字。譯出，只有『某日到滬』數字，下款當時不甚注意，已記不清。當時譯電並原密本親呈總理。總理諭：『以後如有特別密電來院，其密電本不在秘書廳者，即將原電徑送我處自譯。』電務處人言以後亦未接有上海特別密電。」（四月二十□日趙通電，有「應密電本即分屬洪述祖」之語，事後人言，趙秘密事由內務部洪述祖等秘書辦理。）總理去府談話，不知其詳，一時街談巷議，莫不以宋案為一重大事件也（宋被刺在三月二十日夜，二十二日因傷重身故）。

宋案出後，舉國譁然。除公佈文電外，空氣緊張，日甚一日，府方正籌對策。適四月三十日，府秘書長梁士詒自滬返京（在宋案前，梁以私事去粵），建議：「此事只有先免趙職，改任唐紹儀另組內閣以平民黨之氣。至趙有無嫌疑，再待國民評判，庶可緩和。」其時趙辭職呈文已遞多日，總統採用梁說，即令府秘書辦趙秉鈞免職、唐紹儀為國務總理命令。當電召我到府，囑將命令帶院，由總理署名交印鑄局發表。時有一人在座（不識其人，年約五十歲以上），力言「漢殺晁錯，不能止吳濞之兵，總統能始終遷就，即可犧牲晁錯；若果有決心，今日萬不必出此」云云。袁遲回半晌，將命令收回。至五月一日而陸軍總長段祺瑞代理國務總理之令下矣（內務總長以次長言敦源代理）。

同時財政部於四月二十六日簽訂五國銀行團借款合同——中國一九一三年善後五厘金幣借款，以做對南用兵的資本。內容規定中國財政須受銀行團的監督。南方攻擊宋案，並連及借款，財政總長周學熙因此案辭職給假，以梁士詒署財政次長代理部務。

刺宋案究為何人指使，本有線索可尋，非空言所可抵賴。至我未任院秘書長前，袁與我評論新人才，曾數及宋教仁、李烈鈞、蔡鍔、湯化龍、張耀曾、李國珍諸人。適任秘書長，每日因公進府，偶談及宋等，亦多推許之詞。迨後各省辦理選舉，其選舉人在各處言論登載報紙者，由府秘書每日剪呈。宋在黃州演詞，甚激烈，袁閱之言：「其口鋒何必如此尖刻？」只此一次露出不滿之意。宋案出後，在京國民黨開會，要求趙秉鈞到會說明。趙派京兆尹王治馨代表前往。黨員群起質問，王答詞中有「殺宋決非總理，總理不能負責，此責自有人負」云云登載各報。次日，袁以此剪呈報紙給我看，說：「如此措詞，太不檢點，王治馨可惡，趙總理何以任其亂說，登報後也不聲明更正。」言時詞色甚厲，在我所得於府方者如此。趙對我從來不提宋一字，宋被刺後，除於國務會議時自言自語外，次日遞辭呈，移住法國醫院。數日後又回本宅，某日約我往（相處年餘，此是初次），見面時，神色張惶，對我連揖不已，言「有一事要君幫忙」。問何事，趙言「此時只求免職，才可免死」。我說「何至如此。」因欲得知宋案內幕，即問宋案究竟如何。趙言：「此事此時不能談，但我不免職非死不可。芝泉（段祺瑞）軍人，事事好辦。我茫然不解。次日，趙又親筆致我一函，更反復言之，在我所得於院方者如此。又院庶務秘書程經世曾對人言，洪秘書奉總理命去滬，臨行前進府謁見總統，洪到滬密電由程轉過數次（宋案未出時，程自言）。宋案出後，程畏禍避至青島。程係趙私人，或可略知真相，有人事後問之，亦不肯道其詳也。（以上我日記止此）

據張繼的回憶錄，有一段記載宋案發生後北京方面情形，茲摘錄如下：

民國二年三月二十九日，偕程仲漁（克）訪趙治安（秉鈞）。王奇裁（治馨）亦在。王云：「洪述祖於南行之先，見總統一次，說：『國事艱難，不過是二、三反對人所致，如能設法剪除，豈不甚好？』袁曰『一面搗亂尚不了，況兩面搗亂乎？』話止如此。遯初被難後，洪自南來，又見總統一次。總統問及遯初究竟何人加害，洪曰：『這還是我們的人替總統出力。』袁有不豫色，洪出府即告假赴天津養病。」仲漁加一句說：「那裡是養病，借此逃脫耳！」王治馨，山東人，任京師警察總監，為人豪爽，不久在京兆尹任內，以坐贓五百元處死。余始終疑與宋案有關。奇裁好言不謹，袁氏殺以滅口也（見《國史館館利》第一卷第二號）。

張繼所記如此，可與我前說互相發明。蓋袁世凱之為人，最忌人能窺其隱，更不願人揭發他的陰謀，王治馨適中其忌，焉得不死。

二次革命——贛寧之役

宋案發生，其時南方都督，如江西李烈鈞、廣東胡漢民、安徽柏文蔚同隸國民黨，通電攻擊。袁世凱不顧一切，悉予免職。七月十二日，李烈鈞在江西湖口獨立，組織討袁軍，粵皖等省繼之。十月五日，黃興到南京，宣佈討袁，是為二次革命，又曰贛寧之役。

我據當時所聞，曾記有事實的概略，抄錄如下：

宋遯初為黃克強心腹。宋被刺，黃之悲憤迥異他人。但南北兩方實力，黃知之甚諗。當時南方各省兵權，除鄂、浙外，雖半為同盟所握，然兵皆未經訓練，餉械兩乏。黃熟思深慮，如鄂、浙能同意，尚可一試，倘不肯合作而輕率舉事，必遭覆滅。正猶豫間，中山一派利用機會以壓迫黃之討袁；時流言四布，謂黃已受袁賄三百萬元（《張謇傳記》說是二百萬為袁所買，不要替宋報仇）。黃受此刺激，含冤無以自白，遂一發而不克自製矣。

在宣佈討袁之前，黃曾派章行嚴（士釗）遊說鄂、浙，刺探黎、朱兩督之意旨。行嚴向黎、朱力陳「項城野心，志在完全消滅革命元勳，不早剷除，終必被其各個擊破。」黎、朱對行嚴之言，絕無一語反對，但亦絕無進一步之表示。行嚴覆命時，以為「鄂、浙必能合作」。蘇省某君（陳陶遺）時參預黃之機密，聞言心以為疑，星夜赴杭訪朱。朱言：「我在原則並無異議，但軍事重要，非倉卒所能決定。」某君回滬以語黃，黃亦頗躊躇。終以受孫派壓力，遂倉卒赴寧，徑至都督府，召集八師師長陳之驥、一師師長張梓、三師師長洪承點會議，地位各殊，一籌莫展。會議尚未決定，而南京通衢已遍貼討袁獨立之宣言，且已通電各省，此皆孫派所預為佈置，而黃遂成騎虎之勢矣。」（據《張謇傳記》說，宋被刺後，黨員異常憤激，促黃興迅赴南京，號召各省獨立。其中最為激烈者，則為其湖南同鄉某名士，而陳陶遺則痛哭流涕力勸黃興忍耐，若輕於一擲，即不土崩亦將瓦解，以後恢復誠恐更難著手。）

段祺瑞代總理，除國務會議外，不到院（有時會議亦不到，聞之參謀次長陳宧言，段每日在居仁堂西偏小樓上處理軍事）。一日，袁談及：「南方情形，近來調集軍隊，將圖不軌，不得已，只有用武力鎮壓。」我言：「以軍力論，南北比較，此時不難制勝。但是民氣澎湃，不可遏仰，潮流所趨，匪僅中國。若專靠武力，總不能根本解決，何不從政治方面求一永久妥洽辦法？」袁言：「副總統與二庵（陳宧）電，亦主張武力。」我言：「副總統與我通信說，本意不是如此。」袁嘿然有不愉之色（與袁共事有年，只此一次），言：「你可向總理說明，於國務會議時提出討論。」

至國務會議，我本此意提出，語尚未竟，段當時板起面孔，大聲言：「軍事非你文人所知，不應干預。」教育范源廉為調解，余憤然退出，即遞辭呈。袁派秘書張一麐來挽留。段對我不滿，許辭。袁不允，蓋仍欲借我與副總統作橋樑也。於是段以院令派秘書盧弼代理秘書長，其後，袁既決計用兵，則與副總統商洽，參謀次長優為之矣。

（以上我日記止此）

兵事既起，孫中山曾致電袁世凱云：「文於去年北上與公握手言歡，聞公諄諄以人民國家為念，以一日在職為苦。文謂國民屬望於公，不僅在臨時政府而已，十年以內，大總統非公莫屬。……何圖宋案發生，證據宣佈，愕然出諸意外，不意公言與行違至於如此。而公更違法借款以作戰費，無故調兵以速戰禍。異己既去，兵釁仍挑，以致東南民軍荷戈而起，眾口一詞集於公之一身。……公今日舍辭職外決無他策，公能行此，文必力勸東南軍民，易惡感為善意。若公必欲殘民以逞，文必以前此反對君主專制之決心反對公之一人。」

袁得電後，遂下撤銷孫中山籌辦鐵路之令。

第三篇
袁世凱與黎元洪的鬥爭

緒言

黎元洪既不是立憲派，更不是革命黨人。在湖北新軍軍官中，一般關係處得都好，因此武昌起義後被擁為湖北都督，以後便逐漸接近立憲派，因而傾向袁世凱方面。及帝制運動公開後，又堅決反對。對他們這種關係，就所知者述如下：

武昌軍政府基本情況

當宣統三年八月十九日（一九一一年十月十日）武昌起義之日，黎元洪所部第二十一混成協軍隊駐武昌城內外者，約一千五百人左右。事變之頃，鄂督瑞澂、統制張彪均已逃登兵艦。黎平素並未附和新軍革命，及警訊傳來，知所部亦變，遂避往其部屬家中。彼時眾望所推之黃興尚未到鄂，各軍將校又以資望素淺，且均不能相下，而軍事初起，必要有首領統率指揮。武昌起義既係新軍所發動，因此佔領武昌後，由於革命黨人的領導大大落後於運動的發展，於是於八月二十日（一九一一年十月二十日）推黎為鄂軍都督。其被迫經過，具詳於黎自述中。至於成立軍政府始末，早有詳實記載，此不再贅。

起義以後，武昌革命軍隊都掌握在首義軍官之手。黎元洪雖被擁出，在他本人並無確定的主張。他既是湖北人，做協統時看見當時很有名望的本省士紳，如湯化龍、張國溶等，都集中在諮議局（當時號稱立憲派），而且頗有勢力，便相當敬重。及到了現場，見他們皆翩然戾止，所以一切政治都仰仗他們處理。黎本人也富於妥協性，他遂接近了立憲派，因而激起革命派極大不滿。黎元洪和武昌軍政府的關係，基本上就是這樣。

袁世凱在洹上村的活動

袁世凱自被攝政王載灃罷斥後（諭旨是開缺回籍養疴），當時情勢，對袁非常險惡，他本人亦非常戒懼。所以回到彰德洹上村，在他的養壽園披蓑垂釣，故意將照相傳露於外，以表示已無問世之志。張謇因來京參預全國教育會議（張是學部諮議官），乘便赴彰德，與袁有所接洽（他們從前同在朝鮮，本有老交情），所以袁和立憲派暗中頗有聯繫，後來逐漸和革命派亦發生關係。替袁做這一工作的，是其長子袁克定，聯絡的對象是朱芾煌。朱芾煌向鄂方穿線，有一段經過事實（據馮國璋當時的參謀長張聯棻所說），今特附寫在下面：

朱芾煌為川人，在南北雙方約期停戰之時，北軍統帥為馮國璋，警戒仍嚴。一日朱貿貿然自武昌渡江而來，為哨兵所獲，解至司令部。朱手持護照要見馮，馮拒未見，暫拘留之。即電詢袁世凱，袁復以「朱某素不相識，既有煽惑離間行為，應即軍前正法」，惟電尾有「但克定現不在京」之語。遂又電詢彰德袁克定，則電復大意謂「我與朱是一人，倘朱有不測，即願前來與朱並命」，馮始知朱之赴鄂確有線索，乃派憲兵妥為護送至彰云。
據這一事實，也說明了他們確有聯繫。

袁、黎初步的發生關係

在革命之初，革命派擁黎出來做都督，即專注重擴充軍隊（很快的擴充到六師人），其政治方面則為立憲派所主持，所以當時形勢能暫時穩定。後來兩派的態度便明顯的不同了。革命派之立場，常站在反袁的方面，立憲派則富於妥協，便倒向袁世凱。黎元洪本是附和立憲派的，因此也隨著傾向袁世凱。所以他兩人的結合便比較容易。

當蔭昌率師南下之時，路經彰德與袁世凱會面。蔭昌向袁說：「武昌係烏合之眾，無人主持，此去不難撲滅」，袁就說：「湖北以黎元洪為首領，何謂無人？」（據萬迪麻聽許世英所說，見《熊十力書札》）於此可看出袁世凱對黎的重視，就是想利用黎。

袁世凱一開始進攻武漢，便公開提倡議和，並取得清廷允許停戰的諭旨，他就派蔡廷幹（黎海軍同學）、劉承恩（黎湖北同鄉）赴武昌和黎元洪聯繫，黎致袁信係交劉、蔡帶回。武昌方面對這一次接觸，革命派當時所持的是反對態度，立憲派卻表示贊成。這是袁、黎發生關係之始。

袁世凱倚靠帝國主義來進行南北和議

當馮國璋打下漢口、漢陽後，武昌完全控制在龜山的炮火之下。袁世凱為了醞釀作總統，停止對武昌的進攻，並由英使朱爾典出面代為活動。張一麐亦有下列的記載：

辛亥江蘇獨立時，正從程都督在寧。一日某國領事來，以某公使秘電示程，謂南方非另立政府不能推倒滿清，其參謀長劉之潔語余，北軍要求以項城為大總統，南方先立政府，而後讓與項城（《心太平集》一）。

此段記載中所謂「某公使」，似即英國駐華全權公使朱爾典（一說是日本公使）。當時帝國主義者就是想利用他和革命黨講和，以維持各國在華既得的權利（不平等條約），不管你那一方成功都好，只要歷來侵略所得到的並不因此而稍受有損失，並且希冀攫取進一步的權利，便不來偏袒那一方面。所以當時南北對外全是這樣供給帝國主義者的利用，以免除外交的障礙，但是黎的主旨，是在「推倒清室，建立民國」，袁則於「推倒清室後自己做大總統」，朱爾典介紹議和，便有此秘密條件。經黎元洪、黃興、程德全等同意，其表面上雖無不合，而實際上則大相徑庭，不過就對外言，都是以免除障礙為目的，並未考慮到廢除不平等條約問題。

當馮國璋攻下漢陽後，其氣正盛，而袁世凱本意主和，當然不願其對武昌進攻，於十月十一日致第一軍馮總統電，即以外人調停為言，略謂「我軍既未渡江，英使領現出調停，按公理未可拒絕，茲代擬暫時停戰條款。……息戰之約，須有駐漢英總領事官畫押為中證人，庶免彼此違背條件，以重公法。請轉飭黃道開文與英領商辦」。這就是他倚靠帝國主義的明證。

但另外一個問題，卻需要在這裡加以研究，即袁世凱既然不攻武昌，何以又把南京放棄呢？我以為這一問題應該從兩方面來分析。首先從袁世凱方面看，袁的實力主要在北洋六鎮，而武漢前線卻占去了兩鎮以上，北方各省只靠其餘三鎮多兵來維持，更無法分兵渡江援助南京。而且南京上游之九江、安徽，下游之鎮、常以達上海，全落入革命軍之手，金陵形勢已陷於孤立，兵少則不能守，後路又太長，接濟亦不易，這是袁世凱的實際困難。因此他不得不聽任張勳、鐵良、張人駿等放棄南京。另一方面，武昌起義後，全國各地紛紛響應，長江以南各省革命勢力更形蓬勃，袁即欲分兵南下，亦非少數兵力所能奏功，而北方各省亦極不穩定。所以袁決定放棄南京，集中兵力維持北方的反動統治，並令張勳等駐守徐州，待佈置就緒，秩序稍趨穩固，然後渡江攻取南京（徐世昌云）。這是袁在革命形勢高漲而反革命武裝不敷分配的情形下的如意算盤。但他沒想到孫中山能很快回國，而且到南京後立即被選為臨時大總統，在國內外發生極大影響，也使袁感到極大困難。因此更努力尋求革命陣營裡邊的動搖分子，想利用他們來分化革命勢力。

前面說到由於英使領的斡旋，雙方停戰。到了十月十五日，袁世凱提出交涉條件，電達漢口，其主要為停戰延期，雙方按兵不動。唐紹儀充總理大臣之代表，與黎軍門或其代表人討論大局。在袁世凱當時的本意，就是想以黎元洪為合宜的對象。其時各省代表尚在漢口，對此條件的答覆大體同意。各代表旋即赴寧，繼由黎元洪與袁往返電商，民軍代表為伍廷芳，議和地點為漢口。唐於十月二十一日到漢，伍則因在滬擔任外交，不能遠離，乃改以上海為議和地點，和議於以開始。

袁世凱利用黎元洪分化革命力量

清帝退位後，南方情形發生了很大變化。孫中山辭職，黃興在南京做留守，負責裁兵。其實黃興並沒有直系軍隊，一方面徐紹楨的軍隊於攻南京時已經犧牲殆盡，另外軍隊本不是由南京統一組織的，亦非黃所能裁撤，因此留守處的裁軍工作，非常容易，不久留守處便裁撤了。

和南京情形相反的是武漢，卻保存著六師兵力。這部分實力，如能認真加以整頓，確係北洋六鎮的勁敵。當時南方兩個革命中心，由於留守處的裁撤，長江下游在袁世凱看起來，已經沒有真正力量，而黎元洪在武漢以副總統兼領湖北都督，並握有軍隊實力，便成了南方各省革命勢力的中心。革命黨人也逐漸集中於武漢，因此袁便將注意力放在這一方面。

袁世凱為了建立他的集權統治，在裁撤南京的革命武裝後，便著手削減武漢的軍隊，同時醞釀將黎調離武漢，從內部分化革命力量。

黎元洪被任為參謀總長，但身在武漢，不能來京供職。最初黎推薦哈漢章為參謀次長，哈在清末為士官派主要份子，主張裁抑北洋勢力，結果袁世凱沒有同意，並改提陳儀，經黎同意，任為參謀次長。袁便在這個地方打主意，想通過參謀次長削減武漢的兵力。後來陳一切活動，完全秉承袁意旨，和黎親信的左右互相勾結，此唱彼應，經一年左右，將武漢革命武裝基本解散。陳亦因此次大功，為袁所賞識而重用了。

在南北議和時，二十二省各有代表一人參加。我當時是湖北代表，迨和議完成後，民國唐紹儀內閣成立，發表我為銓敘局長。銓敘局本來沒有什麼重要事務，即如勳章及榮典、褒狀等，袁也要親自審閱。每次送閱時，他總要留我作一、二小時的漫談，忽而談到國會，忽而談到內閣，忽而談到黎氏，忽而談到各省。當時不了解他的意思，後來逐漸明白，他在軍事方面想利用陳某，削減武漢革命武裝；在政治方面卻想通過我和黎進行聯絡，於是發表我為國務院秘書長。

由於袁世凱在軍事方面想利用陳某，我與陳同鄉並因職任上關係，便和他往來，也曉得不少的秘密。秘書長所處理的是全國的事情，但我當時鄉土觀念比較重，遇事不免替湖北打算，做了秘書長以後，每日與袁接觸，知道了他手段很厲害，常存戒心。初想聯合陳，以扶植黎元洪，憑藉武昌首義的聲望，鞏固在長江以南各省原有勢力，後來湯化龍告訴我說：「陳是兩面派，是替袁世凱收拾黎元洪的。」以後有關的事情，便不敢再向他披露。又因陳和黎左右互相勾結，所以我和黎的重要聯繫，都派專人（如張則川）來往秘密傳說。

張振武被殺

袁世凱對黎元洪的這種聯絡，是秘密進行的，公開出來，卻在張振武事件發生後。袁世凱一方面借手黎元洪殺張振武，同時自己又替他承擔起來。這一事件，使革命黨人和黎元洪完全分離。

武昌革命，孫武、張振武、蔣翊武，以「三武」名。孫武於軍政府任軍政部長，張振武任副部長。張性粗率，在鄂時與黎元洪議事不合，輒出槍脅之，態度甚跋扈。實則當時對黎作此態度者，非張一人，黎亦無策制止，故送渠等入京，聽候袁世凱如何妥置。此行除張振武外，尚有孫武等十餘人。張振武於元年八月十日到京，住前門外金台旅館。袁委張為總統府顧問，因哈漢章為湖北人，有關湖北事，袁亦常叫他去辦，故張顧問委令，即令哈送交。張欲於東北或西北得一屯墾名義，借練兵以索鉅款，見令文後大怒，當面撕毀，大罵袁世凱。哈回告袁，謂張不受顧問名義，但未提撕毀公文的事。袁問：「張究欲如何？」哈以實告。袁謂「屯墾名義可以給他，練兵那有錢呢？」稍停，袁謂：「先給他西北屯墾使再說。」一復辦好令文，仍令哈送交。蓋張北來後，曾見袁二次，仍跋扈不堪，袁極不滿。是日晚，張請湖北議員、政府首領、軍界要人及湖北同鄉，在六國飯店晚餐。飯後，湖北議員時功玖等與哈漢章偕赴哈寓，張即乘馬車出城，行至前門內棋盤街，遂被捕，送至軍政執法處。與張同來之方維，同寓金台旅館，是晚亦由步軍統領派兵捕去，與張先後到處。處長陸建章將軍令交張、方閱看，至夜間一併槍斃。時與張同出城者，尚有馮嗣鴻，見張被捕，急歸共和黨本部報告。眾均駭然，邀集孫武、鄧玉麟等，前往執法處，力請保釋。陸乃出軍令交閱，令係：「根據黎元洪來電，乞將張振武立予正法，其隨行方維同惡相濟，並乞一律處決。即著步軍統領、軍政執法處遵照辦理」云云。眾無法，只得退出。此八月十五夜事也。翌晨八時，由議員時功玖、劉成禺、張伯烈、張大昕偕孫武、鄧玉麟、哈漢章等同往總統府質問。袁謂：「他自然有罪名，自然要宣佈，此事是我袁某的主張，大家不同意，到國會彈劾我好了。」張、方在北京槍斃後，黎元洪八月二十一日電陳總統並致京外各機關，臚列張振武罪狀計十五項（見《黎副總統政書》），袁即據以宣佈。此張、方被殺之經過也（以上據哈漢章說）。

關於約法問題

約法是臨時的，憲法由國會制定，當然是國會起草。乃在元年十一月二十三日，江蘇程都督通電：在國會開會前，「仿美國各州推舉代表之例，由各省都督各舉學高行修識宏才富之士二人，一為本省者，一為非本省者，集為憲法起草委員會，草案既立，然後提交國會再行議決。」具體辦法，則「由大總統提出國會組織法第二十條修正案，並同時提出憲法起草委員會法案，要求參議院通過」。十二月二十六日，湖南都督譚延闓對此問題提出意見，謂：「國會組織法甫經院議施行，第二十條院議蓋別有注意之點，今為時未久，驟請提議改正，事實恐未能行，擬為變通，改設憲法草案研究會，會員由各都督各舉一人。各大政黨，由北京政團聯合會協議公推二十人以內，而其工作及性質，則為刻期到會研究編擬草案，以憲法成立公佈之日止，作為國會之後盾。民國憲法，應由民人自定，此會無委員之名目，可避政府之嫌疑，誤會自免。」當程譚兩督通電發出之後，在公府（總統府）法律派贊成委員會，以為政府亦得派員參加，但等待副總統表示。我得此消息，當即找張則川等往鄂陳說副總統，「約法必須擁護，憲法起草政府不當干預」。黎贊成我說，即於二年一月十四日通電謂：「……惟國會組織法第二十條根本於臨時約法第五十四條，約法不能變更，則國會組織法無從修正，共和國體，託命法律，未成憲典，固須詳慎施定，約法尤須維護。臨時約法五十六條在臨時政府期內明定其效力與憲法等，若行政官提議可以變通，恐釀成弁髦憲法之習……乃當選舉國會之初，復欲以行政長官公舉之委員參預立法，是又似政府以逆億之心不信國民也」，並主張「若慮國會事件紛繁，人才缺乏，僅可由全國政黨本部公同舉員聯合研究，將來研究結果，即由政黨議員提入國會以供採擇。倘必欲免政界偏枯之慮，為先期慎重之方，諸說相推，毋寧參照湘督電旨改為憲法研究會。」一月二十八日，程德全電謂：「前擬憲法草案委員會電，遵於養日譯發，計列銜十九省，武昌黎副總統、湖南譚都督、安徽柏都督，往返參榷，復有同異，是以未及挈銜。」據此憲法起草，有委員會和研究會兩個主張，我們可以推出，袁、黎根本上有不同之點，那方面是推翻約法，這方面是維護約法，所以對此問題，他們兩人意見始終分歧。但是袁在此時，已決定以武力對待國民黨，等到贛寧戰事結束，總統當選，便解散國會，一連串的政治會議，約法會議，參政院代行立法院，都出現了，還說什麼民意的憲法問題。

北方勢力伸入長江

民國二年三月二十日，宋教仁在上海滬寧車站被刺，至二十二日逝世。軒然大波，因之而起，袁世凱與國民黨已到了短兵相接的時候。袁決心使用武力，秘密促成大借款，以為用兵的資本。當宋案證據宣佈的那一天（四月二十六日），二千五百萬鎊的大借款合同也就簽字了（在大借款簽定以前，還有一宗秘密借款——奧國借款）。事後僅諮請參議院備案，不但國民黨議員大譁，就是擁護袁的各黨議員，亦認為手續不合。各省都督有通電責問政府借款違法的，亦有贊成借款的，各電登載甚多，此不再贅。

宋案與借款，既同時為攻擊目標，反袁之聲勢，江西李烈鈞最為積極，安徽柏文蔚、廣東胡漢民繼之，而以南京之黃興為中心。方事之亟，黎曾通電勸解，要求「同遵軌道」，袁毫不游移，悍然將李免職，令黎兼領江西都督，相繼並將胡、柏免職。這幾道命令，雖在六月九日以後，但前此已著著預備，早有山雨欲來風滿樓之勢。黎坐鎮湖北，據長江上游，地勢則綰轂南北，舉足可謂重輕。袁成竹在胸，對黎早有佈置，深知其軍隊削減之後，實力單薄，不怕他不歸我懷抱。當時南北形勢益趨決裂，黎環顧各方，已成孤立，雖欲不借重袁之勢力，亦不可得，所以先於二年四月四日，電請總統飭李純派步兵一團到漢。李純來電，亦說奉總統令，第六師聽候副總統節制調遣。到了五月十四日，又電致保定第二師王占元，令其先派一團，於二十五日抵漢駐紮，餘亦迅速預備，陸續來漢，從此北軍勢力伸張到長江流域，後來王占元督鄂，李純督贛，全是由此時打下基礎。及戰事爆發，段芝貴為第一軍軍長，即統率王李二師東下，所謂「贛寧之役」在袁利用黎，亦算暫告一段落。黎在湖北當然待不住了。

黎副總統進京，關於吾鄂者甚巨，茲錄其臨行前後各電，以便閱者，如下：

民國二年十二月九日副總統上大總統並致京外各機關電云：

元洪忝廁戎行，材薄任重，屬滄海橫流之會，當中原板蕩之秋。溯自陽夏媾和，及乎贛寧肇變，荊山欲崩，漢水幾沸，幸賴我大總統當機斡運，先事綢繆，奠民國於無疆，投元兇於有昊。元洪得依餘蔭，幸保虛聲，未嘗不啜茗懷波，茹禾念露。燕雲楚樹，道阻且長，雖顏色未親，而神魂久響，只以周旋鞭弭，鞅掌軍書，親從汜水之師，致後涂山之會。盲騎莫適，瞽笑為勞，天命更新，楚氛幸靖。風前退鷁，彌堅向路之心，浪後頹魚，愈切登門之念。謹於本月九號親戒行裝，面聆迪誨，本府一切事宜，應懇大總統派員代理，俾專責成。專此縷陳，並行通告。

又，十二月九日，副總統上大總統電云：

佳電計達。元洪業經起行，本府一切事宜，除先行呈請大總統派員代理外，應暫交參謀長金永炎代拆代行。謹俟後命。

又，十二月九日，副總統致長沙湯都督、南昌李都督、浙江朱都督電云：

本月八號奉大總統命來鄂，召元洪進京磋商要政。元洪已於九號晚起行，府中事委金參謀長代拆代行。段總長亦留鄂鎮懾，至元洪以後應否回鄂，尚須俟命，難以預定也。知念謹聞。

又，黎副總統致段兼督電云：

元洪自鄂瀕行，過勞遠送，至感厚意。茲於本日早七鐘到京，即入覲大總統，面諭代理一節，已有令命公暫兼等因。自維治鄂兩年，深愧無狀，得公替我，知免愆尤，聞命之餘，敢為全鄂軍民額手稱慶。特電馳賀，兼致謝忱，即維垂察。元洪現住小蓬萊，並以奉聞。

又，黎副總統致鄂省各機關人員電云：

本副總統因公入京，於本月初九日自鄂起程，十一日早抵京。追維在鄂兩年，同舟共濟，諸賴匡襄。此次行期匆促，不及言辭，深懷歉仄。現在鄂都督事，已奉大總統令任命段總長兼領。段總長威信素著，憂國為懷，必能造福地方，維持秩序。尚賴諸君子各盡職務，相與有成，本副總統有厚望焉。賤軀安好，知念並聞。

又，黎副總統致鄂中父老電云：

元洪不德，濫握軍符，義旗一舉，蒙鄂中軍學紳商各界推舉都督一席，力辭不獲，勉竭綿薄。陽夏之役，屢戰屢敗，孤城介立，岌岌可危，卒得保全無恙，實賴人心歸向，眾志成城。迨共和肇建，南北統一，而意見分歧，黨爭激烈，雖極意周旋，而彌縫無術，致使風聲鶴唳，頻湧漢江，商場元氣，一喪再喪。本年鄰境亂作，禍患幾遍於東南，鄂省踞上游門戶，扼南北咽喉，控制濱江各省埠之死命，鄂省之安危，南方數行省之視線所趨也。元洪本此意以籌畫，調駐重兵，緊急防維，晝夜焦思，絕粒數日，遂使破獲機關百餘起，保守疆界，化險為夷，是固各將士之勇往服從，各商民之公同協助，有以致之。旋而沙洋叛亂，衆隨陷害，邊界內河，干戈擾攘，匪徒所至，搶掠難堪，痛剿數月，未報肅清，未必非元洪之不德階之厲也。其他災民流離，米食恐慌，金融停滯，紙幣浮濫，並一切鄂人之盼望於元洪者，元洪卒無一增幸福於鄂人，遺憾抑何深也！今者燕京之行，原因磋商要政，將來駐都回鄂，兩難預揣，惟段代督明達精幹，軍事上尤擅特長，必能補元洪之缺點，登鄂民於衽席也。遙望漢江，不禁淚下，謹此宣言。

又，黎副總統辭去兼領湖北都督呈云：

竊元洪屢覲鈞顏，仰承優遇，恩逾於骨肉，禮渥於上賓，推心則山雪皆融，握手則池水為泮，馳惶靡措，誠服無涯。伏念元洪忝列戎行，欣逢鼎運，屬官吏推選之眾，承軍民擁戴之殷。王陵之率義兵，堅辭未獲；列表之居重鎮，勉力難勝。洎乎宣佈共和，混一區夏，蒙大總統俯仍舊貫，悉予真除。良以成規久圮，新制未頒，不得不沿襲名稱，維持現狀。元洪亦以神州多難，亂黨環生，念瓜代之未來，顧豆分而不忍。思欲以一拳之後，暫砥狂瀾，方寸之才，權撐圮廈。所幸仰承偉略，乞助雄師，風浪不驚，星河底定，獲託威靈之庇，免貽隕越之羞。蓋非常之變，非大力不能戡平；無妄之榮，實初心所不及料也。夫列侯據地，周室所以陵遲；諸鎮擁兵，唐宋於焉弛廢。六朝玉步，蛻於功人；五代干戈，胎自驕將。偶昧保身之哲，遂叢誤國之愆；災黎填於壑而罔聞，敵國入於宮而不恤。遠稽往乘，近覽橫流，國體雖更，亂源則一。未嘗不哀其頑梗，僭莫懲嗟！前者贛水弄兵，鍾山竊位，三邊酬諸異族，六省訂為同盟，元洪當對壘之衝，亦尚盡同舟之誼。乃罪言勿納，忠告罔聞，哀此苦心，竟逢戰禍。久欲奉還職權，借資表率，只以兵端甫啟，選典未行，暫忍負乘致寇之嫌，勉圖扶杖觀成之計。孤懷耿耿，不敢告人；前路茫茫，但蘄救國。今者列強承認，庶政更新，洗武庫而偃兵，敞文園而弼教。際四海困窮之會，急起猶遲；念兩年患難之場，回思尚悸。論全局則須籌一統，論個人則願乞餘年。倘仍恃寵長留，更或陳情不獲，中流重任，豈忍施於久乏之身？當日苦衷，亦難曝諸無稽之口，此尤元洪所冰淵自懼、寢饋難安者也。伏乞大總統矜其愚悃，假以閒時，將所領湖北都督一職明令免去。元洪追隨鈞座，長聽教言，汲湖水以澡心，擷山雲而煉性，幸得此身健在，皆屬解衣推食之恩。倘遇邊事偶生，敢忘擐甲執兵之報？伏居待命，無任屏營。謹呈。

據曾毓雋《六十年之回顧》云：「癸丑一役結束，由是有迎黎之舉。是年（民二）十二月袁派段祺瑞到鄂，余（曾自謂）亦隨行，下車遂渡江謁黎，在副總統府兩宿。黎召其參謀長金永炎，商整理軍隊事，大致就緒，宣佈段北歸。黎送過江，到車站上車後，段反下車，黎遂北上。金偕段返署，發電告袁，而段署湖北都督之令下矣。不兩月，令段芝貴接任湖北都督」云云。又據張則川自鄂來京告我言：「迎黎之舉，係由參謀次長與鄂方主持者暗中電商妥洽，乃派段到鄂。黎離鄂到京，醞釀不止一日，多數反對。故此次去京，出以秘密」云云。以後王占元督理湖北軍務、督軍、兩湖巡閱使，武漢方面，就在北洋勢力支配之下。

黎元洪到京

黎到京，袁預備新華門內南海瀛台作他的憩息之所，一切供應，無微不至，與黎並結為兒女親家，又由其長子袁克定購東廠胡同住宅贈黎。自此以後，黎即常居住此處。

國民黨既被解散，國會在黨議員褫奪資格，不足開會法定人數。袁初頒令召集行政會議，後改為政治會議。黎到京，袁首先利用他贊成這會議。這會議政府欽派八人，已發表（饒漢祥在內）。黎臨時保我做這會議議員，希望我能得到會中實情。袁敷衍副總統面子，發表我為副議長。我到會後，聽見楊士琦與議長李經羲的屢次談話，知道這會議含有其他作用，並非如袁所宣佈之冠冕堂皇的文章。我向黎報告，黎不信。我與他們意見不合，即請假不到會，黎尚不甚以我為然。

政治會議，完全為袁世凱操縱利用的機關。由此而產生的約法會議，於民國三年一月組織，以施愚為議長、孫毓筠為副議長，其議員產生由政府限定人選，實則欽派。其所修改的約法，賦予總統以無限特權，換言之，即所謂獨裁之皇帝，不過如是。當其組織之始，黎還想推薦我參加這會議。我說：「前次參加政治會議，有何益處？此次會議專為改造約法。改造約法，就推翻民元臨時約法，我們是維護臨時約法的，何能參加？」黎至此始恍然大悟。

依據約法會議之議決，於民國三年五月公佈《參政院組織法》。原來約法會議的新約法上所規定之立法機關為一院制之「立法院」，又規定一諮詢機關名曰「參政院」，在立法院未成立以前，由參政院代行其職權。此項組織經過，不足一個月即告成立，以黎元洪為議長、汪大燮為副議長。

參政院院長，袁預定以黎擔任。在未發表以前，黎與我商議，最好推辭不就。至時，袁派楊士琦接洽，黎一再力辭。袁早有計劃的，在這個情狀下，也逃脫不了。發表後，黎就約我做秘書長，說：「本人既已犧牲，我們一同犧牲。」我不能不答應。發表我秘書長，適吾母棄養，居憂不能就職，改任林長民。爾後參政院之代行立法院，建議修正從前之總統選舉法。經約法會議通過，其修正之重點：（甲）總統任期改為十年，連任無限制；（乙）總統任滿改選之年，參政院如認為政治上有必要時，得為連任之決議；（丙）總統之繼任人，由總統預為推薦書名，藏之金匱石室。依此規定，不但袁的地位終身絕無問題，一般論者以為總統世襲，亦大有可能，實為民主國家所未有之先例。黎對於此等法案，無不反對，但無可如何，只有開會不到會，消極抵制。到了帝制公開運動，所有代行立法院及代表「請願」「勸進」，做出種種離奇荒謬的事情，黎即毅然辭職，絕不參預矣。在此期內，我雖未就秘書長，還是天天到黎處，討論及前途趨勢，不知鬧到什麼地方，往往相對泣下。

黎元洪反對洪憲帝制

八月十四日籌安會宣言第三日，張一麐來訪，言「籌安會發動帝制，本人極反對，已向總統剖切言之，你何不見總統規勸一番？」我說：「自居憂後，不見總統年餘矣，親近如君，所言尚不動聽，如我疏遠，那能挽回？」張言：「總統平素對你頗重視，此時多有一人進言，總有用處。」當由張電府約定次早會晤。屆時到府見袁，談及國體問題，我說：「歷史總是前進，世界潮流亦總是前進，此時世界趨勢，獨裁、民主正在交相摩擦，以後各國如有大政變，總是君主進而民主，斷無民主退而為君主者。我國共和，業經四年，君主尊嚴，早已唾棄，如再由民主恢復君主，那走得通？此乃潮流使然，不僅是一國問題。」我又就輿論、外交、軍事三者立論，大意說：「輿論向背，不在北京方面，當注重全國，尤其長江以南。外交則日本二十一條雖告結束，但在歐戰期內，其野心仍然未戢。軍事雖非外人所得知，但亦當從各方面審量。」袁言：「輿論是空氣作用，已早有佈置，外交有英美鉗制日本，軍事我有把握。」我說：「輿論縱有佈置，海外亡命，蠢蠢思動，凡舉事不可使為仇者所快而為親者所痛。外交，此時歐戰未了，英安有餘力東顧？美守中立，似均不能鉗制日本。軍事，總統謂自有把握，我亦深信，但是人心浮動，一隅有事，全局牽動，似不可不計及。」袁言：「這都是你過慮。近多年來，人人以為共和不適國情，如不任令學者自由研究，則一部份主張頗力，恐以武力搖撼國本，不如以此緩和其氣。世界潮流，我豈不知？但是國外學者，主張亦有兩派（指美博士古德訥之論說）。總之，皇帝我決不做，大凡做皇帝者，多半為子孫計，我的兒子克定的本領，叫他佈置錫拉胡同，尚能勝任，叫他佈置洹上村，便辦不了，中國這樣大，他那能勝任？況且皇帝後代之結果，就歷史上來看，何等慘痛？我現在做總統，為國家人民打算，不必做皇帝，為我子孫打算，更不願做皇帝，你盡可放心。」又言：「你可告副總統及你們同鄉樊山（樊增祥）、少樸（周樹模）不要輕信謠言。」我辭出，以此語報張。張言：「這都是騙你之談。」我又將以上的談話去告知黎元洪。黎搖頭，亦說：「這不是他（指袁）的由衷之言。」

自籌安會發表宣言後，人人皆知帝制即將發生。一時論者，大都趨於繼承問題。尤其黎元洪以副總統在京，民國推翻，無以自處。其左右在東廠胡同本宅集議，以為袁做皇帝，其子孫得以世襲，如果規定總統世襲，袁做總統，其子孫亦得世襲，有君主之實，無君主之名，但求「中華民國」四字招牌得以保存。於是一時討論總統世襲之說。

十七日午後，黎電約同鄉周樹模和我往黎宅，在東花廳西南八角亭密議，只饒漢祥、瞿瀛同我們四人。黎以總統世襲之說，徵求我等意見。周固不贊成帝制者，而因有此遷就之策，極為贊許。我不以為然，言：「袁若不帝制自為則已，今既為大總統矣，而新選舉法，任期五年又已改為十年，連任亦無限制，總統繼任之人，由現任總統預先書名，藏之金匱石室，是即為終身總統。其推薦繼任，又無限制親屬之規定，於此而尚不滿足，其為醉心皇帝，毫無疑問，僅以總統世襲，那能過癮？我以為副總統如欲建議，應當光明磊落，直陳共和之不可推翻，帝制之不可復起，為國家計，為袁本人計，均當如此。副總統本創造共和之人，不贊成帝制，自是應有之主張。若如總統世襲，同一不贊成帝制，既不足昭示國人，亦不能挽回變局，我料袁必不能採用，是此項建議，徒留歷史上一大痕跡，萬一採用，而憲法中有總統世襲之條，天下後世，其謂之何？」饒言：「如你這樣直率措詞，恐有危險。」我言：「如怕危險，此時似無須表示。」周仍贊成總統世襲之說，希冀不換民國招牌。瞿言：「可再加考慮。」黎嘿然。我們一再討論，至晚間十一時無結果而散。

是年十二月十五日，袁世凱承認帝制後之第一道命令，即冊封黎元洪為武義親王。在冊封前夕消息傳出，黎在東廠胡同本宅東花廳，召集其左右會議，我應約前往，黎以冊封親王消息，徵求大家意見。我首先堅決言：「以副總統立場，萬無接受王位之理。」饒漢祥言：「就名義上著想，自不能接受，就安全上著想，又不能不遷就，似不妨容忍一時，再行從長計議。」余言：「袁固梟雄，但在此時期，決不敢危害副總統，以冒天下之不韙。如果有心危害，即令今日接受，將來亦不能避免。副總統果能保持約法上名義，中外觀瞻所繫，比較上還能達到安全地步，況且事變尚未可知，容有轉危為安之一日，即不幸危險發生，副總統為創造民國之人，與民國始終，亦自足以千古。」黎頗點頭。饒言：「如君所言，直是犧牲副總統。我並非贊成王位，但是不願意副總統犧牲個人耳。」彼此辯論許久，其左右在座者，亦先後發言。黎對饒頗不釋，大聲言：「乾若見解極是，你們不要多說，我志已定，決不接受，即犧牲個人，亦所不惜」云云。

據黎之秘書劉鐘秀親見其事者云：「十二月十五日，明令封黃陂為武義親王。項城令在京文武簡任以上官員，赴東廠胡同黎邸致賀。是日晨七時許，即湧至東廠胡同，東至隆福寺，西抵皇城根，南過東安市場，北達安定門大街，擁擠不堪，路為之塞。及八時半，人員到齊，由國務卿陸徵祥率領請見。黃陂便裝出見，陸徵祥致賀辭，略謂：『大總統以閣下創造民國，推翻清室，功在國家，故明令晉封為武義親王以酬庸，特率領在京文武首領，恭謹致賀，懇即日就封，以慰全國之望。』黃陂當答稱：『大總統雖明令發表，但鄙人決不敢領受。蓋大總統以鄙人有辛亥武昌首義之勳，故優予褒封，然辛亥革命起義，乃全國人民公意，及無數革命志士流血奮鬥，與大總統支持而成。我個人不過濫竽其間，因人成事，決無功績可言，斷不敢冒領崇封，致生無以對國民，死無以對先烈。各位致賀，實愧不敢當。』辭畢，遂入內，各員亦默然散去。下午，項城又派永增軍衣莊成衣匠至黎邸，為黃陂量製親王制服，黃陂堅拒不允，並謂：『我非親王，何須制服？』一面具呈堅辭，文義與向陸徵祥等所述略同。越日，政事堂以公文送武義親王府官制至黎邸，封面大書『武義親王開拆』字樣，被收者誤剪。蓋收者僅閱及政事堂封面，未及見背面有武義親王字樣也，及呈閱時，黃陂震怒，謂『我非武義親王，豈能收交武義親王開拆之公文？』飭令退還。收文者大窘，多方設法換封，方得退回。自後項城派駐黎邸之旗牌、內衛等，無不深恨黃陂，終日大聲痛詈，故使黃陂聞之，黃陂置若罔聞」云云。

據我所知，袁、黎兒女姻親，向例年節，雙方均有年禮饋遺。是年終，袁送黎禮，用紅帖書「賞武義親王」字樣，叫差官四人披紅帶騎馬，送至武義親王府（即東廠胡同本宅）。黎甚怒，拒絕不收。越日，袁改仍舊用「姻愚弟袁世凱」字樣，黎始受之，其倔強如此。

自滇軍入川，貴州獨立，廣西又獨立，黎元洪屢與我計議。我認為扭轉此時局面，在北京方面，非徐世昌、段祺瑞莫屬。於是商承黎的意見，兩度到津晤徐，力言：「時局危迫如此，若不徹底解決，大局將不堪設想，相國與項城關係，安可置身事外，不作最後之忠告。」其時帝制之取消，已甚囂塵上，徐言：「我本不贊成帝制，但是已鬧到這樣地步，取消兩字，叫我對項城如何開口？」我說：「我的意思，不止勸項城取消帝制，還勸其痛痛快快退位。」徐頗驚訝。我說：「帝制何等事？不是成功，就是失敗；不能站住，就當走開。現在大局糾紛，人心浮動，帝制不能貫徹，總統地位又何可以安居？我想項城對於個人進退，當光明磊落，如果自動的宣佈屢年不得已之苦衷，毅然取消，決然退位，依據約法，以主權交諸人民，不待各方面之抨擊與要求，敝屣尊榮，為民請命，定可得國內多數人之同情，而為各邦所稱贊。項城常言倫敦已購置薄產，暫時不妨前往，並可同歷歐美，以擴胸襟，將來自有為國人思慕之一日，何必遷就對付，至於焦頭爛額，欲進不能，欲退不可。項城待我不薄，故以此希望項城，但須內斷於心，若普遍與左右商量，便不易辦到耳。」徐沉思半晌言：「整個更難開口。」我一再慫恿，徐言：「退位一層，此時實不便說。你姑為擬函，勸其取消帝制。」我即在徐處擬稿，中有「及令尚可轉圜，失此將無餘地」等語。徐以為措詞得體，將較激刺字句刪去，即親筆繕寫，派人送京呈袁。此時直隸巡按使朱家寶，轉來江蘇馮國璋、山東靳雲鵬、江西李純、浙江朱瑞、長江巡閱使張勳（所謂五將軍）請速取消帝制、徵求各省同意之密電。又，駐日本公使陸宗輿電：大隈首相與各大臣及元老，以宮宴之便開御前會議，專為對華問題，認為時機已至，有自由行動派兵進駐中國要地，以免妨害亞東和平之報告。府中正徬徨無策，至此，袁得徐函，當日派員到津，請徐來京。我回京後，報告黎；又去找段祺瑞詳說一切，段亦贊成。

三月十八日，徐到京，與袁密談半日。據徐告我，所談為帝制取消，並取消後的佈置。

二十日，袁召集國務卿、各部總長、參政院、平政院院長，肅政廳肅政史，討論撤銷帝制問題。討論結果，決定於是夕下令。其中忽生一波折，即袁克定之阻止是也。克定之意，以為「不為帝制，必仍為總統，今日西南各省既不慊於稱帝，乃以獨立要脅取消帝制，安知取消帝制後，若輩仍不慊為總統，又以獨立而要脅取消總統乎？得步進步，無已時也。」項城動容，飭印鑄局將令文送回更改。至二十一夕，乃再決定下令（據《梁燕孫年譜》）。

據阮忠樞言：「撤銷帝制令，係張一麐起草，原稿關於府主（指袁）自身，通篇皆稱予，並無大總統字樣，經余等（忠樞自謂）修改無數次後，府主又將罪責帝制派人語句削去，並於令文末尾，自加本大總統本有統治全國之責云云。」

三月三十日，貴州劉顯世通電，擬由桂、滇、黔三省聯銜電達黎副總統及各省，宣佈三事：「一、迫使袁氏退位，聽從國民依照約法裁判；二、請黎副總統遵照約法，代行總統職權；三、根據約法及大總統選舉法，選舉正式大總統。」惟在劉電未發以前，於三月二十四日已由徐、段共商，通電各省共圖善後，派楊士琦持電稿往黎處陳述意旨。黎唯唯。即以黎、徐、段名義，發出勘電（二十八日）略謂：「帝制取消，公等目的已達，務望先戢干戈，共圖善後。」旋於四月一日，蔡鍔及滇、黔總司令部來電：「二庵（陳宧）派員持條件來商，仍戴項城為總統，已分頭電商滇、黔、桂、粵各省，皆嚴詞峻拒。今有識者，皆謂項城宜退，遵照約法，由副總統暫攝，再召國會，依法改造。」蔡鍔個人又於二日復電，以「項城潔身引退」為言。十三日唐繼堯復電（由法領館轉）：「為項城計，不能不再作退一步想，仍不失為英雄舉動。」於是帝制取消以後，又進入袁氏退位問題之一階段矣。

帝制取消，徐世昌再就國務卿之次日（三月二十二日），袁電約我到府，見面即坦白言：「當時悔不聽你們的話，弄到這樣糟，這與我左右無干，都是我昏瞶糊塗。」又連言：「都是我昏瞶糊塗。但是過去的事，說也來不及了，應該想以後辦法，現在局面混亂，副總統有何救濟之策？」我說：「副總統未有表示。」又問：「外邊議論若何？」我說：「都是退位不退位問題。」袁對我看約三、四分鐘，問：「你的意思，我退位好，不退位好？」我從外交、軍事同輿論三方面分析，以推論時局之嚴重。袁言：「外交雖有反對者，不是沒有辦法。輿論脆弱，不足為慮。時局中心是軍事，你看蔡松坡打得倒我嗎？」我又說：「外交、輿論，不可輕看，舉辛亥近事為證。若就軍事論，則時局重心，在東南而非西南。」袁問：「你說華甫[1]嗎？」我說：「華甫幾十年在總統部下，總統自然知道。」袁問：「你以為華甫左右袒嗎？」我說：「若果左袒則左勝，右袒則右勝，但是不左不右，便難辦耳。」袁微歎無語，我說：「我有八個字貢獻總統，『急流勇退，實至名歸』。」袁仍無語，遂即叫上差打電話請徐相國進府。我退出，趕到東城五條胡同徐宅。徐接袁電，已備車，正步至院中，我迎告以頃與總統所談。徐驚訝言：「退位二字，尚無人敢徑向總統叫明，你說退位，總統態度如何？」我說：「總統態度如常，並且往下討論，為國家計，為總統本身計，盼望相國同總統商洽一根本解決辦法。」下半日，我又往問徐，徐言：「總統對於你不左不右一句話，頗為感憤。一再討論，先向馮疏通，借覘實情究竟如何。現已決定派斗瞻（阮忠樞）前去」云云。我以此報告黎，黎說：「今日馮尚有電譴責他，舊部都已渙散，他還如此戀棧，真不可解。」

自此以後，時局重心，已真是移在南京。馮國璋是主張退位者，但他對於總統問題，有一奇特的提議。他在南京於四月十八日（巧）電八條，其第一條：「遵照清室賦予組織共和政府全權原旨，承認項城仍居大總統之地位。」又於五月一日（東）電六條，重申前旨，其第一條：「袁大總統以清室付託組織共和政府，統治民國，授受之際，本極分明。現因帝

1 馮國璋，字華甫

制發生，起一波折。近雖取消帝制，論者皆謂民國中斷，大總統原有地位業已消滅，絕難再行承認，言之亦自成理。然欲根據法律立論，則民國四年以後，大總統固已失去地位，副總統名義亦當同歸消滅。中國目前實一無政府、無法律之國，而援引約法，謂副總統可以代行職權之說，當然不成問題。既欲擁護共和，而謂不能屬之袁大總統，則必出於另舉。欲舉總統，必開國會，欲開國會，必有發令召集之人。今舍去大總統，而以副總統行使職權，牽入約法條文，殊與事實不合。不如根據清室交付原案，承認袁大總統，對於民國應暫負維持責任，以顧大局，並回復副總統名義，強其出而任事，方可補濟法律之窮。一面迅籌國會銳進辦法，提前召集，仍由袁大總統於事前宣佈明令，一俟國會開幕，即行辭職」云云。在西南各省堅持約法上總統失效之下，有此清室交付原案維持總統地位的主張，自為袁所樂聞。徐、段亦贊成。即以黎、徐、段出名復電，由林長民持電稿到黎處，請黎署名，電文寥寥數語云：「東電悉。公所主張，於法律事實，俱能兼顧，卓謀遠見，極表贊同。請即由尊處通電各省一致擁護，以解難局，至所企禱。黎〇〇、徐〇〇、段〇〇。江印。」黎贊成，但又表示懷疑，電我往商。我言：「應當先看原電。」林回取原電示黎，黎言：「要做總統罷了，何必這樣兜圈子？」我問：「副總統起初何以贊成？」黎言：「未見原電。」我言：「此電根本上推翻約法，在副總統立場，自不應贊成，且即依照此電，亦不足解決時局。」林據民國中斷云云，我與辯論甚久。結果，黎不肯署名。至第二日，徐樹錚又銜段命兩次到黎處，詞色甚厲，黎亦不肯署名。以後徐、段關於此等事，便不再要黎參預了。

黎元洪自辭參政院長後，即與袁不再見面。及拒絕武義親王封號，兩人的感情更趨分裂。逮政事堂改國務院，段祺瑞任國務總理，約我參加內閣，仍想由我替他向黎取得聯繫。我到內閣以後，即循例得常見袁，袁時時詢問黎的起居及近日言論，微露「總統地位，將來總是副總統的，他本人但得機會能有較好的面子，便即下臺。」一日，更明顯的對我說：「要與副總統共操國事，可藉以預先明瞭全國的軍事、政治，經過設施。」叫我向黎說「要請他進府同桌辦公」。我不明了他的真實意思，遂當面推託，請仍由向來與黎接頭的楊士琦去說，即告黎。黎說：「我在癸丑革命時，極力擁護他，曾替他作十二分擔保，結果如是，我不能一再受他欺騙。」此事距袁病死，為時不過月餘，兩人的關係亦就此結束。

第四篇
洪憲遺聞

徐世昌談洪憲小史

一九一一年即宣統三年，徐世昌為東三省總督，于式枚到奉，時于在程德全幕，亦居奉。于與余為憲政編查館舊交，至是常相過從。一日忽談及袁有不臣之心，余問：「何以知之？」于言：「袁自朝鮮回國，在北洋散居閒曹，以家世關係，常到幕府（于時在李鴻章幕）指畫東邊往事，人皆喜聆其言論，目為一世之雄。每袁至，咸戲以曹操呼之，彼亦漫然應之。余嘿窺其舉止，確非常人。其後，袁編練武衛新軍，以至督北洋、進軍機，扶搖直上，今日雖退居彰德，然其勢力分佈半天下，現在朝中無人，實深隱憂」云云。辛亥武昌起義，清廷岌岌自危。先是，內閣那桐辭職，曾舉袁自代，未果，至此重提起用袁氏，奕劻、徐世昌皆袒袁者，故有武昌督師之命。有人詰那桐：「此舉豈非速清亡耶？」那桐言：「大勢今已如此，不用袁指日可亡，如用袁，覆亡尚希稍遲，或可不亡。」此皆余之所親聞者，然只能認為局外人之觀察，未可遽作袁本人帝制思想之佐證也。

帝制醞釀起於何時，言人人殊。洪憲失敗以後，余時與徐世昌談及此事。徐與袁關係最深，所知當較為翔實，茲撮錄徐言如下：

項城自小站練兵，即樹立北洋根基。戊戌政變後，以至入直軍機，其廣佈勢力，無非爭取政治地位，充其量不過欲為一權臣而已。在君主專制下，稍萌異志，輒有殺身之禍。以項城之精明穩練，寧肯出此！

辛亥革命時，清廷起用項城，督師武漢，未幾，擢為內閣總理，其權勢之重，一時無與抗衡者。當時，其左右親昵之人，即有勸袁利用機會取清廷而代之之議，即後來號稱反對帝制之張一麐，亦曾馳電勸進（案張一麐《心太平室集》卷一密陳大計呈稿，有「當大總統視師蕭家港時，一麐曾馳電勸進，是時天下大亂，民無所歸」云云），然而項城之所以不出此者：（一）袁氏世受清室恩遇，不肯從孤兒寡婦手中取得天下，為後世所詬病；（二）清廷舊臣尚多，如張人駿、趙爾巽、李經羲等，均具有相當勢力；（三）北洋舊部握有軍權者，如姜桂題、馮國璋等尚未灌輸此種思想；（四）北洋軍力未能達到長江以南，即令帝制自為，亦是北洋半壁，南方尚須用兵；（五）南方人心向背，尚未可知。因此，項城最初表面維持清室，其次始討論民主君主，又其次則偏重民主，最後清帝退位而自為大總統。此時南北和議，北方代表唐紹儀主民主，楊士琦主君主。袁本想在清帝退位後自為總統，故清帝退位詔中有「由袁世凱以全權組織臨時共和政府，與民軍協商統一辦法」之語。不料南京選舉孫中山為總統，項城之總統且由中山推薦，此非項城之所逆料也。當時楊士琦主君主，人皆以為維持清室，不知楊之所謂君主者非溥儀，乃項城也。同時，汪兆銘、楊度組織國事匡濟會，楊度亦主君主，其意圖正與楊士琦同，但兩人各不相謀耳。

中山推薦項城為總統，力持建都南京，選出後南方派蔡元培等來京歡迎項城到南京就職，不料北方軍人憒憒不平。其某公子與左右親昵者，密謀由曹錕所統第三鎮駐京各營（此時駐京者除禁衛軍保護宮禁外，唯第三鎮有力量）撞入東華門，強挾項城入宮正大位。惟不敢與馮國璋所統之禁衛軍接洽，二十九日夜發動後，為禁衛軍所遏，不得逞，遂搶燒東華門一帶。事後宣稱部隊譁變係因索餉之故，藉以威嚇南來專使。實則事前項城毫無所聞，人謂出於項城指使者，非也。

民國二年四月國會成立，七月十二日贛寧事起，不久即平。此時北洋軍力震赫一時，袁左右親昵一派又暗中策動帝制，且較辛亥時更為積極，而項城則欲確定正式大總統，以待時機。故在法律一方面，憲法草案所規定不便於政府者若干條，本含有對人立法之意。法律家以此鼓動項城，極易中聽。此乃施愚、顧鰲等號稱法律家者所為，尚在範圍以內。至別一策動，則出於段芝貴、雷震春、張鎮芳等，然亦不敢向項城明言，不過平時隱隱微露一兩句，項城第頷之而已。及至大總統選舉法由國會宣佈，法律派又起而責言，而軍人派亦以為有機可乘矣。總之，項城為人，表面大開大闔，其實際先求千穩百當，方肯做去。選舉大總統順理成章，而另起爐灶，則多少帶有冒險性，雖是雙管齊下，項城終由穩著走大總統一途。

國會解散，項城乃放手做去。自今日思之，項城以約法會議改造新約法，又修改大總統選舉法，著著皆為「帝制」預謀之階梯。但在政事堂範圍以內，從無人露出「帝制」二字。自八月籌安會發起，此幕業已揭開，項城未曾向餘（徐自稱，下同）有一言之表示。繼而參政院代行立法院，北京又組織全國請願聯合會，於是有國民代表大會之產生。其國民代表大會組織法，前數日項城令顧鰲先送余閱，越日余問顧用意何在，顧答：「大權在國民會議制定憲法。」余言：「須待討論。」乃不及討論，即於十月八日公佈。此種做法，日趨明顯，余於是辭去國務卿之職。余辭職後，項城終以國民代表大會之推戴，承認帝制，以朱啟鈐為大典籌備處長，積極籌備，改民國五年為洪憲元年。雖以外交團之警告，西南各省之稱兵，亦有所不顧。項城一生走穩著，獨帝制一幕趨於險著，此余之所不解者。

帝制甚囂塵上，清室遺老如勞乃宣、劉廷琛、宋育仁、章梫等以為如恢復帝制，自應宣統復辟。勞乃宣首先發佈《正續共和解》，宋育仁等又聯合國史館守舊派人員，有上書復辟之議。於是肅政史夏壽康呈請查禁，經批交內務部辦理。某日政事堂會議，提出此項問題，項城言：「宣統滿族，業已讓位，果要皇帝，自屬漢族。清係自明取得，便當找姓朱的，最好是明洪武後人，如尋不著，朱總長（朱啟鈐時任交通）也可以做」等語。項城公開倡言帝制自此始。此雖復辟一段小經過，然明言皇帝不要滿族要漢族，項城之用心正堪尋味也。

就軍人方面言，項城成功，所倚為干城者為段祺瑞、馮國璋、王士珍三人，時稱「北洋三傑」也。帝制失敗，其原因固甚復雜，而關係此三人者為多。段素性倔強，長陸軍有年；馮久駐南京，儼然藩鎮，漸漸不如當年之絕對服從。項城思以軍政大權操之於己，於是在總統府設陸海軍統率辦事處，以移陸軍部之權，已為段所不快。關於軍事人員之進退，段請旅長以上由大總統主持，團長以下交陸軍部辦理，其用心可以想見。項城又藉口北洋軍隊暮氣沉沉，另組模範團，挑選各師旅之優秀將校為主幹，以別於北洋舊軍隊。蓋因某公子對於北洋老前輩不能指揮，故項城為其培植新勢力，此更予段以最深之刺激。某公子最忌段，段又毫不敷衍，即項城左右其他諸人，段亦皆盛氣凌之。後來項城對段屢次表示：「你氣色不好，想是有病，應當休息休息。」六月間，又有陸軍次長徐樹錚參案（三次長參案之一）發生，以迫脅段。段於是請假赴西山，託辭養病，憤憤不平。段管軍事教育，又握軍政多年，亦有其普遍之潛勢力，然懾於項城之威勢，亦無可如何（相傳某公子曾進食置毒藥，又發現刺客，段夫人入內哀求等等，實並無其事）。

當帝制風傳甚盛時，六月間馮入京謁項城，言：「外間傳說，大總統欲改帝制，請預為秘示，以便在地方著手佈置。」項城言：「我絕對無皇帝思想，袁家沒有過六十歲的人，我今年五十八，就做皇帝能有幾年？況且皇帝傳子，我的大兒子克定殘廢，二兒子克文假名士，三兒子克良土匪，那一個能繼承大業？你儘管放心。」又言：「北洋軍隊暮氣沉沉，有事時便不能用，你在南京要好好整頓，我們自己家人總當團結，保持我們的實力，你既來京，可與相國（徐）、芝泉（段）籌畫一番」云云。此次項城說話甚多，對馮撫慰備至。馮退出，忻然密告余。馮回南京，相信袁決不做皇帝矣。及帝制揭曉，以為受袁欺騙，倘袁正位，自己首領且不保，故此後與西南暗通聲氣，以防阻帝制。馮在南京有實權，其勢力固不可輕侮。王則以黃老之學依違其間，一面聽袁所為，一面則偏袒於馮（王素不傾向段）。在項城左右，以新勢力尚未養成，不得不勾結張勳、倪嗣沖（此時倪尚未投段）等極舊派以抵制段、馮，某公子皆主其謀。而項城遂陷於孤立，以致失敗。

就財政方面言，項城在北洋以周學熙、孫多森為主幹。周學熙係建德周馥之子，孫多森係壽州孫家鼐本家，皆有深厚淵源，其在北洋辦理啟新洋灰、開灤煤礦公司，成效卓著，根據實業而言財政，自較踏實，故項城信任之。以其為皖人，故曰皖系（當時並無派系，因後來有粵系，乃有此稱）。梁士詒亦項城屬意之人，清末在郵傳部即嶄露頭角，後又掌握交通銀行，於交通具有歷史。辛亥議和，項城利用其與唐紹儀、伍廷芳聯繫，梁則依靠交通銀行，為項城公私兩方面籌挪款項，項城亦驅使之，然個中真秘密，非彼所能盡知也。彼以府秘書地位而擴張其財政勢力，於是有「梁財神」之稱。其部下葉恭綽、趙慶華等亦皆一時人才，乃形成為交通系，以其為粵人，故曰粵系。其實項城所親信者，仍是周學熙一派。民初，周緝財政部，一九一三年五厘金幣借款，梁士詒不能參與，故交通系對於此項借款頗詆毀之（按《梁燕孫年譜》謂此項借款為我國財政史一大痛事）。然終項城之世，財政巨大計畫皆出於周而非梁。帝制事起，周不贊成，梁則借用時機，異常努力，為項城著想，正如孟子所云王無親臣矣。而北洋舊人，因此亦受影響不少，蓋不僅財政方面之損失也。

就黨派方面言，民國未成立時，項城固拉攏國民黨，迨南京選舉孫中山為總統，項城惡感甚深，然自項城總統選出，在北京就職後，其對國民黨的態度又漸漸轉移矣。猶記民國初元，項城常與余談及中山坦白，克強戆直，頗思與國民黨提攜，乃宋教仁堅持政黨內閣，國會議員如張耀曾、谷鍾秀等亦事事挾持政府，項城終覺國民黨不能合作，於是改變態度與國民黨為敵，而有贛寧之役。項城之於進步黨，本思引以為友，進步黨人亦曾為項城幫忙，無奈任公一派學者氣味太重，彼一度加入熊希齡內閣，湯濟武參加政事堂，均少表見。項城則以為此輩書生，不過紙上談兵而已。自國會解散，帝制運動日急，此時在內主持者為楊士琦。楊不僅反對國民黨，亦且反對進步黨及交通系（楊皖派，梁粵派），思由北洋包辦。在外則袁大公子克定發縱指使，彼尚知此舉非北洋一系包辦所能成功。克定初欲借重進步黨，曾於一九一五年一月約任公到湯山（克定住此藉口養病）商談國體問題，任公支吾其詞，克定知進步黨不可恃，乃變計而顧及交通系。梁士詒本無黨派，在國會中曾與國民黨之廣東派聯絡組織公民黨，雖係雜湊，然能以金錢號召，對於各方面拉攏，亦具有相當力量。克定欲利用梁，又知梁為功利中人，遂以三次長參案（交通部其一）、五路參案脅之。一日，克定約梁往談，單刀直入，問變更帝制肯否幫忙，並加以恫嚇。梁不敢持異議，惟言須向同人報告，再作確定之答覆。回寓後當夜召集交通一派人員開會，謂贊成不要臉，不贊成就不要頭，結果大家要頭，一時傳為笑談。梁於次日回報克定，表示願為盡力，並陳述進行之策，克定大喜過望。故參案中之交通次長葉恭綽復職，京綏路局長關冕鈞免議，津浦路局長趙慶華、京漢路局長關賡麟僅交付懲戒，一時注目之大參案遂以無事。於是，帝制派即以交通系為台柱矣。此時進步黨初無表示，至籌安會宣言發表後，任公即發表〈異哉所謂國體問題者〉一文，後湯濟武亦辭職南下，迨蔡鍔雲南起事，果由進步黨推翻帝制。帝制派操縱運用，有交通系而無進步黨，交通係無群眾為後援，不可謂非袁失敗原因之一。

楊度素主君憲，曾為項城奔走，後因事有進讒於項城者，項城亦疏遠之。然彼不甘寂寞，在京任參政。與其謂為接近項城，毋寧謂為接近克定。克定住湯山，楊時到彼處鼓吹帝制，克定亦利用之。但楊是言論家，又無黨派為後援，而梁係實行家，手下有交通系之健將，自決定參加帝制活動後，立即積極進行，如在京以沈雲霈出名發起全國請願聯合會，所有籌委會預定包辦之請願推戴種種，幾全面移轉於梁。梁亦參政，此時更挾其特殊勢力在院內操縱，而參政院代行立法，遂供其利用。且梁曾任府秘書長有年，對於各省軍民長官，常以私電往來，發生效力。故克定之倚重梁，遠過於楊。

就幕僚方面言，項城在北洋，有于式枚、傅增湘、楊士琦等。于等只辦公事，楊士琦則能辦其私事，慶軍機（奕劻）諸權貴皆由楊勾通。楊雖未任職務，固堅決主張君主者，項城令其居住南海萬字廊，始終運籌帝制帷幄之一人也。其次為張一麐、沈兆祉、閔爾昌等。項城為總統，張信用加重，政事堂成立，張為機要局局長，其原有府秘書事，由夏壽田等分任之。夏按時到公，奉命惟謹，博得項城信任。項城有時命其與克定傳話，彼即利用機會交歡克定，日益親昵。夏並能揣摩楊士琦、段芝貴諸舊派之心理，深相結納，帝制機密，無所不知。自是夏日親而張日疏，個中事張異常隔膜，故有人詢及帝制，彼答以絕無其事。府秘書後改內史，如沈兆祉等多不贊成帝制，軍政執法處乃拘沈兆祉等以威嚇其餘諸人，余為說情，始獲開釋。

夏為江西巡撫夏時之子，項城在北洋，夏時執贄門下。宣統三年端方運動兩湖，曾到彰德，夏與端之秘書同往。袁重夏之科名（榜眼），並以其為故人子，頗賞識之。後端督辦川粵鐵路，夏亦隨之入川。民國元年項城曾詢夏在何處，二年楊度介其入府（楊、夏均湘人），以後輩禮謁余，固一絕好幕僚也。帝制揭曉，夏參預機要，其氣焰已不可一世。夏為內史，而內史長阮忠樞及北洋幕中舊人均為之下。統率辦事處唐在禮言：滇軍進川，所有川西敘、瀘一帶，何地能攻、何地能守，夏摭拾往日陳跡，為之指畫。項城亦常將彼之條陳交由統率處電致前方，其所指陳極為可笑。項城對統率處人言，夏嫻韜略，即老軍事家亦不能及。不解項城何以見信如此！籌安會初發動時，周學熙密呈有「開國承家，小人勿用」之語，即指夏而言。帝制失敗後，夏尚自認為參加最力者。然較之今日趨附、後日推諉之流固自不同，是夏亦有過人處。

民國初年德皇威廉第二與梁敦彥談及國體問題，謂共和不適中國國情，當建立強有力之君主制度。時克定正在德養病，三年偕梁回國，以此意陳袁（梁本主張君主，但意在舊君而不在袁），袁頗重視之。逾數月，中國駐英、日兩國公使均來密電，大意謂英、日政府願與中國聯盟，惟英、日均君主，中國民主，聯盟恐不能長期鞏固，聯盟後彼等願幫助中國建立強有力之政府（隱指君主）。袁令顧鰲送政治會議議長李經羲閱，李不置可否，又送余閱。余揣想英使朱爾典在北洋時即為袁幫忙，當辛亥革命，朱爾典與美使嘉樂恒皆主張君憲，朱尤始終擁袁，此次或由英日同盟進而為中英、中日同盟，以達君主之目的，上項提議，當是英使主張。後來袁恐國際上發生波瀾，遂擱置不提。四年一月十八日，日本提出二十一條，亦欲以君主餌袁，袁不允其要求，由外交部交涉，至五月二十五日雙方始簽字。不久（約八月初間），總統府顧問美國人古德諾自美來華，道經日本，曾向新聞記者發表對於中國之意見。古到中國謁袁，由參事林步隨翻譯，古即陳述其意見。有人言古係受中國政府指使，似不儘然。其所著《共和與君主論》，倡言中國宜於君主立憲，指陳民主政體不及君主。彼即籌安會宣言所認為美國大政治學者古德諾博士是也。日本顧問有賀長雄，亦撰論鼓吹帝制，吾國法律家幾奉有賀為導師。而日政府方面，以嚴酷之條件要脅帝制，另一方面以秘密之方式接濟民黨，此是日本一貫作風。日人素畏袁，袁即便如何遷就，終難饜其欲望，故忽而贊成（日本首相大隈重信談話，有日本為君主國體，中國若行帝制，則與日本為同一之國體，日本當然樂為贊助，且袁世凱氏事實上已總攬中國之統治權，改行帝制，尤與事實相合等語，見日本某報），忽而反對（日本曾單獨或聯同英、法、俄、意各國，對於袁變更國體事一再警告）。袁雖挾英為後援，而歐戰未了，英無力顧及東方，終不可恃。帝制失敗，就國際方面論，不可謂非日本之作祟也。

國淦按：以上徐世昌所云，事非一時，論非一次，均徐平時與余談話中夾雜言之者。洪憲失敗後，曾為綜記大略，送徐審閱。徐將其關於本身事刪去甚多，又更改若干字，笑曰：「可作洪憲小史讀，但不可發表」。此即其審閱稿也。

朱啟鈐談德皇威廉與洪憲帝制

項城自一九一三年以後，深感國會政黨政治之不可行於中國，浸尋而思求帝制。帝制之興，蓋造端於德國。威廉以一世之雄，求其與國於東亞，不能不屬意項城，然其意絕不願中國為共和國也。項城練兵小站，皆德國教官，段祺瑞等所受軍事教育即出於此。中國陸軍多有就學日本者，其淵源仍在德國。故歐戰將起，袁既不欲助英攻德，段祺瑞亦不主中立，尤不願與德為敵也。段之參與歐戰在袁死後，蓋外交又有變化矣。梁敦彥嘗為外交大臣，其詆誹共和亦與使德有關。袁克定自德歸而言帝制，其亦有所受於威廉矣。德國承認中華民國，包爾（？）為使，即小站練兵時教官也。鐵路借款初無德國，繼而德國加入，為五國（日、德、英、美、法）借款；其後鹽務借款亦有德國。蓋德國之與帝制，其相首尾如此。英日同盟，皆不願東亞有共和國。日本懸袁不為所用，乃以二十一條相報耳。

國淦按：此段係朱口述，朱學潔筆記。

夏壽田談袁世凱與段祺瑞、馮國璋

段祺瑞素性剛愎，有主見，平時對項城不事趨承。長陸軍時，關於軍官進退，恒以陸軍總長名義行之，不請示；其所識拔者，多半為其學生部屬，隱然成一勢力，在北洋舊部與段比肩者，此時且將順不遑。於是項城漸漸感覺段之專擅，而大公子尤忌之，以其怏怏非少主臣也。政事堂成立，總統府軍事處改為陸海軍統率辦事處，段祺瑞（陸軍總長）、劉冠雄（海軍總長）、陳宧（參謀次長，代總長）、薩鎮冰、王士珍、蔡鍔為辦事員，唐在禮為總務廳長，張士鈺為副廳長，姚寶來、蔣方震、陳儀、程璧光、張一爵、姚鴻法、覃師範、唐寶潮為參議，張厚琬、劉邦驥、龔光明為行走。表面上彙聚陸、海、參謀三部，統籌軍事，實則減削陸軍部之權。至三年十月又有模範團之事。

組織模範團之動機，係本於蔣方震之條陳。蔣以北洋軍隊暮氣太重，思另行編練，作為模範，建議在統率辦事處之下，設立模範師籌備處，先練兩師，中級軍官用留學生，下級參用軍官生及速成生。蓋一變歷來重用速成、屏除留學生之宗旨。克定與北洋舊軍隊素無深切關係，尤其對於宿將不能指揮，早有步武小站練兵，建立一新勢力以對抗舊勢力之意。陳光遠、陸錦等趨附克定門下，余（夏自稱）亦參與之一人。在項城本人，一方面以北洋軍隊暮氣太重，認為當編練新軍，一如淮軍繼湘軍、小站繼淮軍故事；另一方面又欲為其子培養新勢力，故藉蔣之條陳，即成立一類似軍官教導團之模範團。團長項城自兼，陳光遠為團副（克定所保），籌備員有王士珍、袁克定、張敬堯、陳光遠。團址在西城旃檀寺，團本部設在北海。兵士由各師下級軍官中抽派，以各師中上級軍官為該團下級軍官。以訓練十師軍官為目的，分五期訓練，每半年一期，每期可產生四旅新軍軍官。第二期袁克定為團長，陸錦為團副（克定所保），挑選一批中學以上學生與各師下級軍官配合訓練。如此一步緊一步，皆以制段。故段不得不辭職，至民國四年八月二十九日免職。

於此，有當與段聯累及之者惟馮國璋。馮平易近人，有內心，袁、馮關係與段等。是年帝制運動，六月二十二日馮往北京（梁啟超自廣東過南京同行）謁袁，談及帝制問題，袁堅決否認。馮據以告梁，作為袁、馮談話，刊登《亞細亞報》。次日總統府亦有同樣文字發表，錄如左：

馮言：「帝制運動，南方謠言頗盛。」袁言：「華甫（馮之字），你我多年在一起，難道不懂得我的心事？我想謠言之來，不外兩種原因：第一、許多人都說我國驟行共和制，國人程度不夠，要我多負點責任。第二、新約法規定大總統有頒賞爵位之權，遂有人認為改革國體之先聲，但滿、蒙、回族都可受爵，漢人中有功民國者豈可喪失此種權利？這些都是無風生浪的議論。」稍停，袁又言：「華甫，你我是自家人，我的心事不妨向你明說：我現有地位與皇帝有何分別，所貴乎為皇帝者，無非為子孫計耳。我的大兒身有殘疾，二兒想做名士，三兒不達時務，其餘則都年幼，豈能付以天下之重？何況帝王家從無善果，我即為子孫計，亦不能貽害他們。」馮言：「是啊，南方人言嘖嘖，都是不明了總統的心跡，不過中國將來轉弱為強，則天與人歸的時候，大總統雖謙讓為懷，恐怕推也推不掉。」袁勃然變色言：「什麼話？我有一個孩子在倫敦求學，我已叫他在那裡購置薄產，倘有人再逼我，我就把那裡做我的菟裘，從此不問國事。」

馮自與袁談話後，即相信帝制不會發生。此次馮在京，袁優禮備至，姑舉一、二：某日，本人（夏自稱）同袁早餐，有牛奶酪，袁令差官電問馮上將軍早起否，將這碗牛乳酪送去，說是馮上將軍愛吃的，總統今早上正吃，便想起上將軍，特地送來。又一日，同袁午餐，有大碗紅燒豬膀，袁言「這是華甫愛吃的」，又令差官電告馮上將軍等等吃飯，總統就送菜來，佐以大饅首四個，說今日午飯，知道這菜上將軍愛吃，所以送來。又贈送周夫人（周砥字道如，馮國璋夫人）禮物甚多。馮覺得總統當作自家人，故體貼如此。

七月九日馮回南京，八月十四日籌安會發起，相距不到兩月。馮尚以為不確，密電詢機要局局長張一麐，張初亦不信，至此以「事出有因」覆之。府中如段芝貴、張鎮芳等，又紛紛派人到寧遊說。馮乃恍然受袁之欺騙，自是對袁態度驟變，自予帝制以最大阻力。

第五篇
對德奧參戰

緒言

對德奧參戰，為民國成立後對外最重大之問題，其中經過情形，就余所親歷者，縷述如左：

一九一四年（民國三年）歐戰爆發，中國於八月六日宣告中立。其時我正丁母憂，不與聞政事；因歐戰關係重大，在未宣告中立之先，特訪陸軍總長段祺瑞於總統府居仁堂西首小山上小樓，謂：「中國應當立即對德宣戰，因為青島問題，日本倘藉口英日同盟先我而為之，則我即難於應付，而且日後轇轕更多，最好能運動德國自動的交還青島，日本自無所藉口。如不行，則我即宣戰，亦是與日英共同動作，不使在中國土地上，我守中立，彼來用兵。」段答：「我是主張宣戰，所以在此僻靜處作些戰事準備，奈一般軍人都不贊成，德國曾提議交還青島，為日本所遏，而日本又將援日英同盟，進攻青島。」是月二十三日，日本即聯合英國對德宣戰，中國提議助英日攻青島，為日本拒絕，日本由龍口上岸，佔領青島。一九一五年十一月，中國又提議參與戰事，又為日本阻撓（見巴黎和會中國代表請廢除民四條約之說帖第三章五）。

日本在一九一四—一五年既拒絕中國參戰，何以一九一七年又贊成中國參戰呢？其一，日本既佔領德國在中國之青島及德國在太平洋中之殖民地，業經獲得英法俄意四國之承認，於是允諾白里安中國對德斷絕關係之請求。其二，德國潛水艇橫行海上，美以中立國將加以裁制，到時，美如勸告中國一致行動，則美國佔先而日本反落後。其三，歐戰延長□年，彼感覺中國倘被德國誘惑，加入同盟，自有極大危險，寺內內閣之財政大臣勝田主計說首相云：「熟察歐洲形勢，德奧與協約國孰勝，頗難豫測。若德國誘惑現守中立之中國，以利用其資源及勞力，則大戰前途殊足悲觀，此時居於極有利地位之日本，不可不努力使中國加入協約國。」（《西原借款真相》）又加以大隈內閣對中國為政治上侵略，以二十一條迫脅中國，加深中日兩國之惡感，此時寺內內閣改變策略，從經濟上下手，美其名曰援助，其為侵略則一也。因此種種關係，所以在一九一七年日本即慫恿中國參戰。

在潛水艇問題發生後，中國對德問題，有多少方面主張不同，茲先列舉出來，以便參證。

一、親美派　伍廷芳主張與美國採取一致步調，最初黎元洪依廷芳的政策，段亦未曾反對。

二、協約國派（即英法日等國）　段內閣之系統及在野梁啟超輩都是這一派。

三、親日派　在協約國中專與日本結合的一派，如曹汝霖、陸宗輿等，最早即是親日派，後來段及其部下之靳雲鵬、徐樹錚等，亦由反日派一變而為親日派。

四、親德派　王士珍與一部分北洋軍人，即是這一派。

五、獨立自主派　當時我主張中國應該有獨立自主的外交，因以上各派都須依附於一個國際集團，或依附於某一個帝國主義國家，我固主張對德宣戰，但不主張依傍於某一個國家，尤其是不能偏倚日本，必用獨立自主的外交，自己直接出兵，不必先由我提出借款等項作為互換條件。最初段同意我的意見，但後來段逐漸變成親日派，這個計畫遂完全打消。

段總理方面

此次余任院秘書長，正值歐戰未了，時時向外交部調閱有關重要案件。其時陸徵祥、魏宸組兩公使在京，與余俱有舊，陸雖非應變之才，然在歐洲年久，情形最熟，魏則平時對外交頗有見解。一星期內，與余晤談二、三次，余又與外交部人員聯絡，是以得周知國外情事。陸每談及，歐戰倘持久，美國終將加入。余即據以告黎總統，黎言：「中國應當注意。」又告段總理，段言：「我早料及此，勿論歐事轉變如何，中國當先有準備。」於是由院闢西花廳，特約外交部及與外交有關各部人員，每日午後到院，搜集歐戰前後外交資料以及新發生事件，余亦按日於午後四、五時到西花廳，共同研究。北洋派軍人習聞德國陸軍，其號稱明瞭國勢者，只知崇拜德國。段於注意歐戰後，往日在院辦公畢即回宅，自此則在院午飯，即檢閱關於歐戰文電，至下午三時始去；有時接見人員，亦殷殷詢及外事，不復如北洋派曩昔之閉塞矣。段性雖剛褊，惟對於一事認定後，肯負責任，必舉全力以赴，從不遷就中止，此其所長也。

一九一七年（民國六年）一月□日，德國施行潛水艇封鎖政策。二月一日下午，陸徵祥來告云：「頃在法使館聞美對德封鎖案，即日將抗議，無效，當絕交，各協約國均極歡迎，此是中國一好機會，當與各交戰國一致行動。」余聞之非常興奮，當與其詳論外交上步驟及辦法。又約魏宸組往訪汪大燮，交換意見。當夜余往段宅告以陸、汪所言，段留談至深夜，余切陳全局利害，力主吾國參加。段本主張宣戰之人，忻然同意，囑余寫出大綱，以備到院提出討論。余即在段宅擬一節略如下：

對德國潛水艇封鎖案節略

自歐戰發生後，交戰國同盟如德、奧，協約國如英、俄、法、意、日、比、葡，中立國如中、美，各有陣容。此次德國潛水艇案，美果對德抗議無效，當即絕交，終必至於宣戰，即與協約國處於同一戰線。中國如仍守中立，即是孤立，勿論戰時戰後，匪惟不能與各國立於同等地位，且一切不能與聞，受人處分而已。吾國如決定參加，當分步驟：一、抗議，二、絕交，三、宣戰。但外交手續雖分步驟，而宗旨仍是一貫，抗議後即須絕交，絕交後即須參戰，一經發動，便有不能中止之勢。為中國計，當自動的參加，以取得在世界上之同情及國際上之地位。

一、抗議

俟德國正式通牒，即由外交部抗議。

抗議無效，進一步即斷絕兩國外交上之關係。

二、絕交後吾國應準備者：

公使領事回國。

彼國僑民之安置。

租界收回。

領事裁判權撤銷。

德奧在華銀行之處分。

德奧在華船隻之處分。

三、宣戰後吾國應準備者：

其義務之一部分，第一為出兵，直接對歐洲戰場，或加入前線，或填補後防，蓋不參戰則已，參戰則當實行盡力，不能盡靠華工作間接之幫助。權利之一部分，吾國財政困難，早為各國所深悉，參戰後支出增加，協約國當有扶助之義務，可與各國協議之，但不得由我方提議作為參戰交換之條件。

其一、

人的供給：

出兵　先與協約國商洽有若干船隻，能裝運若干軍隊，即就原有軍隊中嚴格挑編若干師，屆時運送歐洲。

華工　不僅在歐洲戰場，即協約國國內工廠，可令駐外公使向其提議，如需用華工，趕緊設法儘量供給。

物的供給：煤、鐵、銅、鎢、其他金屬類及棉花、米、麥……

其二、

庚子賠款德奧兩國之部分當然取消。

同上賠款協約國之部分全數免除。

增加關稅。

庚子條約的限制解除。

治外法權取消。

關於山東青島直接收回。

參列和平大會。

段閱余所擬節略，頗致贊許。余言：「此僅就一時思慮所及，撮舉其例耳。總理如有決心，尚有一先決問題，即當自動的以一個獨立國家的資格參加，不可依附一國，授人以柄。蓋一子誤投，滿盤俱錯，不可不慎之於始也。」段答：「誠然誠然。」余又言：「出兵一層最關重要，吾為弱國，若不出兵實實在在盡點力量，將來和平會議時，出兵的國家與未出兵的國家自有分別，恐將受制於人而無我發言之餘地。且北洋軍隊現在多有暮氣，如果出兵若干師，選擇最優良的將領同精壯的兵士前往歐洲戰場，將來回國時，即以此有新知識、新經驗的參戰軍作基本，擴充作全國新軍隊，改革北洋與各省一班舊軍隊，況『北洋』二字，在全國中尤不可存此名目。」段聞余言，奮然離座曰：「余係軍人，自當對外作戰以爭國家之光榮。北洋軍隊，我早知其有暮氣，曩者湘軍之後淮軍踵起，淮軍之後小站新軍繼之，其後皆有暮氣。軍隊一有暮氣便不可用，我個人對此早有同感。」段又言：「吾國最難是財政，參戰後，各國對我財政能有所援助，則政府辦事方能順利。」余言：「中國如實行參戰，各國對中國財政自不至無所援助。我以為如各國能補助兵費，或提供借款，或退還或展期賠款，及停付德奧賠款，此等特別所得之款，當存儲國家銀行以為基金，重新整理幣制（或另組國家銀行，或即以中國銀行改為國家銀行）專作宣戰案內創辦事業之用，如延長西北橫貫亞歐的鐵路、擇扼要地點開辦鋼鐵廠、大規模開發西北荒地等等，不作政費及其他用途。不然，得此巨數，不曾作幾件大事，豈不可惜，將來又安得此機會。況且有人的物的之供給關係，吾國國家銀行果能內部充足，便可在巴黎、倫敦、紐約等處設立分行，沒收之德奧船隻，並可裝載煤、米運往歐洲，亦可使五色國旗照耀海上。我想只要有決心、有毅力，遇有此等機會，總能成功。」段笑而言曰：「總望你始終幫助。」余又言：「此事千頭萬緒，中國從無成案可稽，應會同有關各部，延聘外交專家、財政專家詳細討論，並隨時徵求駐外公使意見，庶不至誤。」時已天明八時矣，余與段同車到國務院。

於此有當注意者，則段之左右可以左右段也。段常言，中國如能用四人，則中國強矣。余問何人，段言：「吳光新、靳雲鵬、傅良佐、徐樹錚。」然以余私見，此四人者，徐才氣縱橫，雖有時偏執，確有果敢過人之處；吳則吾不知；靳好為大言；傅淺躁足以僨事，皆非上駟之才，因以此意告之。段未表示然否，然主持段之機密者，終不離乎此四人也。此案發生後，惟徐同情於德，反對參戰，先後作書七封，段見前二封以後，即不拆閱。吳、靳、傅曾一度連翩到院訪余，蘄余幫忙，而於如何參戰並不研究，在段左右日以對付府方為事而已。

段住府學胡同，每日晚間，其左右群聚其宅，談論國家大事，次早段到院，有時發表主張，即前夕談論之結果（時人目之曰府學會議）。段屢告餘加入，餘每日忙於院中公務，且與若輩氣味不投，亦不願與之周旋，僅囑秘書涂鳳書間日一往，藉知此中情況而已。涂告余：「段初聆參加協約之主張，誠不能無動，惟其部下軍人總偏於維持中立。某晚，秘書曾毓雋倉皇到府學胡同，報告府方消息，且曰：『我們宜從速發動，倘遲一步，則府方搶在前頭，他們成功，我們即失敗矣。』於是段即排除眾議，決定參戰。其時外交總長伍廷芳向府方建議絕交，總統素來推重彼為老外交家，其英文秘書郭泰祺與英美使館、日文秘書劉鍾秀與日本使館均有接洽，故總統亦傾向協約國。至段主張參加協約，府方又改變態度。」涂言如是。但是，府方真正的內幕，在此時尚非盡人能知也（詳後「總統方面」）。

內閣方面

二月二日國務會議，外交總長伍廷芳報告外交部接德國海上潛水艇封鎖案，美國業已抗議，又用書面寫出意見，謂：「美對德抗議後即將絕交，中國當與美一致，美對中國無領土野心，僅商務上之關係。」此案尚未討論，段即贊成伍之主張，並將所擬節略交閱，言：「今日各自研究，明日繼續會議。」教育總長范源廉照錄一份攜去。

三日又開會議，根據抗議、絕交、宣戰三層討論，各閣員偏重先行抗議，再討論絕交。余言：「此萬萬不可，當統就全體討論。」段亦言：「抗議即是絕交先聲，不能抗議無效，便自中止。」是日討論，無甚決定（向例秘書長能發言，但不能參加決議）。

四日會議，伍後到，報告美對德於本日絕交，中國當聲明與美一致。美絕交我亦絕交，美宣戰我亦宣戰，揣想美國不會宣戰，中國參戰亦無理由。余言：「我如參加對德案，當得世界之同情，倘聲明始終與美一致，是以一國為轉移，我自動的外交，似可不必如此。」海軍總長程璧光言：「如秘書長言，勢必半路拋去美國，恐怕美國說話。」范言：「不至如是。」余言：「美既絕交，即與協約國立於同一戰線，我亦立於同一戰線，不算拋去美國。」財政總長陳錦濤主張不絕交。農商總長谷鍾秀言：「如不絕交，恐受人強迫，體面亦失。今日姑決定絕交，來日之事，容來日討論之。」段言：「凡事須統籌全局。」余言：「抗議之後勢必絕交，絕交之後勢必宣戰，我料美國終必宣戰，不得以絕交為止境。」范主張絕對的加入（經濟的加入，如巴黎經濟會議），及絕交後隨帶必要之擴張。司法總長張耀曾言：「中國當與英、俄、法、意、日五國，取同一態度，但求於加入之中討生活，不必自欺。」交通總長許世英言：「僅僅絕交不行，不如旗幟鮮明，與五國訂立攻守同盟，加入倫敦會議。」是日討論結果，對於抗議無異詞，對於絕交大致無問題。

五日又開會議，對絕交實施所見不一，有主張先與各國商量辦法再辦者，有主張一面辦一面商量者，有主張斷然辦理不計後果者。余言：「此事關係極大，我以國家資格為公理而加入，倘以一時之利害，斷斷焉與各國持長論短以定加入與否，徒自損其國格。反之，若貿然加入而不審權利義務之所在，則博虛名而鮮實際。故鄙意，外交步驟自當與各國商洽，但不可偏於一國，又不可落於邊際，須就正大方面立言，是在外交詞令之得體耳。至於進一步須在何時，自在相機進行，希望大家以較長之時間縝密討論。」閣員頗贊余議。以後又連開會議，每次會議，前後不能貫徹，無從決定，余請閣員各用書面寫出最後意見。伍仍主張與美一致，美不會宣戰，中國更不能宣戰。谷主張絕對的加入（宣戰），陳、程亦附和其議。張主張須將進一步義務權利彼此協商確定後，始進一步。范主張決定絕交後，須設法旁敲側擊，使協約國希望我加入。許主張加入程度：（一）與協約國定攻守同盟之約；（二）

一九一四年九月五號倫敦盟約，中國願補簽，惟依以上之計畫，則中國應否出兵，是為大可研究之問題，以國勢國情而論，實不能出兵遠征。至加入之義務：（1）輸出軍用食品；（2）補助華工；（3）軍用原料品之輸出。加入之權利：（1）庚子賠款即行解除，如萬不能行，即自絕交之日起，緩至十年以後，再仍照前定數目按期分還，但在此期內不得加付利息；（2）加稅裁厘，即由絕交之日起，先改訂關稅物價表，即行加稅，至裁厘一節，由中國自由分期辦理；（3）廢止辛丑合約關於軍事之部分，如京奉鐵路各國駐兵、天津三十里內不准駐兵、大沽口不准興修炮臺等事。此本日會議之情形也。

經此次會議後，又屢次會議，最後決定由外交部向德國抗議，進一步絕交，俟絕交時再討論宣戰。依此步驟，一面與國會接洽，一面向府方陳述。

於此有當注意者，則內閣中之黨派是也。此次內閣，係段以北洋派實力所組成，其中黨派分歧：外交伍廷芳、海軍程璧光，係老國民黨；財政陳錦濤，名為國民黨，實則政學會；農商谷鍾秀、司法張耀曾係政學會之主幹；教育兼內務范源廉，為梁啟超門人，與國民、政學均能融洽；交通許世英，為段派，亦周旋於國民、政學之間。此後內閣中發生意見，即由黨派之互相消長而起。

總統方面

美對德抗議、絕交，伍廷芳首先向總統陳述，中國當與美一致行動。總統素推崇伍為外交老手，當然贊成。汪大燮曾任英、日各國公使，慫恿總統加入協約國，與協約國一致行動，總統亦以為然。余每日進府，將院方討論各項隨時報告總統，亦未聞有異詞。顧何以府方對於此案，始而贊成，繼而反對，不知者以為總統無主見，而不知其中有一段極重要之秘密。

在民國五年（一九一六年）□月，政府派曹汝霖為專使，贈日皇大勳章。臨行前，總統請曹晚飯，有汪大燮、陸宗輿、哈漢章作陪。飯後，曹言：「此行我有意見向總統說明。中日毗鄰，交涉繁多，這件諒解，那件又出問題，長年累日，循環不已，終不能得一徹底之解決。依我看法，中國對日本應該決定根本上政策。日本分為二派，我們避去他的武力派，結合他的外交派。結合的辦法，即是聯繫經濟，從外交入手。歐洲已有先例，德奧同盟，外交取決柏林外交部。日本方面，總希望東亞，尤其是（此十二字據汪告我）中國與日本先做外交同盟。如此外交踏上一步，與他平行，關於經濟方面，藉外交同盟可以少吃虧。外交同盟仿伯林例，即在東京。果然做到，彼方強硬政策，不好使用出來……」話未說完，總統拍桌大罵：「你到日本預備賣國，你們這樣賣國，還來要我隨同賣國，這種毫無心肝的人，我不能讓你到日本去。」（此段據哈親自記錄）

次日，總統召我到府，餘怒未息，對我說：「曹某賣國，你們串通一起來教我賣國。」我言：「我到院只兩天，從前何以令曹到日本還不明瞭，怎樣說我串通一氣。究竟他怎樣賣國？」總統在氣憤之下，但言：「賣國賣國，說了氣死人！你告段總理，決不能讓曹某去日本，另外換人。」我到院告段，並詢段：「曹去日本，有何秘密？」段言：「他曾條陳中日親善，不是空言。我們應該將中國關於農工商礦有價值的開列出來，同日本商量，何者中國自辦，何者中日合辦，何者讓日本人辦。一方面日本幫助中國，一方面日本亦獲得利益，不必支支節節，遇事麻煩，以達到中日親善之目的。他此次要在日本朝野遊說，期於實行。」我據此告總統，而總統先入為主，始終唾罵不置也。

在潛水艇問題發生後，伍廷芳介紹美使芮恩施謁總統，詳述與美一致行動之權利義務，外交次長伍朝樞、府秘書郭泰祺翻譯，寫有備忘錄。其後日使日置益謁總統，詳述與協約國（日本）一致行動之權利義務，府秘書劉鍾秀翻譯，亦寫有備忘錄。撮要表如左：

	美國	日本
權力	庚子賠款免除 關稅自主（除不得已外） 治外法權取消 使館戒備及馬家堡到山海關駐軍撤去	庚子賠款退還三年或五年 關稅暫加二・五，將來至多不能過二・五 使館戒備及馬家堡到山海關軍隊撤退
義務	至少派三萬陸軍到法參戰 德奧僑民全數驅逐出境	儘量供給華工到法 德僑驅逐

據此備忘錄，總統覺得伍廷芳主張與美一致為是。而此時一般趨勢，都在協約國，尤其在協約國之日本，總統期期不以為然。又有人報告，曹、陸等正在活動，乃憶及曹贈勳事，以為如果參戰，反落到這個圈套，危險可怕，所以總想拒絕（事後據劉鍾秀云）。所不解者，總統既有此意見，為何不提出美日備忘錄（此時我亦未見備忘錄），並召集段總理全體閣員及在野名流詳細討論利害，切實說明不可偏重協約國中之日本一國，而乃獨自苦悶走入反對之一途。於是外交問題，始而釀為府院問題，繼而成為督軍團復辟問題。

於此有當注意者，則總統之左右可以左右總統也。總統素信用饒漢祥，自武義親王事意見相左，故此次繼任總統不任為秘書長。丁世嶧走後，秘書長為夏壽康，不過依違其間，然其與院方為難則一也。府方幕中主持者，有哈漢章、金永炎、蔣作賓、黎澍等，院方目之為四凶，則日以倒段為事，而於外交問題亦未聞詳細研究以贊助總統也。

國會方面

國會中約有數派：一、國民黨——以吳景濂為領袖，余與吳及其黨員屢次接洽，吳等並不表示意見，但消極的持不反對之態度。二、進步黨——以湯化龍為領袖，乃積極的贊成參戰者（在國會外為梁啟超）。三、政學會——有楊永泰等，以同係閣員谷鍾秀、張耀曾等之意見為意見。此外國會中有本屬國民黨而離黨又不願改屬他黨者，組織一憲政討論會，由江天鐸主持。國會中研究國際法者正不乏人，但不從此案利害悉心研討，上焉者以政治為轉移，次焉者以感情為向背，此則不能為國會諱也。

於此有當注意者，則國會各黨派與各方錯綜復雜之關係也。國民黨——閣員中有伍、程，伍為黨老輩，不為黨所利用，其子朝樞（外交次長）亦不以黨相號召，府方對伍外交之主張無不聽從；程則老黨員而已。進步黨——閣員中有范（亦可云中立派），段因此案與該黨相提挈，梁且以文字鼓吹，並時時向政府條陳意見，其影響頗大。政學會——於府方具有相當力量，而谷、張在內閣亦有力量，其中堅人物為各方所矚目，在此一幕中惟政學會有舉足輕重之勢。憲政討論會——係臨時之組合，在政府亦與接近，以冀此案順利進行。此其大較也。

馮國璋來京

一九一七年二月八日，段偕國務員至總統府向總統報告對潛艇案屢次會議情形，由外交部先抗議，無效，即行絕交。總統言：「伍總長外交老手，當然不錯，惟絕交須交國會議決。」許言「自當查照手續辦理。」遂於十九日外交部向德國提出抗議。

抗議後，進一步即是絕交。某日國務會議，討論絕交提交國會案。伍言：「絕交尚未宣戰，似可不必交國會。」段言：「總統主張交議，當尊崇府方意見。且兩院不明瞭外交內容，交議亦可促其注意。」各閣員均以為然，乃在院西花廳延請議員談話，到者三百餘人，段到場略說大概，囑詳細報告交涉之經過，並闡明政府主張。諸議員對絕交無異議，唯聲明如宣戰，政府當慎重從事。

就府院接洽情形，絕交本無問題，而一時醞釀，府方又有不贊成之趨勢，於是府院問題，愈逼愈緊。二十三日，副總統馮國璋自南京來京，表面上商洽外交問題，實際上乃調解府院問題。當此案發生之初，馮屢次來文反對。段言：「馮為人圓滑，本人不願與之理論。」余勸其設法疏解以顧大局，段言：「此後由你接洽辦理。」乃先電馮謂：「此案內容，由秘書長詳細報告。」余於是就外交方面，詳析說明經過並其中曲折與其利害，有聞即告，有問即答，只根據事實，不作左右袒。於是馮亦漸漸諒解。一日，馮徑電段，對參戰極端贊成，並言已電沿江各省，不致有他項問題。此次來京，府方尚視馮為反對者，院方則認為贊成者，雙方俱望其一言以為輕重。乃馮來京數日，亦不發表意見，與余談時，頗為悲觀，只言：「外交問題，不過府院問題之武器而已，閣下何不到南京為我幫忙，留此無益大局也。」余聞之悚然。

此時國會既經接洽，又有副總統在京，段囑辦理提交國會對德絕交諮文。三月四日，段偕各閣員到府，請總統蓋印。總統言此案當再考慮，段頗拂然。范、許相繼發言，范更激烈，幾至決裂。段憤然出府，即日乘京津晚車去津。總統見情勢如此，對余言：「絕交諮文，可照蓋印。」促余去津勸段返京。次日又挽馮去津疏解。段左右亦勸段藉此轉圜，於是六日偕同馮等返京。

八日，絕交案諮文府方蓋印，交兩院議。十日，國會開會議決與德國絕交。馮於十一日南返，在京數日，亦無重大決定。

十四日大總統佈告對德國絕交文如下：

此次歐戰發生，我國嚴守中立，不意接本年二月二日德國政府照會德國新定之封鎖計畫，使中立國商船從是日起在限定禁線內行駛諸多危險等語。當以德國前此所行攻擊商船之方法，損害我國人民生命財產已屬不少，今茲潛艇作戰之計畫，危害必更劇烈。我國因尊崇公法、保護人民生命財產起見，遂向德國提出嚴重抗議，並聲明如德國不撤銷其政策，我國迫不得已，將與德國斷絕現有之外交關係。在我國深望德國或不至堅持其政策，仍保持向來之睦誼。不幸抗議已逾一月，德國之潛艇政策並未撤銷，各國商船多被擊沉，我國人民因此致死者已有數起。昨十一日，據德國正式答覆，確難取銷其封鎖戰略，實出我國願望之外。茲為尊重公法、保護人民財產計，自今日始與德國斷絕現有之外交關係。特此佈告。

宣戰前

先是十一日，駐京美使通告對德宣戰。而中國參戰，段本具有決心。府方初則贊成，繼而游移，終而反對，在總統心所苦悶者，外人不得知也（此時我亦不知）。於是府方以院為專擅，院方以府為干涉，而政客構煽其間，以勢力消長之說，挑撥雙方感情。於是府方暗中聯絡各省軍人，而院方尤挾軍人以自重，浸浸乎有一發難收之勢矣。余乃進言於段曰：「此事關係吾國前途至巨，萬不可鬧意氣。現在趨勢如此，我們總須忍耐。此案千頭萬緒，仍當縝密討論，不參加一毫其他意見，想府方終當見諒。總之，凡事當先自責，倘不從正軌致任性去作，萬一以愛國者轉以誤國，則不必他人反對，而吾人亦無以自解。為今之計，莫如周諮博訪，約集外交派、言論派、元老派隨時商議，一方面增益吾人之所未知者，一方面綜合各方意見供給府方，俾府方明瞭吾人並非膠執一二人之私見，亦以減少反對者之口。」余為此言，蓋藉以消弭軍人之干涉也。段言：「我不耐煩，由你斟酌辦理。」余乃擬定每星期除二、四、六國務會議外，星期一，約外交派陸徵祥、汪大燮及在京外交人員四十餘人；星期三，約言論派梁啟超等十餘人；星期五，約元老派徐世昌、王士珍等二十餘人，到院西花廳集議，段亦到場。議有所得，次日撮要報告國務會議。每星期日，在此三派中各推數人，由段偕同到府晚飯，飯後作長時間之談論。行二三次，頗為歡洽，既則總統仍持游移不定之態度。一日，段請總統宣示不贊成參戰之理由。總統言：「輿論界皆不贊成，我是服從多數者。」梁言：「若說輿論界，我即輿論界贊成之一人。」滔滔不絕，語甚鋒利。徐為緩和其詞，謂各人見解不同，不贊成者亦必有不贊成之理由。王言：「德國陸軍為世界第一，德若戰勝，從中亞細亞席捲而東，中國必至亡國。」余言：「為國家打算，自應從長計議。但現在歐戰情勢，德與世界為敵，可決其無勝理。我若是參戰，不難利用時機，希望中國有自強之一日。」因反覆分析歐美之情勢與最近交涉之經過。王言：「秘書長之言甚辯。」此外相繼發言者，大都抹煞事實，徒斤斤於此派彼派，不值一噱。經此次會談後，雙方之裂痕已深，名曰外交問題，實則府方謀倒段、院方謀倒黎，已為公開之秘密矣。

督軍團

此時全國實力在北洋派，段以國務總理兼陸軍總長，馮以副總統兼江蘇督軍。馮、段雖同屬北洋，又分直、皖兩派，直派擁馮，皖派擁段。王士珍則偏於直派，府方人物，如哈漢章在前清時與馮共事於軍諮府，故利用直派以制皖派，且以王士珍為易與，並思利用之。然馮、段雖兩派，而對外仍是一派，府方不知也。此外不屬於北洋者，有徐州張勳之復辟派，為段所反對；奉天張作霖，亦為段所不滿（段常對余言，軍人張勳、張作霖，首當剷除）。府方蔣作賓與奉天聯絡，許其厚利以謀倒段，傅良佐發見其往來電報，段即手諭拿蔣。余以此事蔣為總統方面人，苦口勸阻，復挽秘書涂鳳書向其左右疏解，事乃中止。乃院方即抄襲成文以啗奉天，奉天即俯首入彀，而府方亦不知也。於是府方乘段之隙，日謀所以倒段，段左右亦謀所以倒黎。事後個中人言，總統左右有獻計者曰：「段若參戰即大成功，必先倒段。段去，仍由後任者實行參戰，則成功自我矣。」段之左右則謂：「府方不能合作，不僅參戰問題必須倒黎，以後一切問題亦必黎去而後順手。」於是雙方均離開正文而別尋途徑。自副總統來京，段左右即有主張此案當與各省實力派商決者。余告段：「中央政治不當令軍人干涉，況此等大事，亦非彼等所能了解，此端一開，將來有不可收拾之一日。」段頗以為然。而其左右策劃如故，非段所能制也。

所謂督軍團會議者，四月二十一日，段在院，傅良佐匆匆報告各省督軍有電不日來京促進外交案，擬以院西花廳為會址。余本不贊成此種舉動，力陳不可，傅悻悻而去，即改在別院統計局大廳佈置會場。二十五日，安徽督軍倪嗣沖、福建督軍李厚基、江西督軍李純、湖北督軍王占元、河南督軍趙倜、吉林督軍孟恩遠、直隸督軍曹錕、山西督軍閻錫山、山東督軍張懷芝、察哈爾都統田中玉、綏遠都統蔣雁行、晉北鎮守使孔庚先後至，由段左右及陸軍部人員招待。以余反對此事，對余大加防堵，故此次所謂督軍團會議，余不得悉其內容，僅由秘書涂鳳書探問相告一、二而已。府方於此會議當然不滿，然其對付手段亦太直率。倪嗣沖雖袁世凱舊部，向不得志於段，到京後即思獻身府方，於是首先進府表示親昵，又開單為其侄某某請給一中將，此即在袁時故態也。總統不明其意，盛氣責備，並謂授官係總統大權，非疆吏所當請求。倪俯首無辭而去。夏秘書長告余，邇來軍人跋扈，總統藉倪開刀，以後足令彼等懾伏，真是得意之筆，余聞之幾無從置一詞矣。倪自此變其宗旨，積極聯段，此次會議即為發縱指使之人。究竟元首尊嚴，無人敢先發難，如果總統贊成參戰，亦可告一段落。督軍會議數次，二十九日決定贊成外交政策。五月一日國務會議，倪嗣沖、李厚基、張懷芝、孟恩遠等來院，請願即日宣佈對德宣戰。二日，各督入府報告，公推李厚基發言，總統復大加申斥，彼等唯唯退去，府方乃以為總統戰勝，人人無不喜形於色也。

宣戰案提交國會

段左右因督軍會議仍不能轉移總統之意見，更積不能平。餘見形勢日緊一日，閣員中唯范可與計事，因與密議，且同往謁段，討論參戰本題。時段之左右均在坐，議論分歧，聲情激越。傅良佐大言：「非去黎元洪，毫無辦法。」向來彼等對黎怒於色而未嘗宣於口，此乃第一次揭破也。餘言：「此是非常舉動，不敢與聞。惟此案有正當手續可循，蓋對外宣戰，當由國務會議議決，備文送府蓋印，提交國會。」段言：「院議不贊成如何？」范言：「當無問題。」段又言：「總統不蓋印如何？」余言：「屆時總理會同閣員向總統從大局上作最後之陳述，好在總統平時總說從多數解決，今提交國會，即是從多數之意見，料想總統不能拒絕蓋印。」段言：「國會不通過如何？」余言：「交國會後，總理可出席詳細說明。」范言：「就現在體察兩院形勢，還是贊成者居多數。」傅又大言：「國會不通過，便解散國會。」余言：「約法無明言：『解散國會，總統決不肯蓋印。』」傅言：「到此地步，即去黎元洪，硬行解散。」余止之曰：「總應從正軌做去才是，如做不通，則天下後世總能原諒；倘若蠻幹，就能做通，已留下很惡影響。況能否做通，亦不見有何把握，何必出此險著。」

范極口稱善。段顧謂傅言：「秘書長之言甚是，你們大家仔細商量，此等非常舉動，我亦不願出自我輩也。」

自此余與范連日計議。在府方面，商之徐世昌、陸徵祥、梁啟超等均不肯再到府，又商之議長湯化龍。湯謁黎，黎拒之不見。范自上次發言與總統衝突後，亦不願到府，只得由余每日到府蓋印時相機進言。在國會方面對此案雖有持異議者，但憂於國際情勢，又以段態度堅決，不敢公然反對。而政學會與府方極力拉攏，在院方又占閣員之多數，於國會有舉足輕重之勢，范與政學會有好感，由范擔任接洽。於是約定分途進行。余向總統言，勸其從多數取決，總統始終不置可否。總統左右深信國會必不至通過此案。總統微聞院方有解散國會之議，聲言：「倘有此舉，我寧不做總統，決不蓋印。」而另一方面，范與政學會計議多次，最後政學會提出交換條件，以岑春煊為四川督軍，即幫忙通過。蓋彼等本戴岑，欲以四川地盤為其根據地也。范極不以交換為然，而又不得不據以告段。段毅然拒絕。余言：「此案關係甚大，四川僅地方問題，以岑曩年聲望，非不能勝任，何必從派別上計較。」段言：「此人太壞，有我一日，決不與之共事。」□□等亦反復勸段，仍堅持不許。後政學會讓步，提出李經羲，段不反對，但李在天津一再聲明不就，於是此問題遷延不決。此何等事，政學會固不足論，而段不以不顧大局責備政學會，而徒斤斤於對人問題，何所見之不廣也！

在此期內，府院方面，國會方面，無處不是荊棘，但參戰為段之對外政策，段一日在位，自不能有所變更，且事實上亦有不能中止之勢。五月六日國務會議，段提出參戰交國會案，閣員中雖所見不一，但亦無堅決反對之理由，故此案得以通過。議決後，段即偕各閣員持本案提交議會諮文入府請總統蓋印。總統閱後，即遞與監印官唐某。平時命令蓋印時，總統閱後遞與唐，唐即蓋印。（袁係親自蓋印），此次唐忽反其常態，拒絕蓋印，且將原件推出。段大憤恚，范尤怒不可遏，斥之曰：「爾何人？不配說不蓋印！」因痛詆總統之種種不是，於是推門徑出，玻璃窗為之震碎。段亦忍氣退去。總統見此情形，默然弗言，親自蓋印訖，交余帶院。至此蓋印問題，已算勉強做到矣。

七日，國務院諮送對德宣戰案於國會。

公民團

此案提交國會後，非僅一部分問題；府與院、院與部、政府與國會、國內與國外，枝條蔓衍，互相連繫，所謂牽一發而動全身者是也。余仍約范向國會各黨派，以公的方面、私的方面分途陳說。司法張耀曾為政學會健者，余說之曰：「此事關係太大，政學會如只鬧意氣，將來責任有歸，社會上遭一打擊便站腳不住。政治機會甚多，何必捨寬路而攢窄路乎？」張表示：「本會可不加拘束，聽其自由投票。」預料此案有通過之希望。是月十日，國會開全院委員會，審查宣戰案。忽有街市流氓，雜以兵士，約數千人，自稱「公民請願團」，將國會層層包圍，各執請願旗幟，要求當日將宣戰案通過，否則不許議員出院。議長即將全院委員會改為大會，議場大譁，連電政府詰問，請總理會同內務總長到院制止。此時議院情勢緊張，不能議及本案。段、范到院時，所謂公民團愈逼愈多，旋散旋聚。段令巡警總監吳炳湘解散，延至晚八、九時許，始陸續遣去，「通過」兩字蘧然如夢矣。范見余時聲淚俱下，余等連日從正軌上所做之文章毫無效果。此後府院兩方又到短兵相接關頭。事後方知所謂公民團者，乃受雇於傅良佐也。

十九日，眾議院議決緩議對德宣戰案。

徐州會議

此時各督已先後出京，留者孟恩遠、王占元等。此次國會如不通過參戰案，則各督振振有詞，乃因公民團而成緩議之僵局，即不能據參戰案以言解散國會。於是仍本徐樹錚曩日國會專議憲法之主張，只以訾議憲法為理由，由孟、王等呈請解散。二十一日，總統召見孟、王等，厲聲言：「民國約法，總統無解散之權。」各督亦無辭辯駁，出府後謁段，即於是夕全體出京。而督軍團憤恨醞釀多日，遂有一時矚目之徐州會議。

徐州會議，其內容余不能詳。徐州係復辟根據地，人言藉藉，咸謂與議各省均贊成復辟，即段之代表亦無異詞。事後預其事者言，此次會議以倒黎為主題，張贊成各省倒黎之主張，各省不反對張復辟之主張，段代表僅言只求倒黎，不問任何手段。張則以為復辟亦倒黎手段之一，段既不問，即不啻變相之承認。故張到京後，敢於冒天下之大不韙也。

段祺瑞免職

自公民團發生以後，各黨派俱集矢於政府，即平時擁護政府最力者，亦不便為之置詞。府方聲言，此次搗亂行為當由內閣負其全責。閣員伍、程、谷、張等提議全體辭職，段若無所聞，於是伍、程、谷、張均遞辭呈以擠段。余偕涂鳳書謁段，勸其引退，段以參戰大事功敗垂成為慮，余言：「局勢如此，無路可通，就外交趨勢言，國人贊成參戰，此案斷不至因個人之去留而有所變遷。總理此時暫行讓開，乘此機會能出遊海外，必受各國之歡迎，以國際形勢而論，中外所屬望在公，孰能阻東山之再起？到彼時，一切才能放手做去。」段言：「我不辭，總統其如予何？」余言：「府方如援孫洪伊免職之前例，亦可逕下命令。」於是段左右紛紛發言，靳雲鵬料其不敢，傅良佐則謂：「如果出此，我們便造反。」余言：「這不成話。」段亦言：「還是平心靜氣的討論。」余言：「若待總統免職，便成騎虎之勢，而無轉圜之餘地。不知總理自動辭職，如總統感於局勢之嚴重，予以慰留，則總理乃可與府方商洽辦法。如此僵局，就是不辭，如何做得下去！」段以為然，即囑余到院擬就辭呈。此時徐樹錚不在側，余歸家後，徐追蹤至，大肆咆哮言：「你受府方運動，欲迫總理辭職耶？總理若辭，北洋派為之瓦解，誰尸其咎？我能強制總理不辭，不許你再進言。」比涂將辭稿送段處，徐竟當面扯碎，從此段不再言辭矣。

閣員遞辭呈後，國務例會不能舉行，總理雖到院無事可辦。二十□日，總統見段不言去，將閣員辭呈交余，除伍外，程、谷、張等均批准。且言：「閣員星散，看段如何做光桿總理？」余問：「伍何以獨留？」總統漫應之曰：「外交關係耳。」實則總統留伍，乃預為代閣之地步也。

段既不辭，而程、谷、張准辭，段左右主張全用段派補充，強硬與府方宣戰。此時黎、段之左右對余均有戒心，余幾無所措，又以職務關係，言辭則近於畏難，不辭則動輒得咎，而兩方每日又由余周旋其間。不得已，挽范幫同調解，於是與段商改變補充方法，以夏壽康長內務、饒漢祥長司法、湯羅銘長海軍、孫寶琦長財政、莊蘊寬長農商、汪大燮長交通。此中大半係總統部屬及各方認為有資格者，無一段派中人。段開名單交余後，二十二日夜將十二時，總統召余到府問：「光桿總理做得下去否？」余以總理擬補充閣員告之。總統言：「合肥人全上臺矣！」余將名單呈閱，總統詞色漸和。時夏秘書長在坐，總統以名單示之，且徵其意見，夏言：「本人名在單內，未便置詞，但可留下商量。」總統乃慰余數語，余退出，次晨告段，段亦為之釋然。事後夏告余，是夜總統本擬交免段職命令，因見補充閣員單，故未交出，次早集議，為某派阻止，言下頗惋惜。

二十三日午後二時，總統又召余到府，將段祺瑞免職、伍廷芳暫行代理總理、王士珍任北京警備司令等三命令授余，且言：「此令有外交總長署名，不算不合法，即刻召印鑄局局長吳笈孫來，可交其發表。」余計及此令發佈後之險狀，又不便明言，乃問：「我為總統事實上著想，各方面都顧到否？」總統坦然曰：「交民巷方面，伍總長連日分途說明，已得諒解；軍隊方面，王聘老擔任，可保無虞，你儘管放心。」金永炎不知余與總統所言何事，驟然而入，拔手槍相向，曰：「此處不是你說話之地，你若說話，我便以手槍對待。」余向總統言：「總理不辭職，總統要免職，我是奉令之人，原不配贊一詞。但總統素來不許軍人干政，此事是否與政治有關，何以容金某干涉？」總統揮手令金退出。余此時頗氣憤，遂屢數近來雙方不顧國事，只鬧意氣，「院方固然不是，府方處置亦豈能盡善？我本愛護總統，此項辦法，恐不免生出無數反響，日後總統當思我言。」總統向余長揖，連陪不是。少間，吳局長來，總統將三令付之。吳言：「向來命令由院交局，從未有由府交下者。如由院按照程式辦理，自不敢不遵。」余對總統言：「我不能再管此事。」即趨出，總統親送余上車，囑余躲避幾時。又令唐副官護衛出新華門，以防金再逞蠻，即此可見總統之長厚也。余出府後，即偕涂秘書謁段，說明經過。段問：「如何應付？」余言，只有服從命令而已。」正談話間，國務院電告伍總長蒞院，在總理室將上項三命令交科送印鑄局發表。余因各方情形，匆匆乘四時快車去津，告涂到院結束一切。事後，涂告余，余去後，段左右對府方磨拳擦掌，並詆余與府方串通。段頗為余解釋，但彼等雖不以服從命令為然，亦無其他辦法。最後所採步驟，一面總理去津，一面通電各省：「……查共和各國責任內閣制，非經過總理副署不能發生效力。以上各件，未經祺瑞副署，將來地方國家，因此發生何等影響，祺瑞概不負責。特此佈告。國務總理段祺瑞漾印。」此電在院拍發，段初亦未過目也。段於免職令發表後赴津。

段祺瑞到津

段到津後，軍人方面，段芝貴趨承唯謹。倪嗣沖曾來津小住數日，去後，即於二十九日在蚌埠宣佈與中央脫離關係，其在津與段左右有何策劃，則非局外人所知也。黨派方面，憲政研究系（即進步黨）、交通系、親日派，並其他不屬各派者，無不奔走段門，均欲推翻現局，伺隙而動。其時復辟之謠甚盛，熊希齡勸段少安勿躁，張勳不日來京，如果復辟，乃是好題目，並為文以辟復辟之說。但一時議論紛紛，其急進者，主張以徐世昌為臨時大元帥，帶兵到京去黎，即推徐為大總統，電致各省徵求意見。又為徐擬大元帥就職通電。某日，余往徐宅，在門首遇陸宗輿，忻然告余曰：「東海將任臨時大元帥矣。」余言：「此老飽經世變，豈肯為人利用？」陸在袖中出就職電稿示眾，言：「徐已修改若干字矣。」余乃入謁徐，痛陳此種無根據之名目萬不可用，「相國帶兵到京，即令趕走總統，外間議論，將置相國於何地？」適錢能訓來，亦力言不可。徐言：「可告段，電緩發。」次日徐州覆電反對，有「不得於通常名目之外，別立名目」之語，事始中止。

張勳到津要脅解散國會

先是二十八日，特任李經羲為國務總理。李在津自命淮軍前輩，與徐州張勳相結合，前江西省長陶家瑤往還奔走，不止一日。此次阻閣令下，李恃張為護符，邀張北上，方肯偕同到京就職。

六月一日，府方根據李之意見，明令張來京，李又頻電促張。七日，張帶定武軍若干（號稱「辮子兵」）到津，下車後即謁段。段鄭重向張言：「你如復辟，我一定打你。」李問張，張言：「復辟不能變更，但目前尚非其時。」時府方疑懼日甚，派夏秘書長到津迎張，並謁李，李擔保決不復辟。張告夏二事，一逐去四凶，一解散國會。如不照辦，即用武力對付。夏回京後，總統對所謂四凶者，即不令其到府；對解散國會事，躊躇不決，又派夏到津商量，張拒而不見。李言：「我未就職，尚管不著。」夏問計於余，余言：「總統素以守法昭示國人，此次參戰問題，尚不肯骫法從事，若因武人威脅，遽而解散國會，不獨國人側目，即余個人亦無從為之辯剖矣。為總統計，寧不能以去就爭耶？」夏言：「甚難。」余言：「只要捨得犧牲，有何難處。」夏問：「辦法如何？」余言：「總統果肯犧牲，可通電全國，」當用便條寫電文大意，先述近時情形，後說：「解散國會，約法未有明文，制止武力，空言亦毫無補救。本人此次繼任，本為國家人民而出，今者審度時勢，法律既不敢背，兵釁又不忍開，決不肯貪戀一人地位，使國家煌煌之巨典自我而弁髦之，人民喁喁之苦心自我而摧滅之。拯救有心，挽回無術，唯有向國會辭職，以謝天下。」大意如是。夏言：「如有危險如何？」余言：「倘能如此表示，國人同情者必占多數，彼辮子兵何敢輕動，即北洋派自亦暫時收斂。國會未必即能開會，總統辭職乃屬懸案。俟其醞釀稍久，想有一新局面發生，一切困難問題藉以解決，可決其無危險，何妨為總統剖切言之。」夏不置可否，當即匆匆回京，以余言報告總統，總統意以為然。連夜召集左右計議，惟饒漢祥贊同余說，餘俱反對，與前此段左右不主張段之辭職者同出一轍。於是總統決定解散國會。命令辦就，伍廷芳不肯署名，適步軍統領江朝宗到府，總統告以伍不署名，江言：「我敢署名。」十二日，准免伍廷芳代理國務總理兼職，特任江朝宗代理國務總理，署名下令解散國會。此真民國史中滑稽之尤者矣。

張勳復辟

六月十四日前，張勳所要脅者均已照辦，於是李、張定於六月十四日到京，定武軍登車待發，一時人心洶洶，以為復辟即在眉睫間矣。府方憂惶無措，又派夏到津尼其行。一日之間專車往復三次，張仍拒而不見。李則言：「張雖帶兵進京，決不會復辟，毋庸鰓鰓過慮。」夏又問計於余，余言：「張勳到京，一定復辟。在此情形之下，無法阻止。兩害取輕，總統如肯放棄成見，立刻免李任段，則張必畏懼不敢來矣（不敢與段為敵）。但時機迫切，須趁張未到京前，今晚即將命令宣佈。若明日張已到京，便無效力。」夏問：「段不受令，奈何？即受令矣，能即到京就職否？」余言：「段反對復辟甚力，且是積極之人，如命令發佈，我可斷其能即夕進京就職。果爾，即能鎮壓以消弭此事。」夏問：「張勳在津，將如何處置？」余言：「段自能制止，此段之事，總統不必過慮。」余又聲明：「不必疑我擁段，此種主張，不過臨時無辦法中之一辦法耳。」於是夏回京，以余言告總統，總統頗為所動，然左右之不慊於段者仍反對甚力，總統不能決，結果，姑聽張勳來京再說而已。此十三日以前事也。

十四日，李、張到京，於是各督取消脫離中央之宣言，不過應付徐州會議之面子而已。

延至十九日李始就職，內閣尚未能湊齊，張對政局無所表示，府方以為相安無事矣。而復辟派中如康有為、劉廷琛等，已先後秘密到京矣。

七月一日，張勳實行復辟。總統當趕派夏到津，問計於余。余告以：「總統手創民國，此次復辟，固然造因甚遠，然召張勳到京，亦不得謂總統完全無關。為今之計，唯有起任段祺瑞興師討伐，並通電南京馮副總統及各省督軍協力進行。段素反對復辟，即無命令，亦必起而討伐，且必成功無疑。如用余言，則段為總統所任命，段之成功即總統之成功。不然人言藉藉，釀成復辟者為總統，恢復民國者為段，總統將何以對民國，何以對國人？總之，不必較從前之恩怨，當熟權來日之利害。」夏回京復命，總統毅然照余辦法，於二日任段為國務總理，並勉其討伐復辟，派府秘書覃壽堃將命令秘密帶津，由余介紹段，段派劉崇傑接洽，接受命令。三日，總統府衛隊猝被撤換，並催交三海。蔣作賓冒險乘蔣平時自用車，由福華門護送總統進東交民巷（蔣每日出入即由福華門）。另有副官唐仲寅乘總統自用車由中華門出府以混淆人耳目。總統進東交民巷，本擬住法國醫院，因為總統並未作進使館界的打算，所以事前不曾接洽。法國醫院深夜不肯開門，只得由日文翻譯劉鍾秀與日本方面臨時商量，折入日本使館域內之使館武隨員齋藤少將官舍。

民五以後，段祺瑞為政局主要之一人，我勸他辭職，勸他出洋，希冀和緩暫時緊張局勢。迨總統逕免段職，則短兵相接矣。張勳來津，我對總統建議任段；復辟後，又建議任段。不知者以為擁段，其實，在此緊張局勢下不得不如是也。

段祺瑞馬廠視師

段祺瑞得復辟消息，憤怒不可遏，但苦於無直轄軍隊。其左右獻計，逕往南京與馮國璋商量合作，討伐張勳。余極言：「此著萬不可行。張勳此舉，在數日內，各省如紛紛響應懸掛龍旗，將成魚爛土崩之局。總理當以快刀斬亂麻手段，乘各省尚在觀望之時，霹靂一聲，陰霾立掃。且進一步言之，南京果反對復辟，亦不待總理與之合作而平分其功，如不反對，總理以孤身南下，非優待即監視而已。馮平時遇事游移，總理此時倘無堅決表示，則遷延時日，夜長夢多，反予復辟之機會。況張勳軍隊北來者只數千人，自北京經天津、山東至徐州，路線遙遠，呼應不靈。在京所駐師旅，本是北洋舊部，我在最短時間、最近地點，得有一支強力軍隊，大張撻伐，山東鄭士琦素來服從，能宣佈反對復辟，則彼北來軍心即先搖動。並設法派人在京向舊日駐軍告以利害，自為我助。如此異軍特起，則彼等殲滅直指顧間耳。」段以為然。即派段芝貴遊說直隸省長朱家寶，朱不納。又商之天津警察廳長楊以德，楊亦不從。芝貴乃運動駐馬廠第八師師長李長泰之夫人強制李。李素懼其夫人，芝貴以甘言說之，而李俯首入彀，願將軍隊交段指揮。段於四日連夜趕至馬廠，開全師會議，一致推段為討逆軍總司令。總統命令至，段左右尚有持異議者，余言：「此次情形復雜，如以總統命令號召，足以正名位而攬全國之人心，且使民國不致中斷，以後政治上、外交上事事便利。」段乃就國務總理職，仍以討逆軍總司令名義調度第八師。又派人運動駐廊房之第十六混成旅，此旅為馮玉祥舊部，要求以馮為師長，允之，加入討逆軍。楊以德懾於威勢，乃起而去朱，段於六日自馬廠移駐省公署，以第八師當中路出兵攻北京。張勳以段不握政權，又無直轄軍隊，頗輕視之，並以各督在徐州簽字，不至出爾反爾，乃於七日以少數軍隊前進。段令第八師及馮旅應敵，戰於廊房之間，敵不支而退，緊閉京城四門以固守。此時京津路梗，由日本方面以通消息。討逆軍攻城必須開炮，外交團不允，段派汪大燮微服到京交涉，只許開一炮。十二日晨，自宣武門開炮直擊南河沿張勳宅，中之，張逃入荷蘭使館。城內第十二師陳光遠、第□□旅蕭安國為張勳所劫持，至是均反正。張軍瓦解，而復辟之幕終矣。

總統到東交民巷後，中樞無主，援據約法「總統有事故時以副總統代行大總統職務」之條文，於二日通電請馮副總統代行大總統職務，段亦有電接洽。余與段談：「事定後，仍當請黎總統復職為宜。」段言：「總統不贊成參戰。」余謂：「以後決無此問題。此次總理打倒復辟，功在國家，總統本非有堅決主張，左右既去，一定以全權付託總理，則總理何事不可放手做去？我並非反對副總統，但總統復職，在法律上順理成章。即從事實上比較，總統痛定思痛，副總統志氣方新，此中利害，總理可想像得之。」段左右有丁士源者（時為討逆軍軍法處處長）聞語大怒，厲聲曰：「你今日尚為黎元洪作說客耶？如有再言總統復位者，即以手槍從事。」張志潭急為調解，並密告余云：「此次運動各省時，已以總統許馮，總統問題箭在弦上，提亦無益。」余乃退一步勸段言：「總理現為黎總統之總理，總理入京後，當首迎總統出東交民巷，由總統自行宣佈辭職，則於法律、事實，兩得其平。」段言：「總統未必肯辭職，恐須強迫而行。」余言：「總統決不是這樣人。」余即於十三日先至京，向總統陳說詳情，總統毫無戀位之意。十四日，段到京，派江朝宗赴東交民巷迎總統至居仁堂，於是總統正式宣佈辭職，江護送回東廠胡同本宅，彼此頗為客氣。

對德宣戰

國會解散矣，國體恢復矣，黎去職矣，馮就職矣，馮、段雖有意見尚是內部問題，而對外參戰段可以大行其志矣。不意其中經過有出乎意料之外者，茲分別言之。

八月一日，馮代理大總統入京，數月來對德奧宣戰案，十四日經國務會議全體閣員署名，總統蓋印公佈。其佈告文如下：

宣戰佈告

我中華民國政府以德國施行潛水艇計畫，違背國際公法，危害中立國人民生命財產，曾於本年二月九日向德國政府提出抗議，並聲明萬一抗議無效，不得已將與德國斷絕外交關係等語。不意抗議之後，其潛水艇計畫曾不少變，中立國之船隻、交戰國之商船橫被轟毀，日增其數。我國人民之被害者，亦復甚眾。我國政府不能不視抗議之無效，雖欲忍痛偷安，非惟無以對尚義知恥之國人，亦且無以謝當仁不讓之與國。中外共憤，詢謀僉同，遂於三月十四日向德國政府宣告斷絕外交關係，並將經過情形宣示中外。我中華民國政府所希冀者和平，所尊重者公法，所保護者我本國人民之生命財產，初非有仇於德國。設令德國政府有悔過之心，憂於公憤，改變戰略，實我政府之所禱企，不忍遽視為公敵者也。乃自絕交之後，已歷五月，潛艇之攻擊如故。非特德國而已，即與德國取同一政策之奧國，亦始終未改其態度。既背公法，復傷害吾人民，我政府責善之深心至是實已絕望。爰自中華民國六年八月十四日上午十時起，對德、奧國宣告立於戰爭地位，所有以前我國與德奧兩國訂立之條約，及其他國際條款、國際協議屬於中德、中奧之關係者，悉依據國際公法及慣例一律廢止。我中華民國政府仍遵守海牙和平會議條約及其他國際協約關於戰時文明行動之條款，罔敢逾越。宣戰主旨，在乎阻遏戰禍，促進和局。凡我國民，宜喻此意。當此國變初平，瘡痍未復，遭逢不幸，有此釁端，本大總統睠念民生，能無心惻？非當萬無苟免之機，決不為是一息爭存之舉。公法之莊嚴，不能自我失之；國際之地位，不能自我圮之；世界友邦之和平幸福，更不能自我而遲誤之。所願舉國人民奮發淬厲，同履艱貞，為我中華民國保此悠久無疆乙國命而光大之，以立於國際團體之中共享其樂利也。佈告遐邇，咸使聞知。

參戰後新建設計畫

余與段相處數月，意見頗為融洽。張志潭告余：「段左右數言於段：『某某事不可令張某聞知，以其非吾黨中人也。』段言：『張對一切問題頗能見其大者，非汝等所及，吾人既與共事，用人不疑，疑人不用，汝等應當常與其接近。』」於此可見段之坦白矣。至潛水艇問題發生，段對余更言聽計從，幾過其多年相從之人。然自某次勸段辭職後，其左右對余極不滿，而段仍不改其常態，此次段復任總理，即任余為農商總長。當宣戰案公佈，段囑余將平日所談參戰後應辦幾件大事寫出，以便提出閣議。余即擬具節略，先交段閱，並力言此案有先決問題：「一、當與宣戰各國共同行動，不可偏於一國，才能得到各國多數之同情；二、實行出兵，將來歐戰終結，才能在各國間取得平等之地位，否則名曰參加，實仍受人支配，所有幾件應辦大事，從何說起？」段連聲稱是，但以中國出兵不易為言。余謂：「中國患在無將，不患無兵。吾國兵士樸實能耐勞苦，當在現有各師旅中挑選體格強壯、技術嫻熟，而以將領中有世界知識、曾在各國學習軍事、能操各國語言者統率之。各國素輕中國，如得精幹兩三師，統率得人，開赴歐洲，或加入前線、或填補後方，屹然一軍，必為彼等所重視。」當時即就余所記憶，推舉海軍薩鎮冰、李鼎新、湯薌銘、杜錫珪，陸軍張一爵、秦國鏞、羅虔、唐寶潮（以上歐洲留學），馮耿光、李書城、孔庚、盧香亭、陳之驥、姜登選、李烈鈞、黃郛、陳儀、蔣作賓（以上日本留學）等十餘人，其中有與余未曾謀面者（段左右以此攻擊余排斥北洋舊派）。段唯唯。越數日，即約在京張一爵、羅虔等分日接談。可見段在此時，尚不以余出兵計議為謬也。所擬節略如左：

參戰後新建設之計畫大綱

一、以參戰後新收入創辦新事業

吾國財政雖不十分充足，就三、四年以後預算對於經常費用亦可勉強維持。此次參戰後：（一）庚子賠款停付德奧全部分，（二）各國賠款展期所得一部分，（三）增加關稅。此項雖屬分年收入，總是預算外一大宗收入（確實數字應由財政部計算），正可指定作為新建設基金。由財政部計畫，以此基金創辦國家中央銀行發行鈔票或發行一種新公債，專為辦理參戰後應行新建設之各種事業，不得挪作經常費用。據駐美顧公使電，中國實行出兵，美提議補助出兵費二萬萬，但須國會通過，可電顧公使切實交涉，如果能成事實，除吾國出兵費用有限外（據軍事家估計，吾國出兵兩三師，所有費用不過占三分之一），所餘一併存儲中央銀行舉辦新事業，則於參戰後建設更裕如矣。

國家中央銀行應否從新創辦，或就中國銀行改辦；至於幣制應否乘此機會改用金本位，或暫沿用銀本位，應由主管機關約集專門人員討論。

國家銀行如有固定資金，切實計畫，當於倫敦、紐約、東京等處開設分行，以通國外匯兌。

以上由財政部。

二、辦理鋼鐵廠

世界競爭以鋼鐵為基礎。吾國土地之大，礦產之富，所有產出之鐵，國內竟無一鐵廠承煉，不得不以鐵砂售諸外人，言之最為痛心。鋼鐵係富強之根本，農商部此次鐵業計畫（時余任農商總長），以南京之鳳凰山、安徽之銅官山等處，湖北之象鼻山、鄂城等處，直隸之龍關、煙筒山等處，山東之金嶺鎮等處，西北某處，西南某處（以上二處製造軍需品）列作六廠（東三省除外）。茲擬先在長江下游浦口附近，以四、五千萬資本辦一鐵廠，採用南京鳳凰山、安徽銅官山桃衝之鐵，中興峰縣及賈汪之煤，先煉鐵，再煉鋼。一俟財力雄厚，人材練成，即以大規模開辦預定各廠。如此，則小而一切工廠，大而兵工廠，十年、二十年以後，當有成績可言。此為新建之根本事業，故首先及之。

此項浦口附近鐵廠設計（在浦口附近勘測，或移置其他地點），已密囑本部礦政司司長新任江蘇實業廳長張軼歐，根據計畫，向英、美商洽購置機器，暫指定新建設公債作抵，以五千萬元為准。另具設計議案提出討論，通過後，即由張廳長趕緊勘測，一面建築廠基，一面購運機器，分途並舉，期以一年內外廠成出鐵（此方築基，彼方運鐵，機到即可裝置，故預計一年內外出鐵）。此時供給歐戰所需，異日即作吾國鐵業基礎。

一、辦理鐵礦
二、辦理煤礦
三、辦理其他各礦
以上農商部、財政部、陸軍部。

三、移民實邊

東北邊如吉、黑、松花江一帶，迤北近邊如熱河、張家口、綏遠（京張鐵路線）一帶，西北邊如甘肅、新疆、青海、西康一帶，大都交通阻隔，土地荒曠（即京張鐵路線上亦然），今當以大規模開辦墾殖。先從開通道路入手，道路所通之處，即農墾所到之處。通路而外兼及水利，開墾而外兼及礦產，十年、二十年以後，民未有不聚、邊未有不實者也。

四、修濬黃河

黃河自秦漢以後迄今二千餘年，南北移徙，大小決口，淹沒田廬，損失國帑，不見水之利而見水之害。今當以大規模疏通黃河正流，並淮河各支流，一面杜絕水害，一面因之以開發水利。

長江多年輪航，煤渣及污穢積儲，河身沉墊，河岸逼窄，昔以水利名者，今亦見水害矣，數十百年後更可推想。今亦宜先事勘測，預備將來修濬。此時當疏導儲水之洞庭、鄱陽、洪澤各湖，以減輕目前水患。似於黃河工程之次，當顧及之。

以上內務部、農商部、交通部。

五、開通西北鐵路

中國鐵路，如京奉、如京漢、如粵漢均取南北線，如京綏、如隴海均取東西線，其中京奉、京綏連接近邊，與國防最有關係，而臥榻酣睡，岌岌不可終日。隴海鐵路如能延長至迪化，再西至伊犁（假定曰海伊鐵路），此路若成，內之經過甘肅、新疆各省以融化漢回，外之查照國際通車與俄屬中亞鐵路銜接，以貫通亞歐，則於民族上、國防上，情勢一變。至於交通上運輸之便利，尚其次焉者已。

六、擴充水運。

以上交通部。

七、開闢空線

此次歐洲以空艦助戰，將來必作進一步之研究。我國海防數萬里，防不勝防，且扼要海口，又以條約關係，在他人掌握之中，正宜別尋路徑。與其添設海軍艦隊仍不足制海權，不如開闢空線，擇內地與海口重要數處建築機廠。此時當先從商機入手，進一步再製軍機，尤應趕速造就航空人材以資應用。

以上交通部、陸軍部。

參戰後新建設擬辦事業簡要表

事項			預計款數	備注
辦理鐵廠	浦口附近鐵廠	在浦口附近採用南京鳳凰山，安徽銅官山、桃衝、當塗之鐵；中興嶧縣或賈汪之煤		此鐵廠擬在浦口附近，先以五千萬元開辦，以後再事擴充

	事項		預計款數	備注
	——鐵廠	在長江上游武漢附近適宜地點，採用湖北象鼻山、鄂城之鐵，萍鄉之煤		所需款數由專家詳細估計填入
	——鐵廠	在直隸秦王島，採用龍關煙筒山並永平各縣之鐵、開灤之煤		同上
	——鐵廠	在山東博山，採用金嶺鎮之鐵、博山之煤		同上
	——鐵廠	在西北某處，專門製造軍需品		同上
	——鐵廠	在西南某處，專門製造軍需品		同上
辦理鐵礦	鳳凰山鐵礦	在南京		此礦質量尚待勘測，所需款數由專家詳細估計填入
	銅官山桃衝鐵礦	在安徽		
	當塗鐵礦	同上		
	象鼻山鄂城鐵礦	在湖北		
	龍關煙筒山鐵礦	在直隸		
	永平鐵礦	同上		
	金嶺鎮鐵礦	在山東		
辦理煤礦	井陘煤礦	沒收德產		已有規模再加擴充
	——煤礦			另有煤業計劃，所需款數由專家詳細估計填入

事項			預計款數	備注
辦理其他各礦	庫瑪爾金礦	在黑龍江黑河附近		另有金礦計劃
	湖南銻礦			尚待勘測
	玉門石油礦	在甘肅肅州玉門縣		此礦所產石油據報告遠過陝西延長，有開採價值，應詳細勘測，惟道路遙遠，果有大量石油，當修（聯接隴秦）鐵路以利運輸，所需款數由專家估計填入
移民實邊	東北邊	吉、黑、松花江一帶		另有移民修路計劃，所需款數由專家詳細估計填入
	迤北近邊	熱河、察哈爾、綏遠一帶		同上
	西北邊	新疆、青海、西康一帶		同上
修濬黃河	黃河正流			此項修濬地段所需款數由專家估計填入
	黃河支流			同上
	淮河正流			同上
	淮河支流			同上
開通鐵路	隴伊鐵路	自隴海鐵路延長至新疆，經迪化至伊犁，又青海一帶公路		此項經過路線所需款數由專家詳細估計填入
	京綏迤西鐵路	自京綏鐵路延長至——鐵路		同上

事項			預計款數	備注
	川漢鐵路	又西康一帶公路		同上
	川滇鐵路			同上
	粵漢鐵路			
擴充水運	奧國船艦	此次沒收奧國船只		此項奧國船隻趕緊修理，在歐戰期內運送物資至歐洲
	海軍船艦			以海軍兵船改作商船（另有說帖），運送物資至歐洲
	——商船	新製商船航行南洋、歐美一帶		此項新製商船所需款數由專家估計填入
開闢空線				此項空線廠基並機料油礦以及造就航空人員所需款數由專家估計詳細填入

西原借款中之浦口鐵廠

此項計畫，以銀行為根本之根本，由此而發生各種新事業。在歐戰期內，需鐵極巨，且為吾國重輕工業之根本，余任農商，故擬鐵業計畫，首先籌辦浦口附近鐵廠，先製鐵，次製鋼，在吾國尚屬創辦。原擬初步以五千萬元舉辦，再圖擴充，其辦法與段密商不止一次，並內定以周學熙為督辦、翁文灝為總經理，經段同意矣。乃日本有西原二萬萬元借款之說。詢之財政總長梁，對余亦不言其詳。某日，陸徵祥來言：「連日聞日本二萬萬借款，以金借，以金償，吃虧太多。英美方面以中國見好日本，意頗不愜。又聞抵押有浦口鐵廠、吉林森林等等，英美以長江為彼勢力範圍，忽有其他勢力侵入，更為不甘，請注意。」余即四處偵察，據涂鳳書所聞於府學會議者告余：「美擬補助我出兵費二萬萬，日方言，彼當經國會通過，未必能成交，日本可以此數借給中國。段初尚躊躇，日方言，美借款，必須實行出兵歐洲，不能挪作別用；日本借款，不加干涉，可以此款名為練參戰軍，即以先清內亂。從古至今，勿論中外，無有不統一國內言對外者，並歷舉日本當年明治維新，統一藩幕，與中國過去歷史。段大為所動，決定借日款，即以農商部所擬浦口附近鐵廠五千萬計畫，與日本合辦，在此大借款內劃出一部分。」余疑信參半，往詢徐相國，徐含混不答，但言：「周學熙已改陸宗輿矣。」余甚懊喪，即謁段，時夜九時半，辭以就寢，未見。次日，國務會議，擬於散會後詳詢究竟，不意將散會時，段持浦口鐵廠與日本合辦合同交余簽字，言「已接洽妥當」。余閱其合同僅五條：一、本鐵廠設於浦口，名曰浦口鐵廠；二、本鐵廠由中日兩國以五千萬元合資辦理，中日各出資二千五百萬元，中國二千五百萬元未湊足前，由日本先行墊付；三、督辦一員由中國政府派充；四、技術人員，延用日本人；五、本契約自簽字之日發生效力。大要如是（因段將合同帶去，語句不能盡同），就表面言頗為簡單，證以余所聞，則內容不止如是。余言：「照此合同，是與總理平時宗旨不同。」段言：「現在顧不得許多。」余言：「此事大有關係，容我再加考量。」段不覺怒形於色，同席閣員相視愕然，不發一言。僅范索閱合同，段不顧，將合同夾入公事皮包，憤憤而去。余下午又往謁段，擬詳問內容並陳述利害，段拒不見。次日又往謁，仍拒不見，乃作書如次：

總理鈞座：近者浦口鐵廠案，未能承公意旨，兩次閣議，不得盡言，昨晚趨謁，復為閽者所拒，事不獲已，謹以書陳諸左右，幸垂察焉。此次對德奧參戰，幾經艱難曲折而終底於成，公之威望，固已震懾中外矣。惟吾國何以參戰，參戰何以有利於吾國，國淦曩者曾屢為公言，吾以積弱之中國，此次參戰係與各國共同行動，希冀歐戰終了，和會席上，吾國在各國間取得一平等地位。國有國之資格，故潛水艇案，我之加入，當是自動，不必藉口依附美國，更不必偏袒協約國中之任何一國。如此，乃能得到列強各國之同情，而成一獨立國家。宗旨既定，即當盡我之義務，如何物的供給，如何人的供給，而其扼要尤在出兵，我能在戰場前線，今日實在出多少力量，將來即得多少收穫，東亞我亦是主人翁，何必自居客位。其次，即當審我之權利。吾國財政困難，無庸諱言，各國希望我之加入，更希望我之出兵，故美有補助出兵費二萬萬元之提議，而庚子賠款，德奧當然停付，各國商允展期五年，關稅亦正擬增加，此種係國庫額外一大收入，我能利用以作國家銀行基金，因之以開辦國家所當經營之幾件大事，則我所得之權利，乃真權利也。曩者絕交之初，迭經向公屢陳，此次忝長農商，復就主管範圍內分別擬具計畫，幸蒙採納。所有浦口鐵廠，係擬具計畫中在國庫額外一大收入、吾國發生之一種新事業，並非指定此項事業向某國借款，如從前借款以某項作抵支支節節而為之之辦法。乃日本西原二萬萬元借款，秘密進行，國淦一再詢察，不得真相，傳說種種，益滋惶悚。不意前者閣議，公忽以浦口鐵廠合同令國淦簽字，寥寥五條，以五千萬元合辦，與公原來宗旨大相徑庭，是以當時不敢承諾。竊以為此事利害，當通盤籌議，舉其大要約有數端。

美擬補助出兵費二萬萬，據顧公使報告，美政府有此提議，當有國會通過，雖無成約，正可繼續進行。今姑不論美之成否，而與日本簽訂二萬萬元借款，同一借款，原可不分美、日，惟其性質，美則純係作參戰出兵之費，而日則表面上作參戰練兵，實際上以之對內作戰，再謀對外（陸公使密告，並證其確），在彼固不願我之出兵也。中國出兵則東亞有彼又有我，不出兵則有彼無我，彼即可以代表東亞，操縱中國，吾適墮其術中而無以自拔。浦廠借款，係參戰借款之一部分抵押，如果屬實，則於參戰本旨違背，公又何必艱苦卓絕加入參戰？一不可也。長江貿易，就習慣上，在英美勢力範圍以內，此次與協約國共同作戰，而單獨與日本在浦口合辦鐵廠，陸公使密告、英美對此頗為不快，並希望此事之不確。在我固不承認英美勢力，但日本勢力在長江尚無根據，如浦廠合辦，一旦有事，彼以兵艦駛入，藉口保護，豈非英美勢力尚未驅除，而日本勢力又復侵入。漢冶萍僅僅借款關係，公平時尚言盛某賣國，此事比之漢冶萍孰輕孰重？二不可也。吾國向無國家經營鋼鐵廠，國塗浦廠計畫，僅僅數千萬資本，以小規模自行創辦，一俟資財雄厚、人材眾多，再擇煤鐵便宜地點，以大規模分設若干廠、若干礦，次第開辦工業，十年、二十年當可樹立基礎。以世界之競爭，中國之脆弱，竟無一自辦鋼鐵廠，可為痛心，公亦時時與國塗言之。今何以變更此項計劃，而貿然與外人合辦？須知鐵業乃自強之根本，倘不先事審量，授人以柄，則中國於自強上，永無立足之日，三不可也。至於吾國借款，向例以銀交付，現在金價低落一倍有餘，此次我借貸者金，將來償還者亦金，其虧損亦一倍有餘，尚其次焉者已。昨張秘書長談及，公以國塗相處甚久，此案不當反對，應當幫忙云云。區區之愚，此次參戰係中國近百年之一絕好機會，如果實行練兵、實行出兵，如前所云歐戰終了吾國在各國間取得一平等地位，國淦何敢反對。若論借款，如果從中國應當經營幾件大事，吸收外資，不問任何國家，只其中不含有其他作用，俱所歡迎，國淦素來主持開放之一人，況日本近鄰，更當親善，國淦又不肯反對。國淦所反對者，假對外之名，行對內之實；以外國之款，殺中國之人，如是而已。總之，今日不實行參戰，則將來爾我詐虞，仍受支配；今日如發動內戰，則以後彼此爭攘，無有已時，此機一開，又安能合全力以建設中國乎？公之苦心參戰，豈不有始無卒而無以見諒於天下後世乎？國淦之為公幫忙者，在國家不在個人，在千載不在目前。素承垂愛，用敢質陳，務希平心靜氣以審處之，勿為一時悠悠之口所惑，幸甚。敬請鈞安。張國淦拜啟。

段得此信未覆，在國務會議見面時，板著面孔，不言不笑，余亦不曲與周旋。關於浦口鐵廠事，其左右仍積極進行，段向汪、梁、湯、林、范等談及，總是要余簽字。其後，日本公使林權助來部警告兩次。第一次談話，林言：「浦廠關係兩國親善，何以拒不簽字？」余言：「鐵業係國有範圍，中外合辦，須按照礦業條例。」林言：「中日邦交親善，當以特例辦理，不應墨守礦業條例。」余言：「此處是農商部，貴公使來部代表商人抑是代表政府？」林言：「代表商人。」余言：「代表商人辦礦，即應以礦業條例為準則；如代表政府辦交涉，則請到外交部。」林不歡徑去。次日，國務會議時，余將此情形報告，段不置詞。

某閣員言：「如此答詞，倘彼在大沽開炮如何？」范言：「我想不至如此，此是我們內政，我們說幾句合理的話，似亦無妨。」第二次談話，林言：「依日本鐵業歸陸軍部管理，閣下簽字為難，何不將此案移交陸軍部，以免負責。」余言：「應歸農商或改歸陸軍，此是吾國內政。我為閣員之一，此案即歸陸軍，提出閣議時，我要反對仍可反對。」林嘿然，余又言：「吾兩國既言親善，若遇事只顧一面、只圖一時，中國固不能贊同，於貴國亦非得計，長久下去，彼此均屬不利。」所言甚多，林頗為動容，臨行與余握手，且祝珍重，與上次態度顯然不同。後湯、林到日本，見林公使偶談此案，表明係余一人主張。林公使曰：「張君主張甚是，使吾為中國人，易地以處，亦必如此主張也。」

此時余與段及其左右蹤跡隔閡，某某對余感情尤惡，於是暗派警察監視余宅，余出門時，以軍警尾隨其後。馮總統派人以情告余，勸余到津暫避，余坦然不為所動。段左右託涂告余，似此僵局，可往各省考察農事試驗等場為名，暫離北京，讓其他閣員代理簽字，往返十數日，仍可回部。余言：「此案不是個人問題，我不能離開。」後又託涂諷余辭職，余言：「此案關係太大，我必堅持到底，決不辭職。」段知余如此，又欲徑免余職，曹汝霖以為不可，以國人知張某為此案免職，繼任者更不能辦。又有孫潤宇銜某方命，以百二十萬重利相餂，並言：「我們日後住租界，甚至到外國，以及子弟出洋求學亦需款用。」余嚴詞拒之，言：「國家四萬萬人，以重責付託於我們，何以不將國家辦好，反預備日後住租界、到外國？至於子弟求學，更談不到，以此昧心之錢，安望成就子弟乎！」次日，又來言：「倘嫌不夠，可再添加一倍。」若余得運動費即可簽字者，經余痛詆乃去。最後，曾毓雋偕涂到余宅專談此事，余言：「我不簽字，乃因鋼鐵係我國命脈，萬不可斷送主權，此是吾國立國問題，不僅是浦廠問題。如果總理仍持素來之方向，必不令我簽字。」曾言：「總理叫我來說，此案務請幫忙。」余言：「我簽字即是不幫忙，不簽字即是幫忙。」曾不耐煩，言：「不必說，只問一句，到底肯否簽字？」余毅然答之：「到底不簽字。」曾大怒，拂衣徑去。涂一人獨留，以余意態堅決如此，恐蹈危機。余則以此等關係太大，我既見得到，即有危險亦所不辭。

此時馮、段之暗鬥日甚，馮日伺段之隙，曾將此案詳情密電江蘇督軍李純，故江蘇士紳亦有不贊成此案者。李據以電院，言：「鳳凰山採鐵，浦口設廠，關係地方，應先與本省長官接洽，中央乃能辦理。」此電到後，段左右擬向李疏解，適段因湖南督軍傅良佐逃走案辭職。二十二日，免段職。三十日，任王士珍為總理。十二月一日，王閣成立，田文烈繼余長農商。段促田簽字，田來問余，當時何以不簽字，彼可否簽字。余思田於世界大勢不甚了了，惟其人居心無他，從前本省人攻擊漢冶萍案，田曾參與反對盛某，頗憤激。因就淺近處說法：「漢冶萍借款，浦口合辦，孰輕孰重？浦口若辦鐵廠，必有高大煙筒，我不願張某某三字掛於高大煙筒上，使人人經過浦口時必指余名而詈。煥老（田字煥亭）如願大名掛在煙筒上，即可簽字。」田聞言悚然，當即回覆段不能簽字。段言：「張某不幫我忙，我們幾十年老友，還是為我幫忙。」田言：「此件各方面反對，就令簽字，於公亦大不利，如有他命，總可商量。」

隔數日，段提出吉黑森林金礦三千萬借款，係農商部主管，要求田簽字，田頗躊躇，段言：「煥老萬不可學張某，彼幾誤我大事。」田又來問余，余言：「總理何以執迷如此！但是一而再，我不便贊一詞。」（下闕）[1]

1 編案：此篇文章原稿有缺。

第六篇
北洋軍閥直、皖系之鬥爭及其沒落

緒言

「北洋軍閥」這個名詞，若分析來說，北洋練兵始於李鴻章，成於袁世凱（兩人先後為北洋大臣）。後來何以產生軍閥，則完全由袁世凱一手所造成。袁若不想推倒清室自己做總統，則所謂師旅長者，仍是老老實實去帶他的兵，亦不會存非分之想。後來袁氏由獨裁政治，很快的就趨向帝制，不得不預先扶植勢力；既要他們來擁戴自己，就不能不假以事權。一旦占得地盤，又因手下人想升官發財，僅在軍隊裡打主意，尚不足滿足其欲望，於是浸漸而干涉民政，驅逐省長。到了這時，他們亦忘其所以，視為當然。在中央則受之雖易，而去之實難，遂一變而為唐代之藩鎮。袁氏帝制取消，威信既失，不能不受他們的挾制。袁歿之後，更是為所欲為，而軍閥之名詞因以成立。從前小站練兵是以淮軍為班底，容納舊軍官不少。至武備學堂畢業之人，其軍事學識雖比近代相去尚遠，然以較昔日將領，則以嶄然大露頭角。袁氏在日軍隊統於一尊，並無派系可言，亦無人敢萌此想、敢為此說；袁勢既頹，群雄失馭，互植勢力，各昵所親，遂有強為區別為直、皖系者。今既就直、皖兩系有所敘述，而兩系領袖即假定為馮國璋、段祺瑞兩人（其實兩人心目中，從來亦並無直、皖系之成見，到了日後的演變，亦非兩人所及料），應先從他兩人敘起。

馮國璋與段祺瑞對於君主、共和之轉變

馮國璋是河北省南部（河間縣詩經村）農家出身，段祺瑞是安徽合肥淮軍將領的子弟，各不相識，毫無淵源。兩人的結合是由於北洋武備學堂同學，及袁世凱小站練兵，是為兩人共事之始；以後同往山東，同到直隸，同為袁氏的健將，倚任提挈，各膺顯職。清宣統三年秋間，武昌事起，北軍南下，馮任第一軍總統官，段任第二軍。袁被任為總理大臣後，以段署湖廣總統（督），接統第一軍，馮回京接統禁衛軍。馮、段兩人此時所處的地位不同，不但馮尚不能徹底了解袁之真意，馮之不能與段走一條路線，亦有其為難之原因。蓋其接統之禁衛軍，係承載濤之後。該軍的編制除步隊第四標是直隸、河南、山東人，此外步隊三標、馬隊三營（內一營是挑的蒙古馬隊）、炮標及工程輜重兩營，全係旗人，以京旗、內外火器營、圓明園健銳營（俗稱為三山）為最多，且有宗室、覺羅在內。皆以為共和倘果實現，鑒於民軍揭櫫「種族革命」，皇室當然傾覆，旗族亦歸消滅，所以全軍官兵無不激昂反對。馮以漢人為軍統（當時稱為總統官），若非曾為陸軍營貴冑學堂總辦的關係，（貴冑學堂有三公講習班，自醇王（即攝政王）以次，均到堂聽講。其所謂貴冑者，亦以滿洲世爵及旗族世家子弟為大多數）」，王公旗族皆信賴之（馮之得統禁衛軍亦由於此）。則蒞事之始，即有危險，及孫、袁條件提洽以後，因禁軍之反對，遲遲不能發表。雖皇族甘願退讓，隆裕太后忍淚屈從，然此萬餘人者，若變生肘腋，袁固不能調前敵之兵而喋血京師，且亦無以維持個人之威信。馮於此時，一方面感激袁氏平素之知遇提拔，以有今日，不能毅然反對；一方面感於己身處境之困難，而其時君主、立憲派人物，如阿勒精阿（字育三，為舒清阿之兄，荊州駐防）等包圍馮，激以忠義（馮以克漢陽封爵關係不能拒絕），於是舉馮為君憲會會長，蒙古郡王貢桑諾爾布為副會長，主張君憲到底。在袁固有說不出之私衷，馮處茲兩面夾攻，亦深覺進退維谷。及時期已迫，無可推延，乃赴禁軍駐軍之所（在西苑，即暢春園舊址），在廣場召集全軍官兵講話。馮登高桌，向眾宣佈大清皇帝辭位（時隊伍中具聞此六字，頗有泣下者）後之優待條件，內有「禁衛軍額數俸餉仍如其舊」之語，及優待滿蒙條件，非此不能保全皇室，並任眾發言質問，馮說敢以身家性命擔保，尊號仍存不廢，兩宮安全及禁軍待遇，皆擔保到底，無論個人調任何職，必仍以禁軍自隨（後來該軍雖歸軍部編制為十六師，師長為王廷楨，仍即是禁軍協統，而歸馮統率也），並聲明自己決不與革命黨接近，倘發現有言行相違之處，准許本軍之人隨時槍殺，不准家屬報復。即命公推兩人跟隨出入，當場推出正目福喜、德祿兩人，馮立即派為副官，各給馬一匹，手槍一支，隨從監察。於是此一場大風波，乃得平安渡過，而共和之詔下矣。其時參謀長張聯棻、秘書長惲寶惠等，皆立於馮之左右，倘話不投機，立即察變，此數人者亦即隨馮而犧牲。馮之對袁立此大功，洵非偶然。

段在前線，雖在停戰期內，因各將領各思前進立功，對段之情緒極為憤激。段慼於環境之危險，本早有通電反對共和，而一方面受袁世凱不進攻之密旨又無法違背，遂由廣水潛回保定；一方面仍由軍次發出通電，贊成共和，請皇帝退位（彼時即有人說，此電係受袁指使，其電稿為徐樹錚等所擬），羅列北方將領多名。惟既未徵求馮之同意，亦未列馮名，馮得電後曾表示詫異，擬電詢段。此電是否係有人假冒拍發，左右以為不會有這樣事，力阻而罷。及段派靳雲鵬來京疏通，馮對靳厲聲訶詰，是何人如此主張？足見袁對馮亦尚未到明白表示之時機。實則兩人受袁之知遇提拔相同，為袁氏出力報效，亦概無異詞。但到了這種緊要關頭，馮實不能輕於附和。袁因馮有攻克漢陽之功，乘勝渡江，既違所願，又恐其將在外君命有所不受，所以將其調回，而令段接統。段既在外與袁唱雙簧，馮則與段之意見迄未能融洽。迨袁既為總統，段任第一任內閣之陸軍總長，以迄民國八年下野，始終兼任（中間惟王士珍暫為兼署，及王內閣時，以段芝貴為短時期之陸長而已）。馮統禁軍，在未改編之前，遇事向不關白軍部。及民元秋，馮任直隸都督，仍兼統禁衛軍，與段亦向無聯絡。

對於袁氏稱帝之反對

籌安議起，袁氏謀改帝制，兩人雖分處內外，而反對之情緒則完全相同，惟以與袁個人之關係，皆不便昌言反對。而段之地位則較為難處，因走既不能，留又不可也。其中經過，由民國改為君主政體，及推戴袁為皇帝，僅就江蘇一省，馮之態度可得而述焉。當時任巡按使者為齊耀琳，一切受中央指使，籌辦推選，既由省署主持，及指派全省六十代表（江蘇為六十縣，而所派代表並非按縣支配，盡有一縣而兩人者），馮暗囑軍署職員不可加入，所以六十代表內，無軍署一人。至投票之日，馮託病不出，齊巡按使到上房婉勸，又經左右以明哲保身為言，始勉著戎裝以出，蒞場後始終未發一言。投票改定國體，及首席代表宣讀推戴書（省署早經預備），及宣讀電奏（馮、齊具名），馮皆默立以聽而已。散會後全體拍照，此一幕趣劇遂於以告終。所有江蘇對元首呈文，由此改為奏摺。前銜為督理江蘇軍務一等公臣馮國璋、江蘇巡按使一等伯臣齊耀琳並列。此項繕遞奏摺之事，亦係由省署辦理。

馮於袁取銷帝制，群情離叛之時，曾兩次密電袁氏，請其敝屣尊榮（即是退位）。並云：「鈞座一身之安危，家族財產之保障，國璋敢以身家性命擔保，不使稍有遺憾，以報平日知遇之恩，」措詞極為懇摯。袁覆電有「華甫親譯」字樣。略謂：「願退隱讓賢，遂我初服。但大局安危，北方秩序，於臨去之前皆須預為措置。弟素知我，當諒苦衷，並非有心戀棧」云云，仍係推託之辭。為時未久，袁亦撒手長逝矣。

對於袁歿黎繼之佈置

袁氏既歿，所謂北洋團體者，意見甚不一致，而與黎元洪不願合作，則大致相同。其時馮、段兩人一內一外，確均有掌握大局之資格。段之擁黎，則因黎老實，易於妥協，以後可實行內閣制，與袁時代不同（袁雖失敗，而已往與部屬的關係，餘威猶在。段之由國務卿為總理，名曰改回內閣制，遇事仍非秉承元首不可）。黎則既無勢力為後盾，一旦繼居高位，自易於對付；不料府院之爭，愈演愈烈。黎則為人所挾制，竟下令免段職，以惹起極大之變故，則非段所逆料也。

當袁歿後，北洋軍人頗有主張就此請宣統復辟者，在段固係當年主張退位之人，決不願出爾反爾。馮則因唐、蔡首義反對帝制，而西南響應，梁啟超實為與馮聯繫之最重要份子。馮能處南北之間，有舉足重輕之資格，亦實以此，若一旦忽就此途，無異於毀滅已造成之聲望。且康有為於西南聲討袁氏之時，曾主張復辟，其門人梁啟超即嚴詞反對（後來復辟失敗，康斥啟超為梁賊，見石印《南海墨蹟》），並由滇、黔、粵、桂四督發出通電（亦是梁啟超手筆），其文略謂：「國體不許變更，乃國民一致之決心，豈有不許袁賊，獨許他人之理。……如有再為復辟之說者，繼堯等即視為蔑棄約法之公敵，罪狀與袁賊同，討之與袁賊等。」其理由之充足，詞意之嚴正，亦足以使馮明瞭多數人之意見，而不願躬犯此大不韙。於是黎之繼任，乃水到渠成，而不容再有異議矣。

馮又因彼時自己既不能遽登大位，段亦無法律資格可以攫取，所以兩人秘密協商，仍擁黎繼任（這是袁病重時的事）。在馮坐鎮江表，聲威素著，黎決不奈己何，亦與對袁之時代大不相同。黎既就職，亦欲師袁對黎之故智，竭力與馮拉攏。及舊國會召集，補選副座，其時馮、段皆有此資格，惟段願握實權，而以副座名義畀馮。馮既如願以償，黎乃電請馮推舉親信二人到府，以便精神合作。馮遂電舉惲寶惠、馮耿光以應。黎立即任命惲為秘書、馮為侍從武官，電促到府任職。實則當年陳宧為袁、黎穿插，並受袁密囑削弱黎之勢力，是以袁為主體，今則所推為馮一方面之人，其效力不過傳達雙方之意見，可免隔閡，不能發生重大之作用也。

袁歿黎繼，因此而引起新舊約法之爭（袁氏所製造的新約法，副總統是代理；從前公佈之大總統選舉法，是繼任），若適用舊法，則必須恢復舊國會。惟段氏對此，仍是託詞抵難，不願使其實現。無如西南已洞窺北方當局之隱，要求召集舊國會議員，按法補選副總統及同意任命國務員，組織正式國務院等等。其通電共有四條。總之，南北對於政治上的理解，根本不同，彼此鉤心鬥角，殊無合作之可能；僅黎氏一人出來擔任總統，於大局之統一，仍是毫無益處。在馮的一方面，他與西南的默契，全是梁啟超為之拉攏。因馮平日論調，最佩服「任公」（啟超別字）的學識，所以與研究係亦比較的接近。梁之蹤跡，常發現於南京軍署，固由來已久。後來林長民之任副總統的秘書長，張嘉森之任公府秘書，皆為梁所推薦，在當時即曾許以舊國會召集後，補選馮為副座，亦即馮主張恢復舊國會的最大原因，更是與段意見不能協調的內幕。此事正在僵持中，適有李鼎新率領海軍發表獨立的宣言，反對北方政府。事前馮有所聞，即派惲寶惠赴滬見李，並先與李一電，由上海縣縣長沈昌轉達。及惲抵滬，李避而不見，僅由沈縣長代達海軍意見，事已不可復挽。馮遂藉此電段，速圖解決，而召集舊國會，及二年十月所公佈之大總統選舉法應仍有效，完全順利解決。惟李劍農所著《三十年中國政治史》[1]，說是馮以淞滬為自己所轄的境地，恐怕海軍於己不利，因電促段氏云云（見李著《政治史》，頁三八七—八），則於當時的真相尚屬隔膜。蓋馮正可利用海軍獨立的機會，而促此事之實現。因各人有各人的懷抱，非局外人所能揣測也。

[1] 應為《中國近三十年政治史》。

徐州會議

舉國屬目之徐州會議，實根源於南京會議。南京會議為袁氏地位傾向失敗之過程，其會雖無結果而散，而張勳、倪嗣沖之能將各省代表拉攏在一起，則實始於此時（倪在南京會場上叫囂最甚，袁死始不敢公然出頭，而推張為領袖）。況張、倪二人頭腦之頑舊，本不知共和作何解、約法為何文；國會之民黨議員，更為素來所嫉視。袁在則推戴我們的恩上，袁歿則企圖恢復前清的帝制。袁氏既死，他們認為黎元洪無足重輕，隨時可以推倒。後來迭次在徐州開會，各省除滇、黔、川、桂外，皆有代表加入（龍濟光說是代表廣東，實則只是他的一小部分），馮國璋亦有代表在內。馮與張勳於癸丑江寧之役分軍合作，平日亦極有聯繫，張之主張馮亦口頭表示贊同，其往來奔走者為惲禹九（惲是常州人，在張處名義是參謀長，實並非軍人），最重要人物為馮幕之胡嗣瑗。（胡是貴州人，癸卯科翰林，從前在陳夔龍直隸總督幕府。馮督直，任為秘書長；調蘇後，復任為諮議廳長，重要文電，皆出其手。袁氏稱帝，因胡在馮處為障礙，調任金陵道尹，又不奉命。阮忠樞到寧，傳主座意旨逐胡，胡遂避而之滬，與惲禹九等聯絡密謀，為復辟之預備。）段派則由徐樹錚與會，藉以窺察會內之動靜。馮氏之虛與周旋，亦並非真心推重，而種種禍根，皆伏於是。國會復會以後，在張、倪等均認為暴民專制，即將實現；段氏亦以為骨骾在喉，正可利用彼等，去而後快，於是有省區聯合會之組織。這是民國五年九月二十一日的事情，可以說明由多少日的醞釀，而具體化了。當場公推張勳為盟主，如有重要事體發生，可由張主稿列名發電。其章程共計十二條，各省區代表皆簽名承認。這便是督軍團的前身，亦就是張勳力主解散國會的根據。

迨民六對德抗議絕交，即進入宣戰階段，遂發生府院之衝突，段辭職去津。時馮正在京，往津調解，附以條件，段始返京，不久即召集各督軍開參戰會議。在他一方面，固然是「教猱升木」；在各督軍方面，亦忘其本分，進而干涉中央大計，以憲法草案不適國情為理由，請解散國會了。及黎免段之職，遂又釀成督軍團之脫離中央關係，宣告獨立了。黎無辦法，由徐世昌、王士珍出面，令惲寶惠赴寧疏通，請馮為居間調解。馮說：「我決不附和各督軍胡鬧，秀山（贛）、子春（鄂）亦可以叫他們不要妄動。但總統與總理決裂到如此地步，芝泉又有通電發出，等於勢不兩立，我亦無法調解。」黎得到馮的回話，知馮一方面已無希望，於是張勳的機會到了。張既毛遂自薦，黎以等於引虎自衛，結果解散國會。而黎的進退失據，終至演出復辟一幕，而黎之大命以傾，皆徐州會議階之厲也。

復辟失敗後馮段之合作

復辟看似突兀，實則全由徐州會議伏線。張勳之必失敗，無論何人皆料得到。然他何至如此魯莽，則倪嗣沖、曹錕等確皆有明確贊成之表示也。說者謂張之錯，錯在自任議政大臣，並兼領北洋，而以南洋畀馮，以致馮不肯幫忙。此仍係隔靴搔癢之論。而須知馮彼時已是民國副總統，到了「總統因故不能執行職務時」，則法律根據具在，可以依法代理，豈能再在張勳執政之下，來做亡清的官！其與段遙相呼應，為事理之必然。黎元洪之不能復職，亦為時勢之所趨，結果為馮造成機會。然馮應付時局之痛苦，亦就跟著來了。張勳失敗以後，逃往荷蘭使館，有人見著他，他罵這些人不夠朋友，說：「就是你們總統從前亦是贊成的，開會時我有大家簽字憑據，宣佈出來讓國人看看，是不是我姓張的一個人要這樣做！只有段芝泉是勸我不要幹的，惟有他可以打我，別人不配（暗指曹錕、段芝貴等）。」發了一頓牢騷，經人婉勸而罷。此事若根究其內容，則張之敢於猝然發難，以為各省區已於開會時推為盟主，事事聽命，可以放手做去（除西南外，不會有反覆）。殊不知你會投機，別人亦會投機，此種結合，有何信義可言，日後之自落陷阱，亦必然之結果。

復辟之舉，雖極滑稽，然已足使民主政體中斷。黎元洪於被迫離府，即分電馮國璋、段祺瑞，一是請其依法代行職權，一是重任段為總理。段一面馳赴馬廠誓師，一面電馮促其就職（其文簡短而懇切，是其親筆）。彼時馮在南京，其左右進言，尚分兩派：一派說馮所以能造成現在的地位，完全是手握兵權，綰轂南北，一旦孤寄白宮，則事權不屬，前車可鑒，鋒車北發，尚須慎重。一派則以為忽遭巨變，中央無主，黃陂既堅不再出，元首虛懸，南北恐從此分裂，國際上將無地位。適靳雲鵬承段命到寧，說段此次組閣，表示必可聽馮四哥的話，二人同心，其利斷金（此為靳當時口語）。結果決定以李純調蘇，一概不動，並以十五、十六兩師（十五師長為劉詢，十六師原即禁衛軍，師長仍是王廷楨）歸總統統率。後來陸軍部即本此決定，公府翊衛由各師部隊輪值，目下暫為十五、十六兩師擔任（見《段芝泉年譜稿》）。蓋從前袁世凱係以拱衛軍任公府守衛，黎元洪則並無自行指揮之軍隊也。一切說定，馮遂北上。在一般人心裡，以為馮、段本是同學，如爾汝昆弟之交，必可朝夕會面，脫略形跡，時局結症所在，無不可以推誠披臆，互相諒解，不但以前府院之爭不致重演，而大局之解決，亦頗有希望，而不知有大謬不然者。馮、段之鬥爭，乃於焉開始。

對西南問題馮段意見之分歧

馮就職後，首對南北和平統一問題提出研究。因前在寧時，以其地位及實力為時局樞紐者有年，頗為西南所推重，所以仍欲倡導和平，作一番統一全局的工夫，為將來做全國正式的元首張本。長江各督除王占元仍在鄂不動外，陳光遠督贛，亦如馮所預定發表，可與李純聯為一氣。湘督一席馮主張仍留譚延闓，以緩南北之衝，段則堅決主張以傅良佐督湘。傅雖亦係湘人，但係徐樹錚一派，遇事只聽段之指揮。馮對於傅之赴湘本不贊成，因與李之督蘇，陳之督贛，為分配地盤相對之條件，遂不得不勉予照辦。然就兩方面看，則各私其力，互相防閑，其思想及權勢之衝突，已由暗中鬥爭，而漸趨表面化了。

特任傅良佐督湘之日，即發表吳光新為長江上游總司令。吳是段的妻弟，段之任吳，專為取川的準備。先已入湘的北軍，為第八師之王汝賢、二十師之范國璋。此時對西南之主張，馮、段本已背道而馳，則其必無結果，自不問可知。及北軍失利，王、范自由退師，到岳州後又通電停戰，傅良佐遂棄長沙而遁，吳光新入川的實力亦被人劫去，而隻身東返。長江三督復聯名通電，主張與西南和平解決，並聲明願作調人（據說此電是受馮所指使），於是段之武力政策失敗，不得不出於辭職之一途。在臨去之時，曾發出一正密銑（民六、十一月，十六日）電，明白表示：「惟發揮北洋同胞之實力，可以統一國家，奠寧宇內。……我北方實力消亡，即中國消亡之朕兆。……為北方實力計，捨祺瑞辭職外，別無可以保全之法。」言外即指北方軍隊，已分為馮、段兩派（即後來之直、皖。所謂直、皖者，指附屬派系言，非軍隊為安徽或直隸也），自己不願與馮為正面衝突耳。

段雖辭總揆之職，而仍任其為參戰督辦，段即借此大借日債，以擴充軍實。其繼任總理之王士珍，與馮雖同一主張，而實力則仍操之段派之手。及岳州為湘、桂軍攻下，湖北亦受威脅，馮之和平政策已無法實現；而段之幕後完全為徐樹錚所主持，對於馮、王用種種手段施以壓迫（實事下節詳敘），馮遂借出巡南下，對外發表為當面徵求各督軍和戰意見，實則擬赴南京，不再北歸。李純聞之，當然大起恐慌，表面上派齊燮元赴蚌埠迎候，一面由倪嗣沖出面攔阻。馮遂不得已折回，到京發表亦主張用武力解決，於是已往對西南之信譽全失，不待新國會受段派操縱改選，而馮已無收拾時局之能力。及段再出任總理，則總統已等於守府，一切無從過問。馮對段之鬥爭，到此已算失敗。

徐樹錚之操縱跋扈

段之對西南主張用武力解決，其軍事上之進行完全受徐樹錚支配。段、徐結合，遠在清光緒二十七年，段隨袁世凱到直，聘徐為記室，段賞其才氣縱橫，始加重視。段一生事業，固由徐助其成，亦實敗壞於徐一人之手，此公論也。至光緒三十一年，段資助徐赴日留學陸軍。宣統二年，段任江北提督，即委徐為軍事參謀，是為參預軍事之始。宣統三年秋，段接統第二軍，徐為總參謀。民元段任陸長，徐管理總務所事，一切公牘批閱指示，即由徐代為主持。及袁世凱取銷帝制，恢復國務院，段保徐為秘書長，袁不允，段怫然大不悅，對袁個人之不肯盡力幫助，此其原因之一。黎元洪繼任，段仍保徐為院秘書長，黎亦不同意，經余中間竭力疏通，始勉允任命。徐每日進府蓋印，不發一言。某日因山西省同日更動三廳長，黎偶問及何原因（其實閻錫山來呈請簡，各有緣由，不難簡單陳述；且簡任官之任免，須經過閣議，徐亦完全接頭）？徐竟率對以「總統但在後頁年月上蓋上印，何必管前面是何事情。」黎當時大為難堪，表示以後不願再見徐之面。其跋扈可想。府秘書長丁世峰辭職時，發表一書，所謂：「國務會議後無報告，發一令，總統不知其用意；任一官，總統不知其來歷。大總統無見無聞，日以坐待蓋印為盡職」，均是事實。

至馮來京就職之先，即對靳雲鵬表示，以不用徐院秘書長為原則。段雖勉為照辦，而徐之對馮已銜怨甚深。徐之為人，非久甘寂寞者，其精力強幹，下筆千言，恒輩之所不及。段對之言聽計從，即事未關白，亦引為己責，可謂任之專而信之篤。徐既不得志於中央，段又憤辭閣揆，亟謀擴張勢力，徐遂北走遼瀋，與張作霖結合，密謀倒馮之策。其時十五、十六兩師，及晉督閻錫山、陝督陳樹藩軍隊，均須添購軍械，由陸軍部向日本訂購運華。徐以十五、十六兩師均歸總統直接指揮，其厚勢力，必係別有企圖（其時公府仿照從前統率辦事處之例，設立參陸辦公處。在段任總理時，曾向日本訂約借款，而以陸軍部所訂購之軍械抵除一部分現款。此項軍械除須撥晉、陝兩省一部分外，餘均應由中央支配，十五、十六兩師，本歸總統指揮。而十五師師長劉詢，與馮有鄉土關係（河間），聞崇文門稅務監督張調辰（河間，馮之親信），居間與劉密謀，確有扶植私人武力計畫（彼時尚無參戰軍名義，此亦非參戰借款，參戰借款事在後），械到後，自可由參陸辦公處會商軍部分配。徐偵知，遂有截械之舉（據馥卿云，某人說此項軍械，是為參戰所購。非事實，似有回護城北意。）劉師兩旅長，一為齊寶善（河北人），一為張國溶（河間），鄉土觀念素重，段臨戰用之，焉得不敗」，遂在奉擬就通電，推張作霖為總司令，自己為副司令。此電既發出，即首先進關。上年（一九五五年）春初，曾在某處發現徐之密電稿多冊。據他的秘書說，全是徐親自起草，或在火車，或值深夜，電稿絡繹，頃刻數紙，莫不限時譯發。經翻閱之後，其種種計

畫措施，概可窺見底蘊，爰分別摘錄電文。[1]〔略〕

就以上各電文來看，徐樹錚自為奉軍副司令，在關內軍糧城（距天津六十華里，有車站）設司令部，於是截留秦皇島軍械，擴充奉軍實力，進而主張對西南用武力解決，羽檄紛馳，儼然處於居中調度地位，其用意專在為段祺瑞鬥爭，必推倒元首及現內閣而後已。及段再復職，實行責任內閣，府方已無力干涉，正可放手快意。乃出師未久，張懷芝所部既潰不成軍，曹錕亦知難而退。吳佩孚進駐衡陽，前鋒已達桂省邊境，又因段以無功績而軍紀最壞之張敬堯督湘，而灰心罷戰。張敬堯所部軍隊，擾害地方，湘人久已痛恨，北軍之名譽掃地。奉軍雖進駐湘境，亦因客軍孤寄，觀望不前，徐樹錚已無術指揮。其時張作霖雖以軍權交付徐氏，但張之為人，褊爆多疑；奉軍將領又地域觀念最重，而徐氏復意氣淩厲，以首長自居，旅長等莫不退有後言，更難期其得力（司令孫烈臣，支隊長張景惠，亦不聽徐調度）。結果「南征」之舉，潛輟不行，副司令一職，仍交還奉派之孫烈臣，自行罷手，而為參戰軍參謀長。徐氏一面操縱新國會選舉，自為安福系後臺老闆，雖將徐世昌抬出登臺，而段氏武力政策，已完全失敗，只得退而謀參戰軍之擴充編練。其實名為參戰，並未出國境一步。滇南唐繼堯自袁氏逝世，雖已取銷獨立，但仍出兵四川，實行他的大西南主義。彼時雲

---

1 一九五五年初春發現的《《徐樹錚電稿》共十一冊，全是一九一七年十二月至一九一八年十月徐任奉軍副司令時期致各方的密電存稿。此稿由中國社會科學院近代史研究所編輯，中華書局於一九六三年一月出版，共三十五萬字。

南鹽務稽查所所長錢文選，曾勸他服從中央，督師赴歐參戰，促進國內和平，提高國際地位，錢氏得唐許可，即入京斡旋，馮國璋亦認為機會甚好。及進見段祺瑞，則徐樹錚方欲借參戰軍力，另有作用，對此計畫不予贊成，因而作罷（詳見錢文選所著《滇省秘謀和平史》）。後以人言籍籍，中外齒冷，又改而防邊。察其內容，仍是扶持本派實力，而對異系軍隊加以威脅。段既下臺，徐樹錚是段派的主角，不得不暫時退避，遂借赴日觀操，而遠適異國。綜上以觀，除新國會選舉尚如願以償（倒馮），此外可說是一事無成。至於馮、段鬥爭各幕，段的方面完全由徐導演，更無疑義。

馮段之失敗及直、皖系之沒落

徐世昌當選總統，在馮的方面，政治上亦完全失敗，遂由徐世昌向馮、段約定，兩人同時下臺，左右親信亦聯帶解職（如張調辰之崇文門稅務監督，亦是馮由南京出發前預為約定之一，至是一體解職），以息爭端。馮於臨去職之時，發表通電，聲明在任時未能貫徹主張苦衷，電末並說決無再想出山之意。段亦同時辭去總理，專任參戰督辦。就個人之關係論，可謂是兩敗俱傷。馮、段的鬥爭，至此閉幕。

徐樹錚之為人，識見明快，毫無瞻顧，茲復按其致段祺瑞的漾二電（七年五月二十三日），已察及分派之說，並云：「若皖人佈置皖派，以為抵直之計，是皖自殺，國家險狀，寧堪操刃而自刺！」這幾句話，就北洋系之狹義來看，可稱是至理名言，殊不知他自己即是縱橫排闔之主謀者。他要段正己、正人，更不知他自己居何等？況種種惡因，由他一手造成，豈能不自食其果！於是馮、段之鬥爭雖暫時結束，乃不久而直皖戰爭爆發（即在徐世昌任內，時馮已逝世），以數年來養精蓄銳之自稱勁旅，竟不堪一擊，師長被俘，幾於全軍覆沒。皖既失敗，段亦罷職。而自是厥後，奉直、直奉各役，連環報復，此起彼仆。總結一句話，完全為攘據地盤，爭奪權利，根本是個人主義，無所謂誰是誰非，禍國殃民，自促覆滅。結果袁世凱所卵育的「北洋實力」，馮國璋所遺留的、段祺瑞所指導的「直皖兩系軍閥」，陸續全行崩潰。其一切經過事蹟，在李劍農所著《中國近三十年政治史》內，已有詳細的記載（此外當然尚另有他人記述），不再復述。

第七篇
中華民國內閣篇

緒言

民國以來，所謂府院問題者，即總統府與國務院互爭權限，始而隔閡，繼而齟齬，終而衝突。有憑藉國會以為要脅者，又有勾引軍閥以相干涉者。其初也，總理之去留而已；至其甚，而牽及於總統之地位。就我所親歷者，可笑又復可驚。茲分紀之。

臨時政府組織大綱之國務員（孫文臨時大總統期內）

民國元年（一九一二年）一月三日（孫總統就職第三日），依據臨時政府組織大綱，任命國務員須得參議院之同意（此時參議院尚未成立），先由代表開談話會。商洽結束，乃移開正式會，按照提出名單投票，一致同意，即發表如下：

陸軍總長黃興　次長蔣作賓
海軍總長黃鍾瑛　次長湯薌銘
外交總長王寵惠　次長魏宸組
司法總長伍廷芳　次長呂志伊
財政總長陳錦濤　次長王鴻猷
內務總長程德全　次長居正
教育總長蔡元培　次長景耀月
實業總長張謇　次長馬君武

交通總長湯壽潛　次長于右任

據居正《辛亥札記》：

總統就職翌日，代表會開會，總統出席。按照臨時政府組織大綱，各部長由總統提出，須得代表會之同意。先由代表開談話會，總統交出部長名單，交換意見。初提黃興陸軍，黃鍾瑛海軍，王寵惠外交，宋教仁內政，陳錦濤財政，伍廷芳司法，湯壽潛交通，張謇實業，章炳麟教育。代表中有一派反宋教仁、王寵惠、章炳麟者，又有以伍廷芳改外交者，爭持不決。繼由克強（黃興）與總統商，以遯初（宋教仁）主張初組政府，須全用革命黨，不用舊官僚，理由甚充足，但在今日情勢之下，新舊交替，而代表會又堅持反對遯初長內務，計不如部長取名，次長取實，改為程德全長內務，蔡元培長教育，秩庸（伍廷芳）與亮疇（王寵惠）對調。總統曰：「內教兩部依兄議；外交問題，我欲直接，秩老長者，諸多不便，故用亮疇，可以隨時指示，我意甚決。」乃復商代表會，外交、司法勿變更。克強復出席代表談話會，以所改名單及總統意告之，眾無異議。乃移開正式會，按照提出名單投同意票，一致通過，而政府成立矣。

南京臨時政府為總統制，依據臨時約法，袁總統提出唐紹儀為國務總理，為內閣制。自是臨時政府遷於北京。

臨時約法之國務院（袁世凱臨時大總統期內）

唐紹儀內閣

民國元年（一九一二年）三月十三日，南北統一。依據臨時約法，袁總統電南京：國務總理，以唐紹儀提交參議院同意，任命唐紹儀為國務總理。唐於十五日到南京，十九日列席參議院宣佈政見，其閣員即於是日提交參議院同意。三十日，發表如下：

外交　陸徵祥（未到任前，胡惟德署）
內務　趙秉鈞
財政　熊希齡（未到任前，施肇基兼署）
陸軍　段祺瑞
海軍　劉冠雄

教育　蔡元培
司法　王寵惠
農林　宋教仁
工商　陳其美
交通　施肇基（梁如浩未通過，唐紹儀暫代）

以上交通，係提梁如浩，參議院未通過，臨時政府北遷後，改任施肇基。工商陳其美，未就職，由次長王正廷代理。陸軍，南方先有任黃興之議，後提段祺瑞（以上據南京參與者云）。

此次組閣在南京，未得其詳。閱黎副總統電，可知概略，如下：

黎副總統致各省各電云：

頃閱上海各報，載有覃振電稱：「組織閣制一節，因總理久不來寧，袁公所提議閣員，概屬亡清舊吏，無一純粹新人物差強人意者此間軍學政商各界咸懷不平，暗潮流湧，尋見南北組織之統一政府，勢將破裂不可收拾。貴報主持輿論，最有價值，務希鼎力維持，大張公道，使袁公翻然醒悟，以融和南北感情，為今日救急之要，又萬不可徇私行詐，功虧一簣，致五大民族之新共和國陷於分裂之慘，不勝禱盼。黎副總統代表覃振」等因。查覃振本派往北京，乃竟稽延南京，遲遲不發，甚至以代表名義發表個人私見，殊違背元洪宗旨，業已飭令撤差。該電自應作廢。合亟聲明，免滋誤會。

其時南京方面，以此次組閣所有外交、內務、財政、陸海軍重要各部均屬北方舊人，南方只得教育、司法、農林、工商不甚重要各部，一般人心理都如覃振電見解一樣，以至組閣遲延不決。

三月二十二日，黎副總統致袁總統、各省各團體電云：

前以國都問題未定，曾於江電披瀝詳陳，幸蒙嘉納。迺總統莅職，已越浹旬，國務各員猶未決定。夫有政府然後有國家，有部員然後有政府，若總統擁虛號，而各部無顓司，是猶五月胚胎，半齡齔齬，形骸不具，其狀與無政府同。方今一髮千鈞，存亡呼吸，直追急起，尚懼失時；十日之間，已非昔比，一之為甚，豈堪再誤？……竊謂破壞建設，才雖相異，用實相資。當此四面楚歌，事機危迫，國務各員但須擇學識經驗確有專長，無論新舊南北，皆當竭力贊成，以蘄成立。縱萬一少數部員不職，不過失司；各部未成，立召亡國。此中關係無待解人，況彈劾之權猶操國會。與斷送於今日，寧補救於將來。明達如公，諒必能共體時艱，早決大計。設再遷延不決，禍變日深，十日以外將有復求於今而不可得者。伏乞互相敦促，廣為開導，俾民國政府早日觀成。

三十日，唐總理電云：

昨提國務員名諮交參議院，頃准諮開：「所有外交總長陸徵祥、內務總長趙秉鈞、陸軍總長段祺瑞、海軍總長劉冠雄、財政總長熊希齡、教育總長蔡元培、司法總長王寵惠、農林總長宋教仁、工商總長陳其美，均多數同意，惟交通總長梁如浩，多數不同意」等語。因交通總長尚未通過，致難發表，現由儀暫行代理，以免濡滯。謹聞。儀。卅。

閣員通過後，所有南方各員，鑒於前專使北京兵變，栗栗危懼，不敢北行。黎副總統屢電催促為其擔保。如下：

四月七日，黎副總統致唐總理、各部總長電云：

元洪為組織政府，淚竭聲嘶，南北告哀，函電盈寸，迺言者諄諄，聽者藐藐，一誤再誤，遷延至今。明令已頒，征帆未發，禍機四伏，誰實為之？……竊謂一髮千鈞，事機危迫，群策群力，尚難圖存，若一部缺席，則顓司之職既不成立，連帶之責亦不完全，險象環生，莫可究詰，而況各部之虛懸乎？諸公如必以滅種為樂觀，以覆邦為快事，則元洪惟垂手待斃，夫復何言？若肯垂憐昆弟，顧念子孫，振已死之人心，扶初生之國脈，即請查照前電，在京總長先行籌備，在南總長輕騎減從，迅速啟行。如其冒昧直前，致遭危險，請罪元洪，以謝諸公；如其擁兵自衛，致啟禍端，亦當罪諸公，以謝天下。倘五日以外，猶事稽延，則是諸公甘棄我民國也。昫昫禹甸，載我萬民，斷不能隨數人之身，載胥及溺，惟有懇袁大總統先行派員署理，以圖補救。

黎副總統又電云：

聞國務員尚未到齊，強鄰環伺，庶政未興，莫肯念亂，寧無父母？望乞敦促北上，早圖挽救。

唐紹儀本北洋派，辛亥末代表往上海與伍廷芳議和時加入同盟會。其中陸徵祥無派，人稱之曰「外交派」；趙秉鈞、段祺瑞北洋派；熊希齡立憲派（南京臨時政府顧問）；劉冠雄亦北洋派；蔡元培、王寵惠、宋教仁、陳其美同盟派；施肇基亦可曰外交派。

四月一日，唐紹儀在南京接收南京臨時政府，於□月偕同在南方閣員先後到北京就職。

以魏宸組為秘書長，魏宸組同盟派。

六月十六日，唐因事去津請假，旋給假五日。

在上海議和末期，所有各省代表先後離去，惟章宗祥與我始終其事。唐組閣，任章法制局局長，我銓敘局局長。我到京辦銓敘局事，不能參與政府內幕，袁、唐亦曾約談多次，只泛論政治上輪廓，不得其中癥結。此時政局，但據傳說。府院因黨派關係，彼此磨擦。六月十六日，魏宸組倉皇來告：「是日晨，唐乘馬車到府，忽聞槍聲，知其異，即坐原馬車至前門車站赴津。」一比詢其故，魏密言：「自唐組閣後，府院兩處意見不合，各走極端。院中每主張起用黨人，最近提議王芝祥為直隸都督，沈秉堃為內務總長等等，不止一事」云云。

唐辭職給假，有主張唐假滿回院者，如下：

湖南譚都督電云：

臨時政府組織成立未及數月，民國甫有初基，唐總理乃調和南北有功民國之人，實全國所信仰，各國所注目。授任未久，並未發生誤國殃民各問題。現在西藏、蒙古隱患方多，內地各省秩序亦未全復，此時政治尚在維持現狀、整頓補救時代，並非秉持政綱、統一進行時代。國人同心，以鞏固政府為唯一之目的，有何黨爭之可言？且今日政黨之名初樹，各省黨派方在萌芽，豈可輕議排擊總理？試問一總理去，他總理來，不幸他總理又因事去，國事尚可問乎？且國務員由總理組織，總理去，而各部總長勢必隨之更迭，……危險問題豈有大於此者？唐總理既養病五日，假期滿後，應請大總統令其力疾回院視事，以成救國初志。……此時自當消弭黨見，共衛國家，臨時政府即萬無輕議更迭之理。

十七日，以外交總長陸徵祥暫行代理國務總理。

黎副總統電云：

總理棄職，邦本漂搖，外患環生，內憂潛伏，總統挽留不獲，乃以陸總長攝任。電命乍頒，中外交慶，然位未即真，名未確定，尤非扶顛持危之道也。夫以唐總理倉皇遠去，蟄伏津門，道路傳播，皆謂不返，揆諸情勢，或非無因。……竊謂總理一席，必須從速確定，政有顓主，責有攸歸，方足杜私黨之鑽營，息鄰邦之謠啄。陸總長才猷穩練，識解閎通，各國既信用於前，國務員復贊同於後，舊吏不書其惡，新黨不隸其吟，以之主宰超然內閣，必無窒礙。如蒙贊成，即懇大總統正式發表，俾免遷延。此外，各國務員受託國民，斷不能以私人之進退牽動黨派，推倒全盤，除久不到差外，悉仍舊秩。仍希諸公憬念時艱，共相維持，俟臨時政府期滿後再行組織，奠安長久，消患無形，當亦諸公所樂出此。……

六月二十七日，國務總理唐紹儀免職。

據《梁燕孫年譜》：

唐氏自任國務總理，頗有意舉責任內閣之實，以避袁氏與各方之衝突，而袁不之諒，且疑唐挾國民黨以自重，有獨樹一幟之意。而北洋官吏之在袁左右者，復日媒孽之。會王芝祥督直問題發生，唐遂去職。先是南京參議院議決，接收北方統治權案，有各省督撫一律改稱都督，並由諮議局改為省議會公舉都督之規定。直隸士紳屬意王芝祥，諮議局並為正式之公舉，是時唐方組織政府於南京，亦主張王督直，回京後，袁曾面許之，於是有電王來京之舉。唐意此事當無中變，故於直紳晉謁時，亦告以總統已許可，俟王到京即發表。比王至，而直隸五路軍界忽來反對之電，蓋袁意也。袁氏狃於北洋大臣之故習，以為此席不可輕以與人，而王氏尤非其舊部，至是即以軍界反對為詞，改派芝祥往南京遣散軍隊。唐拒絕副署，謂政府不當失信於直人。嗣袁徑以唐未副署之委任狀交王芝祥受領，唐知事無可為，留辭呈而去津。袁因遣梁士詒往津慰留，唐對梁曰：「我與項城交誼，君所深知。但觀察今日國家大勢，統一中國，非項城莫辦；而欲治理中國，非項城誠心與國民黨合作不可。然三月以來，審機度勢，恐將來終於事與願違，故不如早為計也。國家大事，我又何能以私交徇公義哉！」梁深談竟夕，知其意不可留，遂返京覆命，至是有准辭之令。

同日，免交通施肇基，以劉冠雄代。二十九日，免工商陳其美；七月十四日，免財政熊希齡、司法王寵惠、教育蔡元培、農林宋教仁，財政以趙秉鈞代。當王、蔡、宋諸人辭職，府中一再慰留，雖非本意，然因政局不定，頗欲黨人仍任閣員，以撐門面。其時同盟會人在閣者，以宋教仁為骨幹。黨人有主張不離政局，以待時機者。宋初意亦為所動，後來決定以「政黨內閣為號召」，在選舉時爭勝。魏宸組主持尤力，於是同時去職。時宋住農事試驗場，魏日夜往來場中參預謀議，有時亦以內情告我。

陸徵祥內閣

民國元年（一九一二年）六月二十七日，唐紹儀免職。國務總理以陸徵祥提交參議院同意，特任陸徵祥為國務總理。其閣員於七月十七日提出，除內務趙秉鈞、陸軍段祺瑞、海軍劉冠雄仍舊外，以周自齊長財政、章宗祥長司法、孫毓筠長教育、王人文長農林、沈秉堃長工商、胡惟德長交通，外交由陸徵祥暫行兼任。十九日，參議院開會，於所提閣員均不同意。自唐閣改組，議會黨見更形激昂，此次提出閣員，一時喧傳，議會以投不同意票為威脅，俾內閣不得成立，與府方以重大打擊。乃不意不同意票投後，各方議論洶洶，全集矢於參議院，謂其不顧大局，陷國家於無政府之狀態。

黎副總統電云：

> 六部改組，竟成泡幻，誰為厲階？遂使莽莽神州陷於無政府地位。國之不存，黨於何麗？籌思及此，五內如焚。推厥原愆，皆因誤解共和，漫無界說，憲章不振，秩序紛如，內訌不已，外患斯乘，不有法律，其何能國？……惟有訴請各都督共扶綱維，以救危局。自茲以往，大總統主持於上，各都督維持於下，並請參議院諸君速為贊同，俾國務員即日表決，政府早日穩固，勿啟外人以無政府之騰誚，而生其覬覦。元洪於政黨榮譽，無不贊成，意見爭執，決不阿附，謹策駑駘，為諸君後盾。

閣員投票不同意。七月二十五日，又提出以周學熙長財政、范源廉長教育、許世英長司法、陳振先長農林、蔣作賓長工商、朱啟鈐長交通。府方傳出消息：「此次提出閣員，盡可再不通過，好在能做閣員者甚多，再不通過，政府又再提，又再不通過，政府又再提，只要議會本身能站得住。」參議院既受各方攻擊，而黨派又以紛歧，不能始終團結。二十六日開會，周、范、許、陳、朱同意，只蔣一人不同意。三十日，改提劉揆一長工商，八月二日開會同意，於是議員氣焰一時頓熄。各部名單如下：

外交　陸徵祥（自兼，後改任梁如浩）

內務　趙秉鈞

財政　周學熙
陸軍　段祺瑞
海軍　劉冠雄
教育　范源廉
司法　許世英
農林　陳振先
工商　劉揆一
交通　朱啟鈐

此次內閣完全由府方組織，陸本身無一人（秘書長王廣圻亦係臨時相約），其新加入者，周，久在北洋，可曰北洋派；范，立憲派，與同盟派接近；許，段祺瑞派，與各派均接近；朱，徐世昌派（後為交通派）；陳、劉，同盟派。為陳、劉運動者，向府建言，以陳、劉加入，亦算同盟派有人在閣，其實同盟會既決定政黨內閣，其加入者乃屬個人行動。陳於同盟關係甚淺，劉本老同盟人，自加入後，同盟會人轉輕視之，而府中則以此敷衍黨人，蓋不知彼中底細也。

陸就職，以王廣圻為秘書長。陸在歐洲有年，國內各方素無接洽，對於黨人尤為隔閡，其提出閣員到參議院發言，未能得黨人同情。王廣圻亦只長於外交，於全局政務不得提挈。

陸本恬淡之人，於是因病請假。八月二十日，以趙秉鈞代理國務總理，嗣後陸一再給假。其兼任外交，九月初二日，改任梁如浩。

其時，陸辭趙代，而內閣政務幾於停頓。各方建議先改任院秘書長，於是吳景濂推薦徐謙，湯化龍推薦胡瑞霖，趙代總理則欲用洪述祖（內務部秘書）。袁頗難應付，乃向各方宣言：此次院秘書長，擬擇一無黨無派、而為各方面所希望之人。以我名詢吳、湯，均贊同；以詢趙，無異詞（據說，係楊度向袁揄揚推薦，我與楊在前清末統計局共事），即由徐世昌來達此意。我答：「我於總統，雖在銓敘局因公進見，未曾辦過機務，趙更無往來，只宴會中見過數次，秘書長非他職可比，非素有關係者不能擔任。」徐言：「總統用人從不拘常例，趙以總統之意旨為意旨，此時但求於國事有益，不必以恒情揣測也。」袁又屬同鄉參謀次長陳宧，屢致殷勤，吳、湯兩議長則希望我在內閣，可以議會、政府得有聯繫，最少亦不至如前隔膜，相約勸駕，余故不堅辭。九月六日，准王廣圻辭職，任我為國務院秘書長。其實，袁於政治方面，欲借我作副總統橋樑也。至二十二日，准陸徵祥辭職。

趙秉鈞內閣

民國元年（一九一二年）九月二十五日，陸徵祥免職，國務總理以趙秉鈞提交參議院同意，特任趙秉鈞為國務總理。趙向我言：「不願兼任內務。」時言敦源（內務次長）在坐言：「內務重要，如換他人，豈不失其運用？」趙笑言：「凡事不在其名在其實，我們在民政方面根子多年安插下去，新來一人全摸不清，有何作為？上次唐總理要沈秉堃入閣，總統拒絕，殊可不必。沈入閣，不過得一高官，久之亦同化而已。」我問：「此次是否擬約沈？」趙言：「無此意。」我言：「江蘇都督程德全何如？此公久歷封疆，在南方尤負時望，內閣重要各部均是北方舊人，如得此等人加入，面目當可一新，南北聲氣，亦易聯接。」趙言：「甚是，可作為你意向總統言之。」我即據陳總統，總統頗為所動，府秘書張一麐以「蘇省情形復雜，程萬不得離蘇」，持之甚力，此說遂停止，仍由趙兼任。其餘閣員，一仍陸閣之舊。如下：

外交　梁如浩（十一月，改陸徵祥）
內務　趙秉鈞（自兼）
財政　周學熙
陸軍　段祺瑞
海軍　劉冠雄
教育　范源濂（二年一月辭，劉冠雄兼署）
司法　許世英
農林　陳振先

工商　劉揆一
交通　朱啟鈐

自唐閣改組後，黨人時時指摘，內閣總覺不穩。此次閣員，府方授意一體加入國民黨，以緩和反對者之口，但亦無益於事實也。

趙為人極聰明，更事又多，對於潮流所趨最能迎距。在總理任時，所有院中紙片公文，概不披閱（內務部亦然），一切事件直接總統辦理。我於趙甚隔膜，除會議日外，往往數日不一見，見時以客禮相待。院秘書恩華（鎮江蒙古駐防）為趙所賞識，有事多半由恩傳說。每日命令經大總統蓋印（此時命令，先蓋印，後署名，至黎元洪為總統始改先署名，後蓋印），即交印鑄局公布。匯積若干，偶至夜深興到時，信手署名，並不閱正面（命令寫在正面，年月日、總理總長署名在背後），亦不問為何事。惟恩秘書有時在旁詢之，趙答：「總統閱過蓋印，必不錯誤。且命令已發佈，閱之何益。」而其全副精神，則用於應付各方面（除其秘密非一般可知者外），所有黨人無不極力籠絡。議院中人或密議，靡不令其滿意。宋教仁住農事試驗場，每於夜間進城，到院趙密室私談，至天明始去。據魏宸組言：「宋以政客手腕，推崇趙無所不至，許以國會成立後推其為內閣總理，甚而選為總統。趙亦推崇宋為大黨領袖，組織政黨內閣。宋之更事，究不如趙，有時將黨中秘密盡情傾吐。趙亦告以北洋底細，似亦無所隱諱。由是兩人交歡，是否彼此推誠，抑係利用，均不得而知」云云。同盟會人本不同情於袁，自此更同情於趙矣。趙與各方既能接洽，而關於用人行政，又悉由府方主持，此時參院中人又各在本省競爭選舉，每次開會不過議法律條文，其留在京者，趙亦有相當聯絡，所以政局一時安靜，乃不意掀天之宋教仁案起矣。

三月二十一日，宋教仁被戕於上海北車站。

是日，國務院正開國務會議（星期二、四、六日國務院例開會議，總理、各部總長、秘書長出席，旁設一席，以秘書記錄），國會選舉事務局長顧鰲突進會議室向趙總理報告：「前門車站來電，宋教仁昨晚在滬車站被人槍擊，傷重恐難救」云云（宋之被刺，北京得信，以車站電報為最早）。總理大驚變色，當即離座，環繞會議長桌數次，自言自語：「人若說我打死宋教仁，豈不是我賣友，那能算人？」各總長相顧均未發言。少頃，府中電請總理，總理即倉皇去府。總理去府談話，不知其詳，一時街談巷議，莫不以宋案為一重大事件也（宋被刺在三月二十日夜，二十二日因傷重身故）。

宋案出後，舉國譁然，除公佈文電外，空氣緊張，日甚一日。府方正籌對策，適四月三十日府秘書長梁士詒自滬返京（在宋案前梁以私事去粵）建議：「此事只有先免趙職，改任唐紹儀，另行組閣，以平民黨之氣。至趙有無嫌疑，再待國民評判，庶可緩和。」其時趙辭職呈文已遞多日，總統採用梁說即令府秘書辦趙秉鈞免職、唐紹儀為國務總理命令。當電我到府，將命令帶院，由總理署名，交印鑄局發表。有一人在座（我不識其人，年約五十歲以上）力言：「漢殺晁錯，不能止吳濞之兵，總統能始終遷就，即可犧牲晁錯，若果有決心，今日萬不必出此。」袁遲回半晌，將命令收回。五月一日，而陸軍總長段祺瑞暫行代理國務總理之令下矣。趙秉鈞所兼內務，以次長言敦源代理。

同時，財政部於四月二十六日簽訂五國銀行團借款合同，所謂中國一九一三年善後五厘金幣借款。南方攻擊宋案，並連及借款。五月十六日，財政總長周學熙請假，以梁士詒署次長暫行代理部務。

段祺瑞代總理，除國務會議外，不到院（有時會議亦不到），聞之參謀次長陳宧言：「總理每日在居仁堂西偏小樓上，處分軍事。」一日，袁談及南方情形：「近來調集軍隊，將圖不軌，不得已，只有用武力鎮壓。」我言：「以軍力論，南北比較，此時不難制勝，但是民氣澎湃，不可遏抑；潮流所趨，匪僅中土，若專靠武力，總不能根本解決，何不從政治方面求一永久妥洽辦法，民黨未始不可合作。」袁言：「副總統與二庵（陳宧）電亦主張武力。」我言：「副總統與我通信說，本意不是如此。」。袁嘿然有不愉之色，言：「你可向總理說明，於國務會議時提出討論。」至國務會議，我本此意提出，語尚未竟，段當時板起面孔，大聲言：「軍事非你文人所知，不應干預。」教育范源濂為調解，我憤然退出，即遞辭呈。袁派秘書張一麐來挽留，段對我不滿，許辭。袁不允，蓋仍欲借我與副總統作橋樑也。於是段以院令派秘書盧弼代理秘書長。

七月十六日，准國務總理趙秉鈞辭職。

十七日，以交通總長朱啟鈐暫行代理國務總理。

十九日，以陸軍總長段祺瑞仍行代理國務總理。

贛寧之役，自五月一日湖口獨立，至八月二十八日南京取消獨立，二次革命告一段落。此時國務總理已改任熊希齡矣（八月底始自熱河來京就職）。袁又託徐世昌來言：「此事當時他不贊成，不能勉強，今戰事既告結束，他平日總言政治為主要，此其時矣。要以國家為重，出來幫忙。」其時各方面都有不利於議會的傳說。我詢徐：「總統對於議會意見如何？」徐言：「還是重視。」段亦派徐樹錚來言：「上次因軍事緊張，未能擇言，萬勿芥蒂。」尤其兩院吳景濂、湯化龍一般議員人人自危，群相諄促。我私計政局演變，以個人力量或者於憲政萌芽可以稍稍維護，於是乃取消退志，出而任事。

熊希齡內閣

段代趙閣，本是暫局。民國二年（一九一三年）七月三十一日，後任國務總理以熊希齡提交國會同意，特任熊希齡為國務總理。國會因贛寧役後，皇皇自救，無論任何總理，皆可通過。袁之真意，蓋以「徐世昌為最滿意之人，惟一切葛藤須先剷除乾淨，徐世昌再出山」。此次任熊者，熊與各黨派素有歷史（尤其進步黨），借其「以黨殺黨，可減少反響」，非真屬意於熊也。其時熊任熱河都統，地方交代，未能即日來京。據張一麐告我，某日，袁以孫寶琦任外交、周自齊任財政，謂「俄案亟待辦結，財政須有人負責，故先發表」。本人（張自謂）言：「熊既任總理，似此閣員，當與接洽。」袁躊躇言，亦可電告。熊覆電：「俟來京面洽再辦。」袁頗不懌。在熊未就職前即發生芥蒂。然即無此痕跡，而其所負之任務，只在解散國會。熊不自知，梁啟超書生更不知也。

八月二十八日，熊自熱河到京就職。其閣員如下：

外交　孫寶琦
內務　朱啟鈐
財政　熊希齡（自兼）
陸軍　段祺瑞
海軍　劉冠雄
教育　汪大燮
司法　梁啟超
農林　張謇（兼）
工商　張謇
交通　周自齊

此時第一流內閣，喧騰都下，其實夾袋中只梁啟超、張謇、汪大燮三人。熊本意以梁任財政，在口頭上表示，袁不同意，故自兼，而以梁任司法，表面自兼，實即梁做也。楊度是其同鄉，且有多年關係，自命亦第一流，且以交通自任，而熊始終未曾相約。外間傳說熊約楊任教育，故楊以幫忙不幫閒解嘲。余與熊多年舊交，熊留我仍任秘書長。此次共事，乃知其底蘊。……相處半月，余於是決計辭職（我曾在黑龍江幕，熊擬任江省省長，我堅辭，未發表）。繼者為陳漢第，本府秘書（府中人言，總統於秘書最敬畏張一麐、陳漢第二人，以其正直，常進諍言，有時告左右說，這等事不要令他兩人知道）。陳到院後，袁因熊關係，轉而與之打官話，於是府院更形隔膜。即就一事論，各省軍民長官來電，習慣上分致府院兩方，其重要者單致府方，唐陸兩閣期間，逕由府覆，其電末「奉諭特達公府秘書廳」，云云。其稿不交院，故院每日僅辦照例公文而已。我任秘書長，屢次向袁建議：「現在曰責任內閣，若重要事件院方概不聞知，責任謂何？豈不為各方所指摘？況府院同為國家辦事，若院方人不可信任，盡可擇信任之人，不必因人而廢事，令後者無所取法。」後袁漸漸將府方覆電稿交院譯發，向用「公府秘書廳」改用「國務院」三字，府方復電稿中，前後事實不銜接者，亦可說明修改，久之，即逕交院方擬稿。張一麐常笑言：「你做秘書長，我們府裡倒清閒了。」除真正秘密非我輩所能與聞外，所有主張，我總本守法宗旨，與之諍論，袁亦虛心採納。我於此，不敢曰國事有補，而綜合全國軍政大事，得增加個人識力經驗不少。陳到院後，府方即將此種電文收回，仍用「公府秘書廳」名義拍發，不復交院，非以對陳，實以對熊，而院方如舊清閒，又復不聞不知矣。事且不聞知，安能處置？

十月初六日，袁世凱當選為中華民國第一屆大總統，初十日就職。

十一月初四日早，我往府，過秘書廳，見一小室內有書記著寫命令稿，我趨視之，乃解散國民黨、追繳國民黨議員證書徽章，即變相之解散國會也。書記固素識者，言：「此件秘密，萬勿洩露。」我即往院，密問熊：「國會聞將解散，於意云何？」熊言：「總統未曾提過，料想不至如是。」正談話間，府方電熊到府，不多時，即將此項命令攜回公佈。至三年（一九一四年）一月初十日，下令停止兩院議員職務，而國會即在熊內閣告終矣。

二月□日，袁約我到府，言：「院方只說話不做事，財政更無辦法，總理辭職為是，或先辭財政，再辭總理。你與總理舊交，可往勸之，我不是強他下臺，是他辦不了。」我言：「此等內閣進退，如何能局外人輕易言之？」答詞未畢，適陳秘書長來。袁問：「近日總理辦些何事？」陳言：「總理頗有退意。」袁作張惶不安狀，言：「總理如何能退？我意中無別人，務要安心辦事。」我在旁悚然。其後□日，熊果先辭財政，□日辭國務總理。十二日，免熊國務總理職，以外交總長孫寶琦兼代；財政，周自齊代。二十日，梁、汪免職；司法，章宗祥代；教育，嚴修代（次長蔡儒楷暫署）；交通，朱啟鈐代；梁、汪去，惟張謇獨留（此段據公佈命令）。

經過政治會議、約法會議，由約法會議議決，於三月一日公布（新）約法，國務院改政事堂，而臨時約法的內閣制一變。

（新）約法之政事堂（袁世凱大總統任內）

徐世昌內閣

民國三年（一九一四年）五月一日，國務院為內閣制，政事堂為總統制。根據（新）約法，國務院改政事堂，特任徐世昌為國務卿。其各部如下：

外交　孫寶琦（四年一月，改陸徵祥）
內務　朱啟鈐
財政　周自齊（四年四月，改周學熙）
陸軍　段祺瑞（四年五月，王士珍署）
海軍　劉冠雄
司法　章宗祥

教育　湯化龍（四年十月，改張一麐）
農商　張謇（四年四月，改周自齊）
交通　梁敦彥

政事堂各部，循國務院之舊，惟農林、工商兩部並為農商部，係張謇主張。張與我談及，我言：「農商兩字，不能賅工，何不名為農工商部？」嗣以各部均兩字，故農商亦用兩字。此歷來言官制者之通病。張任農商，我問：「何不與伯唐、任公一同去職。」張言：「因多年經手實業關係，暫時尚未能擺脫，非戀戀一官也。」

政事堂又設左、右丞，蓋參仿宣統年間東三省總督設左、右參贊例，楊士琦為左丞。袁以湯既就教育，擬以我為右丞，囑楊士琦告同鄉周樹模約我擔任，我固辭。內務朱啟鈐約我為內務次長，此時吾母正病，力陳：「母病不能任事。」逾□日，吾母棄養，辭職。

我在居憂期內，聲明不擔任任何職務。即在家讀書，自定課程，研究政治、經濟、法律各科。日到法政專門學校，隨同學生聽講，回家，搜考各科譯本，又作學生時代生活，幾與外間隔絕。其時黎元洪為參政院院長，任我秘書長，我以母憂辭；又任我參政等職，俱不就。

自籌安會起，徐世昌不表示意見，及帝制將實行，十月二十六日徐辭國務卿職，以陸徵祥暫兼代理（此段內幕不詳）。

洪憲帝制之政事堂（袁世凱皇帝期內）

陸徵祥內閣

民國四年（一九一五年）十二月二十一日，以陸徵祥為國務卿，仍兼外交總長。事後據陸言：「本人實反對帝制，因袁待我太厚，不得不犧牲」云。五年三月二十一日，免陸徵祥國務卿職（此段內幕不詳）。

洪憲帝撤銷後之政事堂（袁世凱大總統期內）

徐世昌內閣

民國五年（一九一六年）三月二十一日，以徐世昌為國務卿。

滇軍入川，貴州獨立，廣西又獨立。黎副總統屢約我計議，我認為在北京方面欲扭轉此時局勢，應與徐世昌、段祺瑞聯繫。段個性特強，不受商量。徐平易近人，又素為袁所禮重，於是商承黎兩度到津謁徐，力言：「近來時局危迫如此，若不徹底解決，大局將不堪設想，相國與項城關係，安可置身事外，不作最後之忠言？」其時帝制取消甚囂塵上，徐言：「我本不贊成帝制，但是帝制已鬧到這樣地步，取消兩字，叫我對項城如何開口？」我言：「我的意思，不止勸項城取消帝制，還勸其痛痛快快退位。」徐驚訝。我言：「帝制何等事？不是成功，就是失敗，不能站住，就當走開。現在大局糾紛，人心浮動，帝制不能貫徹，總統地位又何以安居？我為項城著想，進退當光明磊落，如果自動的宣佈屢年不得已之苦衷，毅然取消，決然退位，依據約法，以主權交請人民，不待各方面之抨擊與要求，敝屣尊榮，為民請命，定可得國內多數人之同情，而為各邦所稱讚。但須內斷於心，若普遍與左右商量，便不易辦到耳！」徐沉思半晌言：「整個更難開口，中國事都是做一步再說一步我一再。」我一再慫恿，徐言：「退位一層，此時實不便說，你姑為我擬函，勸其取消帝制。」我即在徐處代擬，中有「及今尚可轉圜，失此將無餘地」等語。徐以為措詞得體，頗為高興，將較激刺字句刪去，即親筆繕寫，派人送京呈袁。此時直隸朱家寶轉來江蘇馮國璋、山東靳雲鵬、江西李純、浙江朱瑞、長江巡閱使張勳（所謂五將軍）請速取消帝制、徵求各省同意之密電。駐日本公使陸宗輿電：大隈首相與各大臣及元老，以宮宴之便開御前會議，專為對華問題，認為時機已至，有自由行動，派兵進駐中國各地，以免妨害亞東和平之報告。府中正徬徨無策，至此，袁得徐函，當日派員到津，請徐來京。

三月十八日，徐到京，與袁密談半日。據徐告我：「所談為帝制取消，並取消後佈置。」徐又告我：「頃向袁建議，此事關係太大，須約芝泉（段祺瑞）共同商辦，才有力量。」袁以為然，即由政事堂傳話邀段祺瑞到府。徐已先在座，袁對段言：「我老且病，悔不聽你言，致有今日糾紛，若取消帝制，還需要你幫忙。」段祺瑞答：「容與相國熟計之，當竭吾力相助。」到了三月二十二日，以徐世昌為國務卿。次日，以段祺瑞為參謀總長，在此時已決定撤銷帝制矣。

三月二十二日，政事堂奉申令：「……代行立法院轉陳推戴事件，予仍認為不合事宜，著將上年十二月十一日承認帝制之案即行撤銷，由政事堂將各省區推戴書一律發還參政院代行立法院，轉發銷毀，所有籌備事宜，立即停止。……」

三月二十三日，廢止洪憲年號，仍以本年為中華民國五年。

自徐到京謁袁後，即約段共商解決辦法。段亦毅然引為己任。在北方觀察，以為帝制取消，一切即隨之解決，不知南北問題不能如是簡單也。

三月二十四日，徐、段共商，擬約黎副總統通電各省共圖善後。即派楊士琦持電稿往黎處陳述意旨，黎唯唯。即於二十八日以黎、徐、段名義發出勘電，略云：「帝制取消，公等目的已達，務望先戢干戈，共圖善後。」

在勘電所謂善後者，蓋恢復帝制以前各省獨立之狀態，而獨立各省則進一步即退位問題。茲錄蔡鍔復電，以例其餘。

四月一日，蔡鍔復電云：

帝制撤銷後，二庵派員持條件來商，首言，仍戴袁項城為總統，再以他條防微杜漸，冀可從速彌禍，維持調護，深佩苦衷。國勢至此，若可以寧人息事，萬不忍再滋紛擾，耿耿此心，盡人而同。惟茲事體大，有應從長計議者。以法理言，項城承認帝位時，已有辭退總統之明令，是國會選舉之效力已無存在，此時繼續舊職，真無根據。世豈有未經選舉之總統？此而囫圇吞過，尚復成何國家？以情勢言，項城身為總統，不能自克，及承認帝位，又不能自堅，一人之身，數月之間而號令三嬗，將威信之謂何？此後仍為總統，縱使指天誓日，亦無以堅人民之信，則種種防閑之要求，自為理所應有。上下相疑，如防盜賊，體統何在？政令難行，此徵諸內情而決其不可者也。（中略徵諸外交而決其不可者一節）故以二庵條件，分頭電商滇、黔、桂、粵各省，皆嚴詞峻拒；海內外名流函電紛馳，語尤激憤。人心如此，項城尚何所戀乎？今有識者，皆謂項城宜退，遵照約法，由副總統暫攝，再召國會，依法改選。此時更公推東海、芝老分任樞要各職，於法理事勢兩無違礙。計今日大事所賴於項城者，黃陂、東海、芝老、華老諸公亦優為之，其致疑於項城者，黃陂諸公舉皆無有。是項城退，萬難都解，速弭禍亂之法，更無逾於此者。人生幾何，六十老翁，以退而安天下，尚復何求？緬懷讓德，常留國人不盡之思；追念前功，猶為民國不祧之祖。若復眷戀不決，坐待國人盡情之請，彼時引退，則逼迫強制，終累盛德；不退，則再動干戈，又為戎首，二者必居一於此。為國家計，為項城計，並懇諸公合詞規諫，勿昧先機。鍔於項城多感知愛，惓惓忠言，蓋上為天下計，亦下以報其私，惟諸公鑒察。蔡鍔。滇黔軍總司令部。東印。

四月二日，蔡鍔復（黎、徐、段）電云：

北京黎副總統、徐國務卿、段總長鑒：華密。奉勘電，敬諗起居無恙，良慰遠繫。邇者國家不幸，至肇兵戎，門庭喋血，言之痛心。比聞項城悔禍，撤銷帝制，足副喁望。遜聽下風，曷盛欽感。惟國是飄搖，人心罔定，禍源不清，敵終靡已。默察全國形勢、人民心理，尚未能為項城曲諒。凜已往之玄黄乍變，慮日後之覆雨翻雲，已失之人心難復，既墮之威信難挽。若項城本悲天憫人之懷，為潔身引退之計，國人軫念前勞，感懷大德，馨香崇奉，豈有涯量！公等為國柱石，繫海內之望，知必有以奠定國家，造福生民也。臨電無任惶悚景企之至！鍔。冬印。

徐世昌再任國務卿，只有一月，為何即辭職以段繼呢？徐此次出山，本以解決時局自任，而在他一月任內，以黎、徐、段商洽無結果，以川、滇商洽無結果。帝制取銷，進一步而言退位，獨立省分如是主張，不獨立省分（南京）亦如是主張，北京政府固難置詞也。段祺瑞與西南默契，時時密電往來，徐則素少聯繫，運用頗難，此徐辭職之大原因。徐並告我：「段氣焰逼人，亦非退讓不可」云。於是四月二十一日，徐世昌免國務卿職。

段祺瑞內閣

民國五年（一九一六年）四月二十一日，申令：「委任國務卿總理國務，組織政府，樹責任內閣之先聲，為改良之初步。（下略）」

四月二十二日，以段祺瑞為國務卿。其各部如下：

外交　陸徵祥（六月請假，曹汝霖兼）
內務　王揖唐
財政　孫寶琦（五月辭，周自齊署）
陸軍　段祺瑞（自兼）
海軍　劉冠雄
司法　章宗祥
教育　張國淦
農商　金邦平（六月辭，章宗祥兼）
交通　曹汝霖

五月四日，改政事堂為國務院，以段祺瑞為國務總理。

段祺瑞繼徐世昌任國務卿，自以為解決時局極有把握。袁的看法，究竟比徐、段高一點，他認為以後問題卻在副總統身上。當託徐告我：「此時帝制雖已取消，大局糾紛仍然未已，黎副總統為此時重要主角，段組織內閣，務請特別幫忙。」段亦來言：「此次改組，須約未經參加帝制而又近在北京者，教育、農商兩部，請自擇其一。」我言：「國事如此，對於此種艱難局面，亦不敢置身事外。此時大局，如能根據約法，以求解決之方，亦屬易易，倘果同意，自可幫忙。」段亦以（根據約法）為然。我又言：「此時談不到部務，不必推究何部。」於是任我教育總長，加入內閣。

次日，段偕各部長進府，循例謁袁。寒暄畢，均退出。袁留我一人談話，袁言：「副總統許久未見，大局如此，須得副總統為我幫忙。副總統人極長厚，但是經驗似還不夠。本人意思，打算請副總統每日到府，與我同桌披閱文電，商討大計。這樣局面，將來總要他擔任，此時多多接頭，以後種種好辦，煩你將我意思向副總統說明。」我默思：「此事動機，全不明了，而黎自武義親王後，對袁感情甚惡，今日即果插入，將來又如何抽出，應先與黎計議為是。」當言：「此事頗有重大意義，總統平時與副總統往來，何人傳話？」袁言：「杏城（楊士琦）。」我言：「總統派杏城正式往請，比較鄭重，我從旁再陳述總統意思。」袁派楊前去，我即先與黎討論，黎自不願進府。楊見黎閃爍其詞，不得要領。楊據以復袁，袁亦未再催促也。

段就職，有一事關於袁段之決裂，即秘書長問題。政事堂設有機要局，初任張一麐，因其反對帝制，任為教育總長，以府秘書王式通繼。至此國務院恢復，段擬以徐樹錚為秘書長，託王士珍向袁言，數日未得消息。段又託我向袁言：「王式通素未共事，不能合手。徐樹錚相處有年，文筆甚佳，請予任命。」我不悉其內幕，即到府向袁言，適王士珍在座，袁對徐樹錚有不愉之色，言：「段總理軍人，徐某亦軍人，以軍人總理而用軍人為秘書長，大不相宜。書衡（王式通）文筆亦佳，何不可用？」我言：「總理因素未共事，不能合手。」袁言：「從前段代總理時，你做秘書長，曾共過事，現在可以教育總長兼任，總能合手。」我言：「既任教育，自不能兼。」我又言：「總理告我，已請聘老（士珍）代陳。」王不發一言（事後乃知王亦不滿於徐）。我又婉轉言之，袁不同意。最後言：「總理若以徐某之才可用，不妨令其為陸軍次長。」我覆段，只好約略其詞，尚未畢，段言：「總是不答應耳。」即將口銜香煙嘴重擲案上，向前猛推，厲聲說：「今日還是如此！」其鼻向左斜歪（據人言，段盛怒時乃有此現象，人背後呼段為歪鼻子，我只看見此一次）。段此次出山，本擬與北洋元老商洽北方應付南方之策，雖不愜於袁，尚不肯為已甚。自此以後，即決心與西南通電，互謀對袁（段與西南通電親筆原稿在秘書涂鳳書處），其發端在此，而袁不知也（據徐世昌云）。

臨時約法恢復之國務院（黎元洪大總統期內）

段祺瑞內閣

民國五年（一九一六年）六月六日，袁世凱病死，副總統黎元洪繼任。二十九日，申令仍遵用臨時約法。同日，特任段祺瑞為國務總理。其閣員如下：

外交　唐紹儀（未到任前，陳錦濤兼）
內務　許世英
財政　陳錦濤
陸軍　段祺瑞（自兼）
海軍　程璧光
司法　張耀曾（未到任前，以張國淦兼）

教育　孫洪伊
農商　張國淦
交通　汪大燮

此次組閣段任總理，開其閣員名單，單內外交汪大燮，內務許世英，財政陳錦濤，陸軍自兼，海軍劉冠雄，司法章宗祥，教育范源濂，農商張國淦，交通曹汝霖。親自到府面呈黎總統（段祺瑞在袁世凱時代不輕易到府，此次特表示恭順），數日未交下。時我任府秘書長，段言「內閣當從速組織，已將名單面呈總統」，託我催黎。我見黎轉致段言，黎乃將段親筆寫的名單示我。我言：「總統有無意見？請酌定交下。」黎言：「我別無意見，但有兩人須加入：唐紹儀、孫洪伊；有三人不可用：劉冠雄、章宗祥、曹汝霖。」我據以覆段，段言：「即遵總統意旨，加入唐、孫，更換劉、章、曹可也。」段又言：「海軍難得其人，湯薌銘，法國海軍出身，總統要反對帝制之人，此次彼在湖南獨立，又是總統同鄉，其人何如？」於是段提筆按部開寫：外交，唐紹儀（段言，此人未必來）；內務，許世英；財政，陳錦濤；陸軍（自兼）；海軍（缺）（段言：「湯薌銘，請總統酌。」）；司法（段擬董康，我言：「何不用幾個新人？」因舉王寵惠、張耀曾），段寫張耀曾；教育孫洪伊（我言：「孫那肯做教育？」段言：「此人搗亂，僅是敷衍總統」）；農商，張國淦（我言：「此時任府秘書長，兩者未便兼，可另畀他人。」段笑言：「你想總統方面，能長久共事否？」）；交通，汪大燮。我持此單交黎，黎頗滿意。當電湯議長到府，商洽湯薌銘海軍事。湯議長言：「可電子笏（胡瑞霖）來，共同商酌。」胡到，力言「湖南勢力，不可放棄」。黎言：「湖南本地，聽說有問題。」湯議長主胡議。黎即在海軍下寫程璧光。我持以覆段，即於六月三十日發表。

閣員順利發表，而府院又發生問題。其起因在張鎮芳，其後則在院秘書長。段於閣員發表後，擬以徐樹錚為院秘書長，託我轉陳總統。我以此事在袁未通過，在黎當無問題，不意黎即毫不躊躇，堅決表示：「我不能與徐樹錚共事。」又言：「不但不能共事，且怕見他。我見了他，真芒刺在背。」我言：「何至如此？」黎言：「別事不提：就最近一事言之：馮國璋發起南京會議，提出辦法八條，徐世昌、王士珍等均贊成，徐樹錚、林長民先後強我署名一同覆電。林長民站在法律方面，強詞奪理，使我已不耐煩；徐樹錚來過兩次，盛氣凌人，我不贊成，彼便聲色俱厲，加以種種威脅，如此倔強，叫人如何受得了？」我言：「彼雖倔強，究屬軍人爽直一派，總統何不包涵？」黎言：「我總統可以不做，徐樹錚絕對不能與他共事。」說到最後，我便退出。此事實令我為難。袁段關係，因袁不允許徐樹錚為秘書長，段尚且改變態度，係我親歷之事。黎初繼任，北方將領尚未安帖，若將頃間情形告段，則以下演變將至不可思議，不知者以為我從中播弄，其過猶小，於此而影響大局，詎非在我一人？籌思無計，只得私自決定不答覆段。即遞呈辭去各職，避往天津，聽有能力者去解決。次日臨行前，到徐世昌處密談經過，徐言：「你去津，只了個人，而此事不能了，且亦非別人可了。總理用人，總統並非不可駁回，惟秘書長不當駁回。此事關係太大，我為大局，可到府向總統解釋，如何再決行止，你可少待。」此時徐頗熱心，當驅車往府謁黎。少頃，黎電我到府，徐尚在坐。黎言：「徐樹錚事，相國所言誠然有理，我可答應他為秘書長，但是先要與你約定，他每日見我時，你同他偕來，我不單獨見他。一切一切須你負責。」我正想置答，徐以目示我，言：「這是自然。」於是退出，徐頗悲觀，告我：「只好忍耐，做一段算一段，盡心而已。」下半日，我覆段，段於此事毫無所聞，頗欣然。是時段不待明令，已先令徐樹錚到院佈置秘書廳事矣。於是發表。

黎段本可合作，黎為段擁戴而出，雙方原具好感。黎初繼任，以我為府秘書長，此時府院頗融洽。先是帝制發生後，黎之幕僚大半回鄂，惟秘書瞿瀛、副官唐仲寅留京。及繼任總統，其回鄂者先後來京，府中秘書廳、軍事處，俱是在湖北都督副總統時舊人，一時所指為湖北會館也。秘書廳人員向與院無往來（饒漢祥因勸黎受武義親王，此時不到府），軍事處為哈漢章、蔣作賓、金永炎等，彼等素不慊於段。由於張某者與軍事處人員言：「項城歿時，大眾在春耦齋討論繼任問題，東海首先主張副總統繼位，合肥尚躊躇。」其離間者復加以蜚語，黎至此始信徐而疑段。及孫洪伊自滬至京，極力在府方佈置勢力。孫在反對帝制時，與南京馮國璋結納，因獻聯馮排段（聯直排皖）之策。我力勸黎，以黎在京別無依據，徒恃法律上名義建立於北洋派之上，「馮段同是北洋，段非不可共事之人，最好一視同仁，奚必聯彼排此，徒事紛擾？」而孫洪伊則欲挾黎以分化直皖，正適合府中一般人心理。哈在前清軍諮府曾與馮共事，馮為人易與，段則不易接近，故此輩皆願附馮，因此即附於孫。此時府方空氣，無人不以院方為敵人，又以我在黎左右，因從而媒孽之，於是以排段者排我。我乃辭府秘書長之職，孫推薦丁世嶧為府秘書長。

孫洪伊到京，以領袖自居，薄教育而不為。適汪大燮不就交通，經許世英調停，自任交通，以內務讓孫，孫頗滿意。於是以孫洪伊長內務，許世英長交通，所遺教育，以范源濂任之，均於七月六日發表。而谷鍾秀自滬來京，自以反對帝制資格與孫等，當同時入閣，並聲言「非農商不可」，即警告孫：「如不得農商，孫之內務不能通過。」孫來商我。我自揣府中策略已變，將起政爭，留之無益，當即慨應可辭農商。許世英條陳：「約法現已恢復，即可恢復民元官制，農林、工商，仍分二部，一以任張，一以任谷。」我不肯，言：「農林、工商，依約法本可分部，但為一人而添一部，絕對不能贊同，即令發表，決不就任。」孫與我平素私誼亦不惡，此次為谷所脅迫，故爾出此。其實，主張異趣，且懾於我是黎同鄉，又素為黎重，雖不在閣，恐我與各方關係有礙彼等進行，遂更進一步，調我外省，明以示好，暗以孤立，一再討論，各省唯黑龍江省長未定人，以我曾在黑龍江幕有年，乃發表我為黑龍江省長。我堅辭，迄未到任。而以谷鍾秀長農商。八月一日，國會開會，二十一日通過國務總理。所有閣員提交同意，如下：

外交　唐紹儀（九月免，伍廷芳繼）

內務　孫洪伊（十一月免，范源濂兼）
財政　陳錦濤（四月，因案免）
陸軍　段祺瑞（自兼）
海軍　程壁光
司法　張耀曾
教育　范源濂
農商　谷鍾秀
交通　許世英（六年，因案免）

唐紹儀外交，本係黎意，唐在滬觀望，對人言：「總統如倚重張某，尚可穩定政局」，曾以此意由盧信到京達黎，黎亦連電促唐來京。而徐州張勳等通電詆唐，唐甫到津，即受北方軍人威脅，不敢去京。時我農商已去職，唐即由津折回滬。九月二十九日，免唐職。十一月十三日，以伍廷芳繼長外交。

孫洪伊、徐樹錚皆頗自負，不肯下人。孫挾黎自重，徐倚段以為抵制，幾乎無事無時不衝突，短兵相接，日在火拼之中。其他閣員，以二人自信力皆強，相戒不作左右袒。然內閣係段所組，孫是內閣一員，有人從旁諷孫：「既與總理政見不合，盡可退出，若只意氣用事，不免失政治家風度。」孫言：「政治家要硬幹，無論若何犧牲，決不辭職！」此時丁世峰為府秘書長，與院秘書長尤針鋒相對，遂聯合各方包圍黎及其左右，作倒閣攻勢，以孫代段。然以段之個性更強，又豈肯屈於孫？有人屢示意孫，孫不辭。又有孫在內務部任內不依法而被裁撤之人員控之於平政院，孫不為所動。最後終至將擬孫免職命令送府，而黎拒絕蓋印。後受孫、丁等人鼓煽，亦擬免段職。但黎又不願以孫代段，故爾未發，相持不下。黎則屬意於徐世昌，即派專人到河南衛輝之水竹村，請徐來京。徐到京，與段相見欣然。黎表示請其代段之意，徐何等聰明，一方面堅決推謝，一方面以調和府院自任，為黎、段幫忙，乃建議孫洪伊、徐樹錚同時免職。此時府方孫、丁等包攬把持，日久黎亦有難受之處；在院，段固不願徐去，但又不願長此僵局。於是，十一月二十日孫洪伊免職，以次長謝遠涵代理部務；徐樹錚免職，以我為院秘書長。我為徐世昌向黎提出，黎固樂從，段無異言。同時，丁世嶧免職，以夏壽康為府秘書長。

我為院秘書長，調停府院。在此數月內，院方極意遷就府方，府方亦因種種關係遷就院方。夏壽康雖同情軍事處，但為人平凡，不能作積極行動，故府院暫告平息。乃自德潛水艇案發生，因外交而牽動府院問題，以至於釀成復辟，此民初史中一大波瀾也。詳紀如次。

民國六年（一九一七年）一月，德國施行潛水艇海上封鎖政策，美國提出抗議，外長伍即向總統報告。段總理聞得消息，連日徵集在京諸外交家意見（如陸徵祥、汪大燮、魏宸組等），約我到府學胡同，密議決定參加，擬具節略。二月二日閣議，外長伍提出：「二月一日，本部接德國潛水艇海上封鎖通牒，美已抗議，中國應即抗議：美抗議後，如絕交，中國亦絕交；美宣戰，中國亦宣戰。料想美不會宣戰，中國參戰亦無力量，總之當與美一致行動。」段表示贊成，當出節略傳觀，令我說明。我言：「此事關係太大，有三步驟：一抗議，二絕交，三宣戰。現在美既抗議，一定絕交，絕交一定宣戰，中國如不參加，即守中立。須知中立便是孤立，將來和會席上占在局外，必至受人支配。果決定參加，應作統盤計畫，參加後我即為協約國之一員，當作世界的同情者，不能只以一國為轉移（指日本），是自動的，不是被動的，是實行的，不是空言的（指出兵參戰），才能在國際上爭取得同等的地位。」於是連日會議，決定依照三個步驟。第一步驟，即由外交部備文向德國抗議；進一步絕交；俟絕交時，再討論宣戰。依此步驟，一面與國會接洽，一面向總統陳述。我據以報告總統，總統亦以為然。

二月八日，段總理偕各閣員到府，陳述閣議經過，總統言：「伍總長外交老手，所有見解總是不錯，我極端贊成。惟絕交須交國會議決。」據此，是閣議步驟，無異議矣。嗣後對於此案，忽而贊成，忽而反對，並非外交問題，乃是府院問題。茲分別論之。

先論府方。總統對於外交，本無成見。外交伍主「與美一致行動」，總統表示贊成。汪大燮等主協約，府中英文秘書郭泰祺與英使館、日文秘書劉鍾秀與日本使館都有往來，故總統亦傾向協約。及院方進行參加協約，王士珍提出德國不可輕侮，府方似又傾向同盟。就表面上言，此時府院意見雖告一小段落，而排段者伺隙而動，以為此案段若參加，即段大成功，必先倒段，段去，則成功自黎，故不惜挑撥離間以煽動之，而不知其中還有一段秘密的歷史。

黎並非根本上不贊成參加協約。歐戰未了，協約國中在東方，日本是有力者，參加協約，偶一不慎，即倒在日本方面。此時段主參加協約，親日派就向段方活動。黎怕他們活動的危險，而日本是協約國的一員，又不便明言，所以他內心是贊成的，但不願在段閣裡辦。他於親日派的危險，曾與我言之；不願段辦的內情，則未提過，或者疑我袒段也。後來我在段閣反對浦口鐵廠抵借日款，黎才明瞭我是愛國的，不是依附段派，乃向我詳盡說出。可惜黎的左右當時不明利害，只專從倒段一方面做去，致黎蒙反對參戰之名，而釀成復辟之變，這是我們所當引為遺憾的。

再論院方。段不親細事，其左右如徐樹錚係堅強擁段者，此案發生，徐獨持異議，極言德不可輕絕，其態度固極明顯，若其餘雖附和參戰，而於如何參戰，並不研究，惟日夜在府學胡同段宅集議（所謂府學會議），以為府方素來干涉院方，不僅是參戰問題，正好借此次外交為武器以倒黎，與府方之煽動倒段者針鋒相對，而傅良佐尤蠻橫。天下事大半此輩人敗壞之，並非段本意也。

明乎此，則於此案經過內容，思過半矣。

二月四日，美使通告對德絕交。吾國抗議後，第二步驟即是絕交。某日閣議，討論絕交提交國會案，外交伍言：「絕交尚未宣戰，似不必提交國會。」段言：「總統主張交議，當尊崇總統意見。且兩院不明晰外交，交議亦可促其注意。」乃在院西花廳延請議員，到者三百餘人。段到場詳盡報告，議員對絕交無異議，惟聲明「如宣戰，政府當慎重從事」云云。

據以上情形，絕交本無問題，而一時醞釀，府方又有不贊成之趨勢。於是府院問題愈逼愈緊，國務院辦理對德絕交大總統提交國會諮文。三月四日，段偕各閣員到府請總統蓋印。黎言：「此案當再考慮。」段怫然。教育范、交通許相繼發言，范尤激烈，幾至決裂。段憤憤出府，即日辭職赴津。黎見情勢如此，乃向我說，絕交諮文可蓋印照發，促我去津勸段返京，打消辭意。適馮副總統自南京來京，表面上商洽外交，實際上偵察府院實況。黎又挽馮去津疏解。段左右勸段借此轉圜，遂於六日偕同馮返京。八日，絕交諮文蓋印，提交國會。十日，國會議決與德絕交案。十四日，佈告與德國斷絕現有外交關係。

四月十一日，美使通告對德宣戰。吾國絕交後，第三步驟即是宣戰。美既宣戰，吾國亦箭在弦上。此時府與院、院與部、政府與國會，無處不是荊棘。參戰意義本極重大，無奈各方面都離開正文而別尋途徑。段以參戰為對外政策，且有決心，而且此案發生後，無論親日派非親日派，日日奔走交民巷，說得斬釘截鐵一般，事實上亦有不能中止之勢。府方初則唯唯否否，至此乃為露骨之反對。府方以院方為專擅，院方以府方為游移，而政客搆煽其間，進以勢力消長之說。院方憂於各方面之扞格，而乃乞援於實力派矣。

一時論者，以為段的自殺政策，一是督軍團，一是公民團。

先說督軍團。我素來不以軍人干政為然，時時向段道及，副總統來京時，段左右即倡此案當聯絡督軍壓迫府方之議。四月二十一日，陸軍次長傅良佐到院聲言：「各省督軍來京促進外交案，擬借院西花廳開會。」我言：「督軍來京會議，總理未同我提過，西花廳不能借。」傅悻悻，即改在別院統計局大廳佈置會場。到者安徽督軍倪嗣沖、福建督軍李厚基、江西督軍李純、湖北督軍王占元、河南督軍趙倜、吉林督軍孟恩遠、直隸督軍曹錕、山西督軍閻錫山、山東督軍張懷芝、察哈爾都統田中玉、綏遠都統蔣雁行、晉北鎮守使孔庚等，所謂「督軍團會議」是也。會議數次，二十九日大眾議決贊成段閣外交政策。五月一日閣議，倪嗣沖、李厚基、張懷芝等到院請願，要求即日宣佈對德宣戰，他們可謂做得淋漓盡致了。在府方，對督軍來京會議，當然憤恨，但又無法阻止（此事係陸軍部主持，因我反對，不能聯繫，擬令秘書涂鳳書到彼作記錄，傅亦不肯，故會議消息無從偵悉）。次日，各督軍進府報告，公推李厚基發言，黎大加申斥，以為「軍人不能干政」，彼等唯唯退出。於是先後出京，留者孟恩遠、王占元。這場戲劇，如國會不通過參戰案，各督軍尚振振有詞，乃督軍團到京開會，威脅總統，已不理於人口，又因公民團包圍議會而成緩議之僵局，即不能據參戰案以攻擊國會，但是這督軍會議總算尚未了結。於是徐樹錚提議以「訾議憲法」為理由，由孟、王等呈請「解散國會」。二十一日，總統召見孟、王等，厲聲言：「民國約法，總統無解散國會之權。」孟、王等無辭辯駁，出府後謁段，即於是夕全體出京，應張勳之邀，同赴徐州會議，這是督軍團在參戰案內自殺政策之一。

再說公民團。段左右因督軍會議仍不能轉移總統之意見，積不能平，此時情勢日緊一日，我同教育范密商挽救之策（閣員唯范尚熱心，可與計事），於是同往謁段，討論參戰交議問題。段左右均在坐，議論紛歧，聲情激越。傅良佐大言：「非趕去黎元洪，毫無辦法！」向來彼等對黎，怒於色而未嘗公然宣於口，此乃對我們第一次揭破了。我言：「這是非常舉動，不敢與聞，但此案有正當手續可循，何以這路不走？」段問我，我說：「約法上對外宣戰，當交國會，可由國務會議議決，備文送府蓋印，總統平時總說從多數，今提交國會，即是依法多數，料想總統不致拒絕蓋印。」段即決定這個辦法。

五月六日，閣議，段提出「對德參戰提交國會案」，閣員中雖所見不一，但亦無堅強反對之理由。通過後，當由院辦對德宣戰大總統提國會諮文，段即偕各閣員進府，請總統蓋印。總統略一翻閱，即遞與監印官唐某。向例，公文蓋印時，唐在側，總統遞與後，唐即蓋印，此次唐悻悻言：「此案我不能蓋印。」且將原件推出。段大憤恚。范尤怒不可遏：「爾何人！不配說不蓋印。」於是推門徑出，玻窗震碎，段亦負氣退出。總統見此情勢決裂，恐怕又鬧出什麼花樣，於是親自蓋印交我帶回院，於七日諮送國會。至此，蓋印問題已算勉強渡過了。

國會方面，於外交素少專門之研究，故無一定之主張，復經數月之醞釀，與各方之接洽，據教育范告我：「預料此次參戰案，可望通過。」五月十日，國會開全院委員會審查提案。這是審查會，並未表示反對，在政府應當等待它的決議，不意虎坊橋一帶，忽有街市流氓，雜以裹甲之兵士，約數千人，自稱公民請願團，各執請願旗幟，將議會層層包圍，要求當日通過參戰案，否則不許議員出院。當經議長拒絕，即將全院委員會改為大會，議員大譁，此時議院情勢緊張，自不能議及本案。所謂公民者，乃愈逼愈多，旋散旋聚，延至晚九、十時許，經總理和內務總長（范兼代）到院，令巡警總監解散，始陸續遣去。「通過」兩字，無從談及。事後乃知所謂公民團者，是受雇於傅良佐也。國會受公民團威逼後，即於十九日議決緩議對德宣戰案。這又是公民團在參戰案內自殺政策之一。

由於督軍團和公民團出現後，各方面俱集矢於內閣，即平時擁護內閣者，亦不能為之置詞。府方聲言：此次搗亂行為，當由內閣負其全責。閣員谷鍾秀、張耀曾等，在閣議席上提議全體辭職，段若無所聞。於是伍廷芳、程璧光與谷、張均遞辭呈以擠段。其時內閣改組之說甚盛，我力勸段自動的引退。段初以參戰功敗垂成為慮。我言：「局勢如此，此路走不通了。」段言：「我不辭，其奈我何？」我言：「府方如援孫洪伊免職的前例，亦可徑下命令。」段左右紛紛發言，靳雲鵬料其「不敢」，傅良佐則謂：「如果出此，我們便造反。」我言：「這不成話！」我還是勸段引退，以為「如此僵局，總理就是不辭，總統就不免職，如何做得下去」。段採我說，即囑秘書涂鳳書擬辭呈。徐樹錚聞訊趕到，堅決反對，當將辭呈扯毀了，段即變更宗旨，不再言辭。

我所以力勸段引退者，一以保持政治上正軌，一以減除他們的磨擦，免致發生危險。段既不聽，我便想辭職，教育范說：「天下事要人辦，要撐得過去，只看是為大局為個人，臨陣脫逃，是不可以的。這次我（范）沒有隨同他們辭職，就是此意。」

伍廷芳等四人遞辭呈後，國務例會不能舉行，總理兼陸軍，教育兼內務，只二人。總理雖到院，無事可辦，總統見段終不言去，將閣員辭呈交院，程璧光、谷鍾秀、張耀曾均批准辭職，且言：「閣員沒有了，看段如何做光桿總理？」我問：「伍廷芳何以獨留？」總統漫應之曰：「外交關係。」實則總統留伍，乃預為代閣地步的。

段既不辭，而程、谷、張准辭後，便當補充閣員，段左右主張全用北洋派，強硬與府方宣戰。此種辦法，府方決不能通過。教育范約我婉轉向段陳說，段乃改變補充人選，以夏壽康長內務，饒漢祥長司法，湯薌銘長海軍，孫寶琦長財政，莊蘊寬長農商，汪大燮長交通。此中大半係總統部屬及各方認為有資格者，無一段派中人。段開名單交我呈總統，時五月二十二日事也。是夜將十二時，總統電我到府，問：「光桿總理做得下去否？」我告以「總理打算補充閣員」。總統言：「合肥人全上臺矣！」我將名單呈閱，時夏秘書長在坐，總理徵夏意見，夏言：「可留下商量。」總統乃慰我數語，我退出。事後，夏告我：「是夜總統本擬交罷免總理命令，因見補充閣員名單，故未交出。次早集議，為反對派極力阻止，仍免段職。」云云。

二十三日午後二時，總統又電我到府，將段祺瑞免職，又伍廷芳暫行代理國務總理，又王士珍北京警備司令，江朝宗、陳光遠副司令，三令交我，且告我：「此命令外交總長署名，不算不合法。」我計及此令發佈後之險狀，乃問：「我為總統事實上著想，各方面都顧到否？」總統告我：「交民巷方面，伍總長連日分途說明，已得諒解。軍隊方面，王聘老

（士珍）擔任，可保無虞，你儘管放心。」金永炎不知我與總統所言何事，驟然入，拔手槍相向，大聲言：「此處不是你說話之地，……」總統揮手令金退出，又向我長揖，連陪不是。我對總統言：「我不能再管此事」即趨出，避去天津。這命令發表後，同時總統發出通電云：

段總理任事以來，勞苦功高，深資倚畀。前因辦理困難，歷請辭職，迭經慰留，原冀宏濟艱難，同支危局，乃日來閣員相繼引退，政治莫由進行。該總理獨立支持，賢勞可念，當國步阽危之日，未便令久任其難。本大總統特依約法第三十四條，免去該總理本職，由外交總長暫行代署，俾息仔肩，徐圖大用，一面敦勸東海出山，共膺重寄，其陸軍總長一職，擬令王聘卿繼任。執事等公忠體國，偉略匡時，仍冀內外一心，共圖國是，本大總統有厚望焉。

段左右對總理免職，摩拳擦掌，亦無其他辦法，乃用國務院名義電致各省，以洩其憤，略云：

查共和各國責任內閣制，非經總理副署，不能發生效力。以上各件未經段祺瑞副署，將來地方國家因此發生何等影響，祺瑞概不負責。

段於免職令發表後即赴津。首先倪嗣沖來津謁段，去後，即於二十九日在蚌埠宣佈「與中央脫離關係」。各省響應者：奉天張作霖、陝西陳樹藩、河南趙倜、浙江楊善德、山東張懷芝、黑龍江畢桂芳、直隸曹錕、福建李厚基、綏遠王丕煥、山西閻錫山等。又在津設立：「各省軍務總參謀處」，雷震春為處長。黨派方面，研究系、憲政研究會、交通系、親日派並其他不屬於各派者，無不奔走段門，均欲推翻現局，待隙而動。

這樣局勢不可謂不嚴重，其有政治常識者，至此相率束手，乃以救國自任的李經義，居然敢大步登場了。

李經義內閣

民國六年（一九一七年）五月二十八日，段祺瑞免職，國務總理以李經義提交參議院同意，特任李經義為國務總理。

李經義在民國三年為政治會議議長，楊士琦屢屢密示，本會議結束當以總理相酬。乃政治會議產生約法會議，制定新約法，而政事堂國務卿竟屬徐世昌，大為懊喪，即往津，不斷與政治方面人士相接觸。政學會擁岑春煊，次即李經義。李素以財政自負，在段閣陳錦濤免職，擬以李繼，府院均派人往津商洽，李意在揆席，表示不任段閣中閣員。據某某勸李者言：「段有特殊勢力，此時暫屈財政，段閣如有變動，以財政接替，較為便利。」李言：「彼特殊勢力，不過北洋。北洋出自淮軍，余乃淮軍前輩，何須由彼遞嬗？」李以徐州張勳為淮軍系中有力者，在津時，極力與張勳結合。段免職，黎敦請徐世昌擔任，徐固辭。乃徵集各方面之意見（尤其政學會扯攏），以李經羲組閣。李閣命下，在李亦懾於舊有勢力，聲言「必須張勳北來」，方肯偕同到京就職。黎至此始有戒心，然又因各省脫離中央，頗自危，不得已徇李之請，於六月一日明令張勳來京。

七日，張勳帶定武軍五千人，由徐州北上，次日到津。張勳謁段，段鄭重向張言：「你如復辟，我一定打你。」李問張，張言：「復辟不能變更，但目前還不想辦。」府方派夏秘書長到津迎張，並詰李，李擔保「決不復辟」。夏又詰李：「何以帶兵甚多？」李言：「不到北京。」張告夏二事：「一、逐去四凶，一、解散國會。如不照辦，即用武力對付。」夏回京後，總統對所謂四凶者，即不令其到府；對解散國會事，躊躇不決。又派夏到津商量，張拒而不見。李言：「未就職，尚管不著。」時我去職在津，夏問計於我，我言：「總統素以守法昭示國人，此次參戰問題，尚不肯骫法從事，若因武人威脅。遽爾解散國會，不獨國人側目，即我個人亦無從為之辯剖矣。為總統計，寧不能以去就爭耶？」夏言：「甚難措詞。」我言：「大意可說：法律既不敢背，兵釁尤不忍開，唯有辭職以謝天下。」夏又匆匆回京，總統連夜召集左右計議，唯饒漢祥贊同我說，餘俱反對。於是總統不得已決定解散國會。命令辦就，伍廷芳不肯署名，適步軍統領江朝宗到府，總統告以「伍不署名」。江言，彼敢署名。十二日，特任江朝宗暫行代理國務總理，署名解散參眾兩院，此真民國史中滑稽之尤者矣。

張勳提出二事，均已照辦。於是李經羲、張勳定六月十四日由津到京。從前言定武軍不到北京，至是登車待發。一時人心洶洶，以為復辟即在眉睫間矣。府方憂皇無措，又派夏到津尼其行，一日之間，專車往復三次，張仍拒而不見。李則言：「張雖帶兵到京，決不會復辟。」夏又來問我，我熟思，對夏言：「張勳帶兵到京，一定會復辟。此時情勢迫切，無法阻止，如在沒辦法之下而想辦法，總統如肯放棄成見，立刻免李任段，則張勳不敢與段為敵，必畏懼不敢到京，但時機迫切，須趁張未來京前，今晚即將命令宣佈，若張已到京，便不生效了。」夏問：「段不受令，奈何？即受令矣，能即到京就職否？」我言：「段反對復辟甚力，且是積極之人，如命令發佈，我可斷其能即夕進京就職。果爾，即能鎮壓以消弭此事。」夏問：「張勳在津，將如何處置？」我言：「段自能制之，此段之事。」夏回京，以我言告總統，總統頗為所動，然其左右之不慊於段者，仍反對甚力，總統不能決。結果，姑聽張勳來再說而已。

十四日，李經羲、張勳到京，定武軍駐永定門天壇一帶。張以調人通電獨立各省。獨立各省即通電取消脫離中央宣言。二十一日，天津總參謀處宣告解散，延至二十四日，李始就職，發表財、陸、海三部閣員；二十九日，法、農、交三部閣員。如下：

財政　李經義（兼）
陸軍　王士珍
海軍　薩鎮冰
司法　江庸
農商　李盛鐸
交通　龍建章

李閣尚未完成，曾派人到津約湯化龍、張國淦，真堪發噱。張勳到京，惟耽情酒色，對政局無所主張，府方私幸以為相安無事矣。

各省取消獨立，張勳自以為能指揮各督軍也，遂實行復辟。六月三十日夜，張邀集陸軍總長王士珍、步軍統領江朝宗、警察總監吳炳湘、第十二師師長陳光遠等，告以即日實行復辟之事，當令其開城遣定武軍進城，王等不敢反對。七月一日晨三時，張勳偕王、江、吳及劉廷琛、沈曾植、勞乃宣、阮忠樞、顧瑗、萬繩栻等數十人入清宮，擁清帝宣告復辟。

復辟後，黎總統大悔不聽我言，當趕派夏壽康去津，問計於我，我告以「總統手創民國，此次復辟，民國中斷，為今之計，唯有通電請南京馮副總統依法代行大總統職權，一面起用段，責成出師討逆，且必成功。如用我言，則段為總統所任命，段之成功，即總統之成功。不然，這民國中斷者為總統，恢復民國者為段，總統將何以自處？何以對國人？總之不必較從前之恩怨，當熟權來日之利害。」我又言：「我總是勸人辭職，總是說起用段，此是無辦法中之一辦法，乃趨勢使然，幸勿疑我擁段也。」夏回京覆命，總統毅然照我辦法，即於七月二日准免李經羲國務總理，特任段祺瑞為國務總理，並勉其討伐復辟。當派秘書覃壽堃將命令帶津，密送段處。同時，電請馮副總統代行大總統職務。三日，公府衛隊猝被撤換，並催交三海。蔣作賓冒險乘蔣平時自用車護送總統進東交民巷，本擬住法國醫院，旋折入日本使館武隨員齋藤少將官舍。

北京復辟，段在津，當即發動討逆。其時，駐馬廠第八師李長泰將所轄軍隊交段，段當夜到馬廠，全師會議推段為討逆軍總司令，駐廊房第十六旅亦加入討逆軍。梁啟超、湯化龍等亦同到馬廠，為討逆總司令部參贊。直隸省長朱家寶響應復辟，其警察廳廳長楊以德至此懾於威勢，起而驅朱。段乃自馬廠移至津河北公署，以第八師當中路，直攻北京。張勳以段不握政權，又無直轄軍隊，頗輕視之，七日，以少數軍隊向廊房前進。段命第八師一部並抽調第十六旅應敵。敵不支。退入京城，緊閉四門以固守。此時京津路梗，由國際方面以通消息。討逆軍攻城，段派汪大燮微服（通過日本）到京，駐東交民巷接洽一切。六月十一日，討逆軍攻進永定門，駐天壇（旅長馮玉祥、張九卿）。翌晨，與定武軍統領蘇錫麟（在天安門城上）開炮，互相轟擊，至午後三時，擊中南河沿張勳宅，張勳逃入荷蘭使館，張軍立即瓦解，而復辟之幕終矣。

李經羲事前一無聞知，至復辟宣佈後，倉皇避至天津，上段書，願自效，段拒而不納。

代行總統後之國務院（馮國璋代大總統期內）

段祺瑞內閣

民國六年（一九一七年）七月一日，復辟。二日，黎總統密令段祺瑞為國務總理。段奉令後，其左右反黎者主張不接受，經各方面陳說利害，段乃於五日通告就職。六日，自馬廠移駐河北省公署，暫設國務院臨時辦事處，一方面以討逆總司令名義討伐復辟，一方面著手組閣。段告我，擬以汪大燮長外交、張國淦長內務、梁啟超長財政、陸軍自兼、劉冠雄長海軍、范源濂長司法、湯化龍長教育、熊希齡長農商、曹汝霖長交通，囑我分別接洽。我問「梁財政？」段言：「在馬廠時與梁論及將來組閣，約其幫忙，並詢『願任何部？』梁答：『自問於財政頗有研究』，故以相屬。」我又問「熊農商？」段言：「熊反對復辟最早，梁既任財政，只農商比較相宜。」我又問「范司法？」段言：「湯曾任教育，借重熟手，故以范改任司法。」我又問「本人內務？」段言：「上次你內務提交國會，因鬧意見未通過，我至今憤憤，所以請你。」我言：「我早忘之矣，不當報復。內務重要，湯化龍曾表示，如參加，頗願擔任。本人隨處幫忙，不必一定內務。」段言：「接洽後再說。」我往梁處，梁願幫忙。往湯處，湯非內務不參加。又商熊，熊堅決不參加，不關何部。又商范，范言：「生平只致力教育，如司法太外行。」我據以覆段，段即改擬湯化龍內務，范源濂教育，張國淦農商。其時，馮國璋於七日在南京宣告就任代大總統職。段當令秘書涂鳳書擬電請示。涂擬稿，司法未定人，空三字，段臨時想不出人，涂條陳：「林長民何如？彼現任副總統秘書長，借此亦可敷衍南京。」段連言「甚好，甚好」，遂將林長民填入，電即拍發。乃遲至一星期，尚無覆電。據林長民言：「馮對內閣名單，毫無意見。」其時徐樹錚適在南京，竭力反對，以為「此次係研究系組閣，總理為研究系挾持」，即脅馮覆電另提。馮與研究系關係頗深，且素推崇梁，斷無反對之理。段又屢電催促：「內閣不能久懸，外交尤其緊要。」有人向馮進言：「責任內閣，總理名單未便駁回。」於是馮即覆電「同意」。而徐又以私電致段，極言「與研究系共事之危險」。段去電解釋。故馮覆電後，十四日段入京，十五日發表外交、陸軍、海軍，十七日發表內務、財政、司法、農商、交通，分作兩次，其中曲折甚多也。所有閣員如下：

外交　汪大燮
內務　湯化龍

財政　梁啟超
陸軍　段祺瑞
海軍　劉冠雄
司法　林長民
教育　范源濂
農商　張國淦
交通　曹汝霖

八月一日，代理大總統馮國璋入京。十四日，大總統佈告對德、奧宣戰。國會解散矣，國體恢復矣，黎去職矣，馮就職矣，此次內閣重組，參戰政策當然不成問題。惟此等對外重大之案，經過若何困難，數月來未能解決，一朝解決之，在府院必當協力籌備，一致推行，不意對外問題乃轉變而為對內問題。其時，西南通電擁護約法，反對北方政府，馮主聯和，段主用兵，表面上南北問題，亦可曰和戰問題。其實，馮、段意見，素不相容，馮鎮南京，段掌中樞，歷有年所，各具相當力量。至此，馮為總統，段仍為總理，益思憑藉權位，以擴張個人勢力，而府院問題又起矣。

從前黎、段時期，段握有實力，黎不過政客利用而已，尚是以虛擊實。馮、段既各具相當力量，則是以實碰實。據徐世昌言，馮到京，所遺蘇督擬以李純調任，陳光遠督贛，皆直系也，如此則占踞長江，段不同意。段擬以傅良佐（湖南人）督湘、吳光新以長江總司令入川，皆皖系也，如此則侵入西南，馮不同意。經徐調解，始得在交換條件之下同時發表，於是直皖兩系，遂公然對峙。

段既以武力統一，故其主張日本借款。民國六、七年，日本對華投貲，為寺內內閣援段之唯一政策。據段幕中人言，最初日本提議，段尚躊躇，繼餌段以對外必先定內，得此借款編練參戰軍，即以之謀全國統一，段始為所動，故決定借日款。日本西原來京，各方傳說甚盛，某日閣議，段提出以農商部計畫浦口鐵廠，作日本借款中五千萬之抵押，要我農商簽字。經我一再辯論，以為「此次參戰，原與總理決定政策，應當出兵對外，如果託名參戰，而借款練兵以掀起內戰，我個人絕對不能贊成，且長江範圍亦不容日本勢力乘機攔入」，詞甚激烈。各閣員相視不言，惟范教育頗示同情。段憤怒甚。我終拒絕簽字。

所謂日本西原借款者，西原龜三，不過為寺內內閣借款供奔走之人，而投貲機關，在經濟方面，由日本興業、臺灣、朝鮮三銀行合組，以日本興業銀行代表銀行團為主體；政治方面，仍由正金銀行經營，又有新設中日合辦中華匯業銀行代表日本出面。此項借款為舉國人反對，不在條件節目，而在其所持主策，不以對外而以對內，名為中日提攜，實則借日本發展控制東亞之野心也。就可知者，見下表。

	借款數	日期	中國簽字者	承借者	利息	擔保
交通銀行借款	日金五百萬元	六年七月二十一日	交通銀行總理曹汝霖等	日本銀行團日本興業銀行代表	七厘五分	隴秦豫海鐵路借債券，中國政府國庫債券，中國政府交通銀行債務證書
善後借款第一次墊款	日金一千萬元	六年八月二十八日	財政總長梁啟超	橫濱正金銀行代表	七厘	中國鹽務業已指定借款擔保外，鹽務收入全數
交通銀行第二次借款	日金二千萬元	六年九月二十八日	交通銀行總理曹汝霖等	日本興業銀行代表	七厘五分	中國國庫債券
吉長鐵路第四次借款	日金四百五十一萬一千二百五十元	六年十月十二日	財政總長梁啟超；交通總長曹汝霖	南滿鐵路公司代表	五厘	本鐵路財產及其收入
善後借款第二次墊款	日金一千萬元	七年一月六日	財政總長王克敏	橫濱正金銀行代表	七厘	中國鹽務業已指定借款擔保外，鹽務收入全數
軍械借款	日金四千萬元	七年一月十二日	陸軍部			
四鄭鐵路短期借款	日金二百六十萬元	七年二月十二日	交通財政總長曹汝霖	橫濱正金銀行代表	七厘	本鐵路一切動產及不動產，並一切收入

	借款數	日期	中國簽字者	承借者	利息	擔保
無線電台借款	英磅五十三萬六千二百六十七磅	七年二月二十一日	海軍部	三井洋行代表	八厘	電台收入項下開支所餘款內
有線電報借款	日金二千萬元	七年四月三十日	交通財政總長曹汝霖	中華匯業銀行	八厘	中國有線電報一切財產及其收入
吉會鐵路墊款	日金一千萬元	七年六月十八日	交通財政總長曹汝霖	日本興業銀行代表	七厘半	本鐵路所屬一切財產及其收入
善後借款第三次墊款	日金一千萬元	七年七月五日	財政總長王克敏	橫濱正金銀行代表	七厘	中國鹽務業已指定借款擔保外，鹽務收入全數
吉黑兩省金礦及森林借款	日金三千萬元	七年八月二日	農商總長田文烈；財政總長曹汝霖	中華匯業銀行	七厘五分	吉黑兩省金礦及國有森林由前項金礦及國有森林之政府收入
滿蒙四鐵路借款	日金二千萬元	七年九月二十四日	駐日本公使章宗祥	日本興業銀行	八厘	現在及將來滿蒙四鐵路所屬一切財產並其收入（註）四鐵路：一、開原海龍吉林間；二、長春洮南間；

	借款數	日期	中國簽字者	承借者	利息	擔保
						三、洮南熱河間；四、洮南熱河地點起至某海港間（俟將來調查後決定）
濟順高徐二鐵路借款	日金二千萬元	七年九月二十四日	駐日本公使章宗祥	日本興業銀行	八厘	現在及將來濟順高徐二鐵路所屬一切財產並其收入（註）一、濟南順德間 二、高密徐州間
參戰借款	日金二千萬元	七年九月二十八日	駐日本公使章宗祥	日本興業銀行	七厘	將來整理新稅之收入

據表載，所借各款，北方政府在馮、徐任內，行政經費及其他一切開支，予取予求，皆出自日款。其關於軍事，名義上只軍械、參戰兩次，其實，除交通銀行，吉長、四鄭鐵路，電臺外，其餘各款，如吉會、吉黑、滿蒙、濟順、高徐鐵路、礦林等屬於經濟者，無一非假借名義，即善後借款。屬於政治者，亦與參戰有關。故人目西原借款為參戰借款，總計約日金二萬萬三四千萬元。據日方當事人言：「參戰借款，為數二萬萬，尚少交二千萬，參戰軍即失敗」云。當是除去交通、吉長、四鄭、電臺等而言，一般傳說，尚有西原議而未成

者，東省地租一萬萬元，鳳凰山鐵礦（即浦口鐵廠）五千萬元，龍關鐵砂二千萬元，東陵森林一千萬元，蘇皖製鐵所三千萬元，廣東礦山五百萬元，閩滬船廠二千萬元，京奉鐵路盈餘二千萬元，七年公債券二千萬元，印花稅二千萬元，可云一網打盡，幸寺內內閣倒而未能實現也（以上中華匯業銀行行員抄存本行密件）。

此次研究系在閣者，他們聚精會神的注重在改造國會，召集臨時參議院，意在舊國會議員少數失敗。此次與段艱苦患難相共，如果改造，必能合作爭取多數，以運用政治，猶是議會政治之夢想也，故不惜遷就段方，冀以達到改造之勝利。當我反對浦廠借款時，林長民曾誡我說：「我們此次上臺唯一的目的，要在選舉爭取多數，故對於段不惜多方遷就，如因反對浦廠，而使段感覺不快，則我們滿盤計畫不能實現，豈不是白來一趟。」我說：「你們是沒有細細考量，西原借款是日本對中國毒辣的經濟侵略，浦廠抵押，又是他侵略長江的開始，若果照此下去，則中國華北、華中、華南的利權，將盡為彼所攘奪，那有翻身的一天？我願意失歡於總理，不願賣掉我們的國家。總之，我們遷就，似亦當有分寸。不然，在我所一時希冀者，還沒到手，而所蒙的千載罵名，我們早攤了一分。與人共事，應當坦白直率，我所不肯做的，也不肯讓人家做才是。」他們聽了這話，亦無反駁，因為改建國會，他們始終不肯放過。二月十七日，公佈臨時參議院法、修正國會組織法、參眾兩院議員選舉法，即由內務籌備選舉事宜。在研究系以為順利進行矣，不意異軍特起，其勁敵則在徐樹錚也。徐樹錚是段派硬幹者，鑒於「自民元以來，政府為國會操縱，鬧得天翻地覆，曷若自個組織，簡直和編練軍隊一樣，我有子弟兵，則操縱在我」，即利用有錢有勢的機會拉攏議員，除粵桂川滇黔五省外，選舉結果，安福系占最大多數（即一時所謂安福國會。安者安徽，福者福建，如王揖唐、曾毓雋領袖者，是安徽、福建人，其會址又適在安福胡同，故人都叫他安福系），交通系次之，研究系又次之。研究系曾向段商定梁善濟為議長，結果竟屬之王揖唐。安福系我是主遵守舊法，不以改造為然，故此次在閣內，即梁、湯、林等亦不能與我合作。安福系勝利，研究系亦告慘敗。大凡談政治者，若無本身基本力量，而欲在依附特殊勢力之下以大行其志，難矣哉！

我與段共事有年，人人覺得我是擁段者，尤其是黎總統的左右，浦廠借款案登報後，黎派秘書瞿瀛來探意向。我告以此次西原借款詳情，瞿不完全明瞭。我說，你回去告訴總統只兩句話：「官可以不做，人不可以不做。」在我做院秘書長後半期（對德宣戰案），黎或亦疑我擁段，此時才完全明白了，常對人說：「張某是愛國者，不是那一方面可以利用他的。」而我自拒簽浦廠後，與段平素政治上關係予以斷絕。

此次段組閣，除向日本借款有錢打仗外，其餘都不在他心目中，一直是在佈置湘、川，並且把他認為「中國強」的四人中，派出傅良佐、吳光新親自出馬。

湖南方面，以傅良佐為督軍。傅是一個草包，他率領王汝賢第八師、范國璋第二十師入湘。王、范接近直系者。傅到湘，譚延闓所佈防的零陵鎮守使劉建藩獨立，周偉、宋鶴庚等據寶慶繼之，傅進攻零陵失利。其時王為湘南總司令，范為湘南副司令，通電停戰，而傅良佐逃走矣。旋王汝賢等退長沙，又退岳州，於是湖南為湘粵桂聯軍所佔據。

同時，以吳光新為長江上游總司令兼四川查辦使，率領李炳之第十三混成旅、劉躍龍第二混成旅入川。吳在宜昌逗留經月，始輸送一部分軍隊至重慶，於是以周道剛為四川督軍。川軍第五師師長熊克武於長沙傅良佐逃走時，乘吳不備，將到重慶北軍包圍繳械，而吳光新逃走矣。重慶遂為熊克武所佔據。

傅良佐長沙陷落，段以武力統一失敗，影響甚大，遂不得不辭職。二十二日免職，以汪大燮暫行代理國務總理。

王士珍內閣

民國六年（一九一七年）十一月三十日，特任王士珍為國務總理。其閣員如下：

外交　陸徵祥
內務　錢能訓
財政　王克敏
陸軍　段芝貴
海軍　劉冠雄

司法　江庸
教育　傅增湘
農商　田文烈
交通　曹汝霖

王士珍號稱黃老，此次組閣，純是北洋舊人。馮主和平，王素偏向馮，亦好言和平。但是，段閣主戰失敗，表面上和平勝利，其實段派潛勢力正在方盛時候，十二月十八日，特派段祺瑞督辦參戰事務。馮雖以和平拉攏南方，二十五日發表弭戰佈告，而南方亦知其和平無把握，一面聯合組織，一面實行進攻。其時，黎天才、石星川在長江荊襄上游宣佈獨立，威脅武漢。至此，段派軍人便鼓吹武力解決之說。馮不得已，於七年一月二十五日出巡。二十七日，湘桂軍北進不已，攻入岳州。於是北洋將領咸自惴，和戰兩派遂會議於天津，決定合作一致主戰。靳雲鵬等密電錄如下：

近奉主座（馮）、揆座（段）面諭：「西南倡亂，中央不得已而用兵，茲特撮舉要旨，望即詳達同志。各省。自粵桂滇黔湘倡為西南政策，意在傾覆北洋軍人，譸張為幻，一載於茲，釀成罷閣復辟諸怪事，國本幾傾。幸我北洋軍人協力同心，討逆靖國，民志甫定。彼黨以為不便己私，謂欲發展西南勢力，必先破壞中國現狀，其術在離間北洋軍人，坐收操縱捭闔之利。張開儒致譚延闓電云：『今日大患，不在張、康，乃在馮、段。段勝於馮，則民黨危；馮勝於段，民黨亦危。馮段攜手，則民黨無生路，此時亟宜自闢生路』等語。吾輩早年投軍，霜鬢論兵，公誼私情，同休共戚，國更多故，遘此艱巨，形神相倚，豈判兩人？而彼黨妄肆揣測，騰為蜚言，欲使我北洋軍人自相離貳，以遂其一網打盡之謀。中央忍辱負重，事事反省，不敢責人，冀推心腹，漸戢囂張，以免邦家離析，生靈荼毒。疏商之牘盈尺，諭解之使接途，詎滇師已暗入川境，粵桂亦復潛勾湘軍。清節（傅良佐）督湘，陸榮廷無端干涉，比時冀弭兵釁，尚慨允通融辦理。乃復電愈益驕肆，目全國為無人，遂見滇軍驟攻內江，粵桂顯助湘叛，負嵎勢成，亂國罪著。為國家人民計，為我北洋軍人全體之存亡生死計，為我北洋軍人對於國家人民應負之責任計，豈復再有容忍之理？現已通籌統計，區畫配置，即將明正其罪，大張撻伐，所望各省督軍暨各師旅長，轉告所屬各團營軍官，本衛國保民之旨，成殺敵致果之心，通力合作，戡定暴亂，我國家之榮譽，亦即我北洋軍人之榮譽，天職所在，我軍人其共勉之」等因。（全名）等親承訓諭，謹飛電馳聞。事機已迫，即不能坐受宰割，現彼等屢次通電，日以內閣組織非法、總統繼任無據為言，無非陽攻合肥，陰戴黃陂，先傾內閣，漸及元首，使中央之威勢掃地，各省則次第剪除。我北洋軍人，休戚相關，安危與共。團結之力極固，豈離間之術所能施？國家之念素深，則驅除之責不容緩，念眾志成城之義，懍行將及我之危。諸公藎慮周詳，必有同仇禦侮之良策。毅然用武，專為保持統一、鞏固國家起見，決非為河間（馮）合肥（段）爭攘權利。諸公諒具同情，幸賜垂教，以便轉陳。伸討明令，不日公佈，並以先聞。靳雲鵬、師景雲、陳之驥、張聯棻、陸錦、張士鈺、徐樹錚同叩。

這電揭明瞭「河間合肥，爭攘權利」，亦可見直皖內部醞釀之嚴重矣。和戰兩派合作以後，乃於三十日，以曹錕為第一路總司令、張懷芝為第二路總司令、張敬堯為攻岳前敵總司令，進兵湘贛，這也是武力政策之表現。但自段離去內閣後，段部下積憤不平，急切要王士珍下臺，段祺瑞上臺，於是在七年一月有秦皇島截械之事。

陸軍部向日本買的一批軍械將在秦皇島上岸。當時是馮國璋在中央，如果中央得到這批軍械，就會撥給直派增加直派的力量。徐樹錚知道這事以後，就想到秦皇島去截奪。

這時徐樹錚去截奪這批軍械，力量是不夠的，所以不擇手段，便想勾結奉天張作霖，利用張的力量來進行這事。曾毓雋便到奉天去說張作霖，要他去截這批軍械，到手後就給張作霖去擴展軍隊，同時張作霖派軍隊進關反對王士珍，擁護段祺瑞。張作霖對這條件求之不得，那有不贊成的？

軍械截到後，奉軍進關了。這時奉軍司令部設在天津軍糧城，張作霖做總司令，徐樹錚做副司令。所有進關的軍隊，他們也不管將來的利害，還倚靠他分兩路南下，一路順津浦線去山東，一路沿京漢線到湖北進湖南。當時張對徐說：「我不能到天津，所有的事情，請你多多偏勞這只是一般通行的一句客套話，徐樹錚卻根據這句話，事事以總司令名義，隨意指揮調遣，也不和張作霖商議。張自不願意他。奉系軍官資格卻有很高的，對他都非常不服。後來他在天津奉軍司令部槍殺陸建章，跋扈更甚，因此張作霖到天津就撤銷奉軍司令部並用實力對徐進行壓迫，此後徐便不能再干預奉軍入關的事了。

此次所截軍械，是應交陸軍部的。內有山西、陝西一部分。徐樹錚截奪時，對晉陝亦費周章。茲將當時關於此事電報錄如下：

民國七年一月二十七日致奉天張督軍沁電

日械約二月三日到秦皇島，續來者何日到，電尚未來。軍部接收員已佈置，弟可指揮如意。

二月一日致山西閻督軍、陝西陳督軍先電

奉出兵，須截留部購日械，晉陝所購同船，恐不能分析，俟截留到手，再分運。

二月二十三日致交通部葉次長漾電

奉軍已有一旅開駐灤州，恐京震恐，請密商潤田（曹汝霖），萬弗停車。

同日致安徽倪督軍漾電

今晨抵島，明早赴奉，截械完全到手。

二月二十七日致北京警廳吳總監沁電

奉軍四五日內，即有一旅陸續赴津浦路駐紮。

同日致陸軍部轉段督辦沁電

討賊令下，而地方高級長官仍倡言主和，顯抗軍令，故來晤雨帥（張作霖），姑作籌商，雨帥宗旨，一意保愛國家，維持政綱，以期靖安內訌，力求統一……至軍械一節，與其運京閒置，或更撥給王（汝賢）范（國璋）等類無恥軍隊，潰棄資寇，不如留奉編練，視機調用之為愈。

三月二日致交通部曹總長冬電

隊伍陸續開撥，總司令部設於軍糧城。

同日致安徽倪督軍冬電

反對王士珍及內調李純，各省通電，由京由奉發動者，雨帥及弟代主，由蚌者兄代主，遇事徑辦，辦後寄稿接洽。

三月四日致各督軍及魯張幫辦支電

奉軍共編五旅（四混成旅，一騎兵團），一、二日內開赴京奉、津浦路線。

同日致熱河姜都統等支電

現由奉省抽撥生力軍隊，以助戰為名，分赴京奉、津浦路次，聯合各省，請明令罷李（純），李去，王（士珍）必自退。現王雖請假，仍暗中主持，必俟明令罷斥，另選公正無私耆德碩望之人出任總理，李難自安，或不待明令，即自求退，尤為穩妥。

三月八日致安徽倪督軍庚電

奉軍前隊已分抵廊坊、獨流，械既截留，兵亦派出，面子從何不破？不可不稍示嚴厲，以寒君側宵小之但。

三月十二日致北京警廳吳總監文電

奉軍現設總司令部，雨（張作霖）自攝總司令、弟副司令，此後總司令一切職權，完全由副司令代行。

三月十九日致漢口曹宣撫使（錕）皓電

推芝揆（段）組閣不可再緩，並請疏通蘇李，消釋嫌怨。

四月四日致北京吳總監豪電

老總（指段）顧慮若此，終無一當，不准截械，在弟縱能奉行，安保他人之不效尤？既無可為，戀戀何益？俟商奉軍如何結束，即從此逝矣。

據此，秦皇島截械一事，完全由徐專擅硬幹，即段亦不以為然。據曾毓雋言：「段頗不悅徐樹錚所為，謂為『教猱升木』。徐答：『長江三督之升木，誰教之者？』段亦語塞。此事逞一時之快意，愈伏分系之禍根。」云云。

奉軍進關威脅內閣，王士珍辭職。二十日，以內務錢能訓兼代國務總理。於是主戰派抬頭，王閣告終，而段閣又起。由此，奉天勢力盤踞關內。可見直皖兩派競爭之劇烈，固然為他派造機會。自民國七年至十五、六年間奉軍在關內掀動戰爭，操縱政局，中原板蕩而莫可告言，論世者不能不以截械一役為厲之階也。

據張聯棻言，其時公府仿照從前統率辦事處之例設立參陸辦公處，在段任總理時曾向日本訂約借款，而以陸軍部所訂購之軍械抵除一部分現款，此項軍械除須撥晉陝兩省一部分外，餘均應由中央支配。十五、十六兩師本歸總統指揮，而十五師長劉詢與馮有鄉土關係（河間），聞崇文門稅務監督張調辰（河間，馮的親信）居間與劉密謀，確有扶植私人武力計畫，械到後，目可由參陸辦公處會商軍部分配，徐偵知，遂有截械之舉。

據曾毓雋說：此次截奪軍械，係段老總與日本訂軍械借款契約，所購軍械由秦皇島登陸，分批運京，最多的一批軍械，足配備十二旅。此時總統為馮國璋，總理為王士珍，政府包括直系很大勢力，勢將撥給直系軍隊。我們便想截奪這批軍械歸到我們手裡，而徐樹錚等沒有這力量，因此想利用奉軍。給奉軍的條件是：奉軍本有六旅人在關內，這可以讓奉軍再進來六旅；截得之軍械，四分之三給奉天，徐得四分之一。奉軍則由孫烈臣率領沿京奉路到天津、廊房一帶威脅現政府，王士珍辭職，段祺瑞上台，結果這個目的達到了。

又據劉德權筆記：民七年秦皇島截械，奉天添編陸軍一師，第一師師長張景惠（出兵湘東），旅長梁朝棟、趙干忱；陸軍混成七個旅，第一旅旅長闞朝璽，第二旅旅長鄭殿升，第三旅旅長梁朝棟，第四旅旅長蔡平本，第五旅旅長牛口，第六旅旅長李景林，第七旅旅長鮑子揚。

段祺瑞內閣

民國七年（一九一八年）三月二十三日，特任段祺瑞為國務總理。其閣員如下：

外交　陸徵祥（十一月赴歐和會，次長陳籙代部）

內務　錢能訓
財政　曹汝霖（兼）
陸軍　段芝貴
海軍　劉冠雄
司法　朱深
教育　傅增湘
農商　田文烈
交通　曹汝霖

此次段憑藉奉軍入關之力重行組閣，所有閣員純是北洋舊人，其個人主張當然貫徹武力政策。先是三月十七日，曹部吳佩孚攻克岳州；四月二日，攻克長沙；十八日，進至衡陽，於是主戰派氣焰大張。其時主和派如鄂督王占元、蘇督李純、贛督陳光遠，所謂長江三督者，有舉足輕重之勢。故段於四月二十日赴鄂犒師，一方面鼓勵士氣，一方面與長江三督聯絡，二十八日循江而下，由津浦路回京。但是和平空氣仍在醞釀，吳佩孚首先入湘，政府以湘督畀張敬堯，吳至衡陽頓兵不進，亦其原因之一。同時，張懷芝軍在江西潰於萍鄉；五月三十日曹錕又回天津，實予主戰派以重大打擊。皖方主戰，不得不借重直方，六月三日授吳佩孚孚威將軍；倪嗣沖於六月十二日到津，向曹錕、張懷芝等疏解；二十日，特派曹錕為四川、廣東、湖南、江西四省經略使，張懷芝為援粵總司令，吳佩孚為援粵副司令。曹錕雖一度到漢，復回天津。至八月二十一日，吳在衡陽通電請罷內戰，而段武力政策乃受了更重大的打擊。

關於國會方面，西南護法，北方造法，在段武力統一之下，自是不顧一切。安福系國會開會，其所視為最重要者，即大總統選舉問題。自洪憲失敗，北洋部下即有以徐世昌出任總統之主張，但以南北統一問題，不得不請黎副總統出來。段祺瑞個性特強，對於政治重在權而不在位，平素以舍我其誰自負，責任內閣有權，故不肯放棄總理（徐樹錚主持尤力），但自任總理以後，經過黎、馮，極感苦痛。他平時對於徐世昌倍極尊崇，故始終擁戴徐，私以為徐為總統，己為總理，必能合作以大行其志。不知徐城府甚深，平時對於段（徐樹錚）的跋扈早已不寒而慄，一朝得位，安能共事，而段不知也。此次大總統，安福系當然擁戴其黨魁——段祺瑞，段堅決主推徐世昌。九月四日，安福系國會開會選舉徐世昌為大總統。十月十日，徐就大總統職。未數日，即由外交方面醞釀以擠段，而段不得不辭矣。二十三日，段免職，以錢能訓暫行代理國務總理。

此次段辭職原因，是吳笈孫（府秘書長）告我的。在馮一方面，張聯棻、惲寶惠說：「馮雖決定放棄總統，當時曾對我兩人說：『我們這次栽（即輸也，北方俗語）給芝泉，不算什麼，以後再看我們的。』雖是解嘲，而內心之憤懣不平可見。其左右對段及小徐憤恨益深，仍想拼著再幹。東海未就職前，深悉此中症結，所以當時表示馮段同時下臺，馮段兩派的人亦同時去職。徐樹錚借赴日觀操遠引，亦以杜其再來攪擾政局，所謂暫時告一段落也。」云云。並錄之以備參證。

徐就職，通電尊重和平以謀統一。在錢代閣期內，因和戰問題，十一月十五日，徐召集督軍會議，到者奉天張作霖、安徽倪嗣沖、直隸曹錕、吉林孟恩遠、河南趙倜、湖北王占元、江西陳光遠、山西閻錫山、綏遠蔡成勳、淞滬盧永祥等均列席。總統、全體閣員亦列席。討論五項。其第一項即停戰撤兵，此時歐戰告終，和平空氣經外交團勸告，幾於彌漫全國。各督軍本無成見，段亦不得不附和其議。十六日，令前方各軍隊罷戰退兵，至二十二日，廣東政府亦宣告停戰，段亦不得不徘徊和戰之間矣。計段自民國五年任總理後，對於政權緊握著，有時出以強硬而不肯放手，徐乃以和軟的手段解除之，使其敢怒而不敢言，柔果勝剛，其信然歟！段此次免去總理後，以後即不得再任總理，於是專任參戰督辦，訓練參戰軍——邊防軍，至於直皖之戰而完全失敗。國務院參議楊熊祥預言：有黃陂（黎）而合肥（段）碰壁，有河間（馮）而合肥下監，有東海（徐）而合肥蓋棺矣！其言果驗。

在此有一事足紀者，為張志潭秘書長問題。復辟後，段任總理，以張志潭為秘書長。張與段部下靳雲鵬、吳光新、傅良佐都好，尤其徐樹錚更好。他做秘書長，所有國務院秘書廳事，無一不與徐接洽，差不多就算徐做秘書長，後因王郅隆承辦永平一帶鹽務，張不能照徐的辦法，因此徐非常恨他。段這次出來，仍以張志潭為秘書長。徐在天津即轉電曾毓雋極力反對。曾向段說：「現在徐樹錚頂不滿意他，還是不要他做秘書長。」段說：「我用秘書長，徐樹錚不能過問。」徐樹錚就給張打電報叫他到天津，很多人都勸他不要去，他考慮了一下還是去了，準備去當面和他解釋。但徐樹錚以奉軍司令部總司令的威風，見面後歷數張志潭的大小罪惡，當面逼問。張樣樣都承認。徐並問他：「以後改不改？」張說：「改。」又說：「以後段老總方面的事，你不許參預。」張說：「以後不參預。」這樣俯首聽命，徐只得又讓他回來了。有人說：「如果張志潭這次稍微硬一點回上一兩句的話，腦袋一定保不住了。」因為這個問題，發生了以後很大的問題，徐（總統）段、徐（樹錚）靳就把北洋的舊局面翻騰了。

（新）約法（安福係）之國務院（徐世昌大總統期內）

錢能訓內閣

民國七年（一九一八年）十二月二十八日，特任錢能訓為國務總理。其閣員如下：

外交　陸徵祥（次長陳籙代）
內務　錢能訓（自兼，八年六月免；朱深兼署）
財政　龔心湛（未到任前，次長李思浩代）
陸軍　靳雲鵬
海軍　劉冠雄
司法　朱深
教育　傅增湘（八年五月免，次長袁希濤代；六月袁免，傅岳棻署次長代）

農商　田文烈
交通　曹汝霖（八年六月免，次長曾毓雋代）

徐世昌在前清東三省總督任內，周樹模、錢能訓為左右參贊，徐尊周而親錢。此次總理，周、錢都是意中人，錢既以內務兼代總理，故總理屬之錢，擬以內務位周，派人往商。錢以其地位相逼也，堅持自兼；周亦不願加入錢閣。所有閣員，大都舊人，唯龔心湛合肥人，新加入。朱深在上次段閣已加入，據說都是安福系關係，談不上政治上意義。

段雖離開內閣，一方面擁參戰軍實力，一方面挾安福系大多數議員，其關於重要問題，大半一意孤行，有時府方亦不得不勉強對付之。如錢閣者，更不在其心目中也。

總統主和，故有南北停戰議和之舉。北方代表派朱啟鈐，南方代表派唐紹儀，二月二十日在上海舊德國商會地址開會。未開會前有二問題：一、關於陝西停戰；一、關於取消參戰軍與停支參戰借款。雙方相持不能解決，故和議雖經開幕，而未正式開議，因此二問題，至三月三日，南代表通電停止和議，北代表亦向北政府辭職。三十日，陝西戰爭停止，遂於四月八日繼續開會，南北代表各提出條件。討論數日，無結果。至十一日，南代表提出八項，其中如：二、取消中日一切密約，宣告無效，並處罰締結此等密約之關係人；三、取消參戰國防軍及其他一切類似之軍隊；五、由和會宣佈民國六年六月十三日黎元洪解散國會之命令無效。北代表反對。於是南北代表復辭職，和議遂告破裂（後來八月十三日，北方政府派王揖唐為議和代表，南方反對。在靳雲鵬代閣期內）。

歐戰告終，美總統威爾遜提倡和平會議，民國八年（一九一九年）一月一日在法京巴黎開會。十八日，第一次全體會議。二十一日，中國特委陸徵祥、顧維鈞、王正廷、施肇基、魏宸組為參與赴歐和會全權委員。二十七日，英法意美日五國會議開會，關於山東問題，中國代表於二十八日提出詳細說帖，由顧維鈞作長時間之辯論，各國均為之動容，而日本代表反對。自是和會注重國際聯盟問題，至四月中旬以後乃討論及東方問題，經過四月二十二日英法意美四國會議、二十四日英法美三國會議，其解決山東問題方法，以前德國享膠州灣權利讓與日本，日本將山東主權自動的交還中國，並許日本保留德國所享經濟特權，且許以特殊鐵道警官之聘用。我代表提出抗議，三國會議無表示，於是我國在巴黎和會上不簽字。

和會交涉失敗傳至中國後，全國憤怒。五月四日，北京大學、高等師範、農業、工業、法政專門五校及私立中國大學三千餘人，聚集天安門開示威大會，高呼「還我山東！懲辦國賊！」等口號，排隊至總統府，並至東交民巷，意在向英美法各使館表示中國民眾對日本強佔山東之憤激。行至東交民巷西口，為巡捕攔阻，不許通行，大眾遂折回往東城趙家樓交通總長曹汝霖私宅，尋曹不獲，即縱火焚屋，毆傷駐日公使章宗祥。旋警察及保安隊趕到彈壓，始散。警察捕去學生多人，拘於北京大學，所謂五四運動也。由是全國風靡，罷市罷課，要求罷免曹汝霖（交通總長）、陸宗輿（幣制局總裁）、章宗祥（日本公使）三人，並釋放被捕學生。經此運動，而錢閣瓦解矣。十三日，錢能訓免職，以龔心湛暫兼代國務總理。九月二十四日，以靳雲鵬兼代國務總理。

靳雲鵬內閣（第一次）

民國八年（一九一九年）十一月五日，特任靳雲鵬為國務總理。其閣員如下：

外交　陸徵祥（九年二月免，陳籙代
內務　田文烈
財政　李思浩
陸軍　靳雲鵬（兼）
海軍　薩鎮冰
司法　朱深
教育　范源濂（傅嶽棻代）
農商　田文烈（兼署）
交通　曾毓雋

錢閣改組，經過龔代閣，而終為靳雲鵬者。此時政局重心在段。段為參戰督辦（七月二十日改邊防督辦），挾有參戰軍三師（後改邊防軍）、徐樹錚西北邊防軍四混成旅（前在段閣通過募練邊防軍十混成旅，現已編成四旅，因參戰軍改邊防軍，乃改西北邊防軍），又有河南、山東、安徽等之聯繫，其實力雄厚，人人心目中但知有段督辦。段重在實力，私意以參戰軍屬之靳雲鵬，西北邊防軍本為徐樹錚而設也（以下單稱徐，即徐樹錚）。其與段相抗者，馮雖去任，而曹錕在近畿，王占元、李純、陳光遠等三督在長江（吳佩孚在衡陽），遙為聲援。奉軍入關，又於直皖著手拉攏，為總統者幾窮應付。但是段部下靳徐爭權，交相惡，靳非徐敵也。徐又控制安福國會，以為政治上武裝，故一般人更畏徐。其時張志潭因秘書長問題為徐所辱，時思報復，此時他站在徐總統方面，於是建議：「此種難關，當從段本身分化之，其方法即利用段袒護徐靳心理，並利用徐靳仇嫉心理，以靳組閣，表面上推崇段，由靳挾段以制徐，再以靳聯直奉以制皖，必扶植靳，以倒徐而壓段，造成皖直奉平衡勢力，以鞏固總統之地位。」總統深韙其議，於是以靳組閣。張在此時即多方作倒徐活動。

此次組閣，李思浩、曾毓雋、朱深（安福係），靳夾袋中如張志潭，未得入閣，亦趨勢使然。自民六年馮代總統第一次內閣以後，大半為軍力所支配，此次雖為一黨所操縱，其實亦軍力也。

靳就總理，極意奉承段，每日問起居，所有閣務，必請示而後行，對於徐浸潤膚受。而段左右亦日攻徐之短，但段並不以此親靳而疏徐也。先是八年六月，在龔代閣期間，發表徐西北籌邊使兼西北邊防總司令，其所募練四混成旅，其第三旅褚其祥駐張家口，至十一月，徐率褚旅由張家口直達庫倫。大軍既臨，又日以禮物宴會聯絡。是月十七日，外蒙活佛撤銷自治。十二月二日，特派徐為冊封專使，九年一月，行冊封典禮。段以徐建不世奇功，自是愈重徐，而靳雖依靠府方以傾徐，乃以段對徐更加親信，自揣力量不敷。但既與徐為敵，即不得不借直奉外援，且利用南方空氣，於以促成吳佩孚撤防之局。

於此有改組一段足紀者。靳勾結直奉外援，自不能掩蓋人耳目，安福系為專一擁段者，尤恨靳，靳幾不安其位。適吳光新督豫問題，府方拒絕蓋印，而河南舊軍又有抗命不穩之說，靳即借詞於二月二十三日遞辭呈。安福系要求府方批准，府方擬以周樹模繼靳，段亦同意。三月三日，派教育傅嶽棻、秘書涂鳳書先後往與接洽。周意在織閣人選須羅致名流，對安福頗躊躇。傅、涂言：「就現在局勢，不幹則已，如幹，必安福閣員照舊，且當多邀。」次早，曾毓雋謁周，周亦無圓滿答覆。當晚，安福系開會，以周樹模、田文烈二人假投票，田得多數，即徵田意見。田憤然以為有意玩弄，田自作罷，周亦不能再提。其時，直奉外援均擁靳，而靳閣得以維持。

直奉結合倒皖，段究是北洋老輩，未敢輕侮，故置段而攻徐。至五月間，各方面公然開始動作，靳亦不能捨段而完全站在直奉方面，遂於五月十四日辭職，以薩鎮冰暫兼代國務總理。

五月二十三日，吳佩孚自衡陽撤防北歸。三十一日，過武昌。六月八日，到鄭州。十□日到保定，開保定軍事會議，即通電攻擊安福系。此時一步緊一步，靳為自身脫卸計，屢求辭退。七月二日，靳免職。三日，曹錕、張作霖響應吳，通電討徐。府方懾於曹吳之威，四日開去徐西北籌邊使、西北邊防總司令各職。段時駐團河，大怒，即於八日回京，在將軍府召集軍事會議，決定用邊防軍（即參戰軍）組織定國軍，自任總司令，以討曹吳，一面脅迫府方懲治曹吳。府方又懾於段之威，九月，開去曹吳各職。十二日，曹張聯名通電討段，以吳佩孚為總司令，率兵北向。十四日，開始接觸，兩軍激戰於涿州、高碑店、琉璃河等處，奉軍亦在東路加入前線。十七日，定國軍敗潰。十九日，段引咎辭職，遂於二十六日撤銷曹吳處分。二十八日，段免職，撤銷督辦邊防事務處、西北邊防軍。二十九日，懲辦安福係等。至此，皖係遂完全失敗。有嘲靳者言：靳總理站在旁邊看老師唱戲，不知向誰拍手也。

靳雲鵬內閣（第二次）

民國九年（一九二〇年）八月九日，特任靳雲鵬署國務總理。其閣員如下：

外交　顏惠慶
內務　張志潭
財政　周自齊
陸軍　靳雲鵬（兼）

海軍　薩鎮冰
司法　董康
教育　范源濂
農商　王迺斌
交通　葉恭綽

自直皖戰後，直皖問題又變為直奉問題，總統以靳與直奉有關也，故又令其組閣。靳初尚不知曹、張意旨，半推半就。經曹、張在津與靳會晤，提議三事：一、取消安福國會，以舊選舉法改選國會；二、撤銷參戰軍、中日軍事協定；三、停止參戰借款。決定後，派張志潭入京報告，總統允許照辦。於是靳入京就職，除取消安福國會、撤銷參戰軍、軍事協定、停止參戰借款先後照辦外，其以張長內務，即為辦理舊法新選。一般人認為選舉問題即大總統問題，靳逢人輒道徐總統第一任、曹第二任、張第三任。直隸省議會議長邊守靖密告直隸省長曹銳：「舊法新選成功，靳將自為總統。」若如靳云云，在直方（第一任）固有戒心，即奉方第三任亦不能滿意。其時，直魯豫已初選，至是停止復選，而改選國會不能進行。

此次閣員，張站在府方，靳尤倚重之；周、葉，交通系；王，奉系，不發生作用；其重心在張、周、葉三人。靳以聯結直奉而為總理，故周旋曹張兩大之間，唯恐失歡。此時中央財政竭蹶，而新銀行團借款又未收效果。吳佩孚以戰勝餘威，日向中央索款，無以應付。

三月三日，財政部提出整理公債計畫，但是緩不濟急。靳以交通系當財政責任，若不去周、葉，則內閣不能支持。乃於四月二十五日，在天津召集四巡閱使會議。到者直魯豫曹錕，東三省張作霖，兩湖王占元，兩廣陸榮廷，及各省督軍、護軍使等二十餘人，聯合威嚇周、葉。周因之辭職，葉不為所動。乃以內閣總辭職方法出之，以排去周、葉，而由靳重行改組。亦異聞也。

靳雲鵬內閣（第三次）

民國十年（一九二一年）五月十四日，特任靳雲鵬為國務總理，其閣員如下：

外交　顏惠慶
內務　齊耀珊
財政　李士偉（未到任，次長潘復代；十月，高凌霨任）
陸軍　蔡成勳
海軍　李鼎新
司法　董康
教育　范源濂（未到任，次長馬鄰翼代）

農商　王迺斌
交通　張志潭

此次內閣，以總辭職形式而改組，專為排去交通系之周、葉。奉系加入者為齊、王（王原任）；財政李，是周學熙一派，久在天津，不過接近直系（歷來內閣，直系均未參加，且亦無人參加）。至十月，高凌霨長財政，乃可謂之直係也。直方停辦新選舉，故以張調交通，其重心在張一人。外交方面，七月十日，美總統倡議召集太平洋會議；十三日，邀請中國參預；十月六日，特派顧維鈞、施肇基、王寵惠為參預太平洋會議代表。十三日，在華盛頓開會。十六日，中國提出十大原則案，美國另提出四大原則案，經修正後由中國以外與會各國通過簽字。二十三日，中國提出關稅自主案，又繼續提出山東交還中國等案。此項交涉，乃是外交部商承府方主持辦理；有時閣議，亦不過形式而已。

軍事方面，七月二十七日，鄂湘戰爭開始。其時王占元為兩湖巡閱使，湖北自治軍由李書城、孔庚、夏斗寅等率領由岳州進攻，克復蒲圻、通城、通山等處。八月九日，以吳佩孚為兩湖巡閱使，自洛陽率兵南下，二十七日，攻佔岳州。自治軍以首尾不應，遂敗退。川軍進攻宜昌，亦敗退。自是武漢上游為吳勢力所佔據，奉方亦久思伸張勢力於長江各省，至此計畫失敗。

在財政李士偉未到任以前（五月至十月間），以潘復代部。府方不喜潘，張志潭與潘亦不協，而財政潛勢力仍握在交通系。靳初以為排去周、葉，財政有辦法，至此更毫無辦法。其時，直奉兩方對靳尚無惡感，惟府方因潘而牽及於靳，時時發生齟齬，其直接衝突，則在全國煙酒事務署。據其內幕中人言，向例，煙酒署有提交總統府秘密費十萬元，督辦為張壽齡，總理徇潘之請，主張更換張壽齡，府方反對。某日，總理面言於總統，總統言：「張壽齡雖不勝，總比潘復強得多，何以潘復不更換？」靳言：「不換張壽齡，我不能幹。」不歡而散，經徐世章等調停，以汪士元繼張，高凌霨長財政。自是府院裂痕揭開矣。

此次交通系排去後，積憤不平，認為有機可乘，遂謀以京津停兌為倒閣政策。先得府方之同意，提出中交銀行準備金不足，要求政府下令京津行停兌。中行王克敏、馮耿光密告政府停兌之危險。靳不敢堅持停兌，而府方催促尤力。政府某要人乃用以矛攻盾手段商議對策，於是直隸省長曹銳十一月二十九日致府院電云：「近聞中交兩行有停兌之謠，爰召集中交兩行行長面詢真相。據中行卞行長面稱，津行準備金足資周轉；交行林行長言詞閃爍。當派員赴該行盤查庫存，津行存款超過發行鈔票額甚巨，誠恐另有作用。並據密報，主使中交停兌之人，即在北京暗中策動。似此擾亂金融、危害國家之元惡，應請密飭京師衛戍司令、步軍統領嚴密查獲，依法嚴懲。」電到後，院方即密派軍警監視交通系有力者，而府方有人密示意葉恭綽離京。於是葉當晚秘密乘車赴奉，由楊宇霆介紹見張作霖，力言：「總統本有去靳之意，因靳召集新國會，實為曹謀，如張入京去靳，以梁士詒組閣，則國會召成，張當然被選總統。」張為所動，遂於十二月十四日入京。曹錕聞張到京，亦於十九日由保到京，與張會晤。曹言：「內閣不宜更換，我等疆吏不應干預中央之事。」張言：「此係總統意思。」曹邀張同見總統，總統言：「責任內閣，我無成見，惟翼卿（靳雲鵬）實不相宜。」曹張無言而退。曹當晚回保，張多留一日。其時靳雲鵬已於十八日辭職，以顏惠慶暫代國務總理。至二十四日，梁士詒組閣之命下矣（以上張內幕中人云）。

梁士詒內閣

民國十年（一九二一年）十二月二十四日，特任梁士詒為國務總理。其閣員如下：

外交　顏惠慶
內務　高凌霨
財政　張弧
陸軍　鮑貴卿
海軍　李鼎新
司法　王寵惠
教育　范源濂（十二月二十五日免。黃炎培任，未就。齊耀珊兼署）
農商　齊耀珊

此次梁閣係奉方所推。奉方加入者鮑、齊（齊原內務）；歷來陸軍均北洋派，鮑以奉系加入，亦創格也。直方加入者，高（原財政）、張，准交通系；葉，交通系。其重心在張、葉，而葉尤為主幹。

其時軍人勢力仍在直奉。奉軍入關，由京榆線自灤州分佈於天津，以至於北京，處處與直方接觸，但欲驅至關外，又無可借口。吳佩孚戰勝皖系，又新得武漢，其氣勢不可向邇，遂以魯案問題發難。

吳反對梁閣，其要點在梁賣國媚外，斷送膠濟鐵路。十二月二十八日，外交部通知三代表電：本日小幡謁內閣，詳詢「膠路辦法」，梁答以「定借日款自辦」。一月□日，華會國民代表余日章、蔣夢麟電：「北京隱瞞專使，開始直接交涉。」梁電告專使：「接受日本借款贖路，與中日共管之要求。」云云。此事真相不明。據當時在局中者言，梁就任，日使循例進謁。日使本梁舊識，談及財政枯竭，日使言「日本可借款幫忙」。日使詢及「膠路意見」，梁言：「當然籌款贖路，或債票，或庫券，須由國內外合籌。」日使言：「當盡我日本。」梁言：「如借外款，定可借日本款。」梁申辨電中有「未嘗言限於日本，亦非但盡日本」。梁不曾否認日款，但不如外部之肯定耳。在梁登臺，政費無著，亟於得到一筆借款，故對於膠路亦遷就其詞，並未提及在北京直接交涉，亦無接受要求之事。此人所言如是。吳通電公開肆罵，不留餘地。梁亦通電申辨（電文太多，不錄）。最後將訴諸武力，梁即於一月二十三日請假去津。二十五日，照准，以顏惠慶暫兼代國務總理。

外交方面。二月四日，太平洋會議，關於中日魯案交涉解決，正約十一條，附約八條，會議記錄本日在華盛頓簽字。六日，公佈九國遠東公約，於是太平洋會議閉會。此項交涉，乃是外交部商承府方主持辦理（此時梁請假，在顏代閣期內）。

財政方面。先是一月二十六日，財政部發行八厘債券，名曰償還內外短期公債，總數為九千六百萬元，所謂九六公債也。公布後，長江各督反對，吳佩孚抨擊尤力。二月十七日，設償還內外短債審查會，董康為委員長。審查結果，認為弊端甚大，董遂據以糾參。三月七日，張弧聞而逃走。此亦倒閣重要案件之一（此時梁雖請假，但其決定在梁去津以前）。

張作霖擁梁，屢通電以為抵制。自靳閣成立後，張景惠以察哈爾都統兼副司令，管理北京一帶奉軍，秦華為京師憲兵司令兼奉軍參謀長，無形中為奉派勢力。至三月三十一日，添派第二十七師張作相、第二十八師吳俊升、第二十九師汲金純入關，集中廊房。吳亦積極準備，先密電武漢、岳州，抽調第二十四師及第三混成旅北來；一面令王承斌等率部開赴前敵。兩方相持，而戰事一觸即發，故顏代閣辭職。四月八日，以周自齊兼國務總理。二十五日，奉方孫烈臣、張作相、張學良先後入關，與張景惠在落垡會議。張作霖自瀋陽至軍糧城指揮。吳佩孚亦自鄭州至保定。二十六日，直奉戰爭開始，奉軍西路長辛店先敗，中路固安、東路馬廠同時亦敗，至五月五日，全部敗退軍糧城，自後撤出關外。據張景惠言：「本人為擁靳聯曹之一人，一般人都以直奉平素關係，不當言戰。此次張使調兵，純係恐嚇手段。本人與曹使密議，如不得已而戰，即作一戰爭形勢，奉軍佯敗，以消滅張使之氣焰，將來由靳調停，仍擁靳出而組閣。曹使採其計，曾派曹鋭出關，跪求張使退兵。張不允，調兵入關，而吳佩孚等分兵出發。其初，長辛店方面，奉軍暫編第一師梁朝棟、炮兵旅鄒芬，交綏而退，尚欲作戰爭形勢，不意中、東兩路亦敗。吳遂勢如破竹，直到天津。所有長辛店退兵將至南苑，王懷慶暗伏重兵，將奉軍退出者全部繳械，至此乃知曹使失信，為其所紿。而直奉決裂，無可挽回。」云云。此亦直奉戰爭中一段秘史也。

直奉戰爭，本因倒閣而起，其結果以至成為總統問題。此時吳固不滿徐，亦偏重恢復法統，但是並無堅決即時去徐之意。此等重大問題，一般軍人根本上不明了，故不敢冒然主張，即吳最初亦在各方面試探，未曾作何決定，故十四、五兩日，均有電徵求恢復國會意見。十五日，孫傳芳電請黃陂復位，係彼個人主張，不過視為一種建議而已，並非保方授意也。此次戰事結束，吳同前敵將領在保研究善後事宜，某日，得北京情報：徐總統密召曹汝霖、陸宗輿深夜入府，不知商量何事。吳大憤怒，以為其勾結日本，別有搗鬼作用，即留參謀長李濟臣駐保，自回洛陽布置軍事。臨行，命李電告北京代表注意府方行動。於是在保將領，有以密電示長江各督者，故孫傳芳二十八日通電南北兩總統同時退位。二十九日，齊燮元電請徐總統退位，在保方尚未肯表示意見也。其故退位之說，不是徐走不走問題。徐走後，曹無名義到京，若依孫電請黎復位，黎亦不是我們意中人，比較起來，不如暫時維持徐，於是改計密電各省聯名通電擁徐。張志潭亦參與其謀。正商辦間，不意二月一日深夜，李濟臣接吳電追問北京情形，當以軍用電話詰責北京代表錢宗澤，謂：「吳大帥發怒，已回洛陽，將來一定要將徐趕走，你為何不好好注意辦？」錢聆電話，恐嚇失狀，忽略「將來」兩字，次日大早，即以軍用電話向府秘書長吳笈孫疾聲言：「吳大帥有電話來，要徐世昌趕快騰總統府。」云云。忽略「將來」兩字，就要將徐趕走。徐認為嚴重，即採用田文烈、徐世章建議，當日下午四時出京。事出倉卒，真是意想不到。但既已如此，大眾集議，只好走恢復法統一條路，擁護黎總統復位。當夜派李濟臣到洛，商吳同意後，次日，熊炳琦同李濟臣到津請黎。黎滿口應許。旋發出廢督裁兵魚電，忽又變成僵局。保定加派王承斌到津。據保定參謀長熊炳琦云：「此時徐已離京，捨黎別無辦法，於是我們三人在天津英租界黎宅跪求半日，經多少周折，黎始嘿允出山。此八日事。是晚，齊燮元代表孫發緒到津，力主張紹曾組閣，要挾過分，黎又表示不出。復經九日一日之疏解，十日，黎始允次日入京。」

自四月二十六日直奉開戰後，關於總統問題醞釀經月。至六月二日，徐世昌辭職，令國務院攝行職務。國務員周自齊等通電大總統職權奉還國會，暫以國民資格維持一切，聽候接收。十一日，黎元洪入京就職。至此而舊者終結、新者開始矣。

臨時約法恢復之國務院（黎元洪大總統任內）

顏惠慶內閣

民國十一年（一九二二年）六月十一日，黎總統就職，特任顏惠慶署國務總理。其閣員如下：

外交　顏惠慶（兼）
內務　譚延闓（張國淦兼）
財政　董康
陸軍　吳佩孚（次長金永炎代）
海軍　李鼎新
司法　王寵惠

教育　黃炎培（未到任，高恩洪兼；五月，次長湯爾和代）
農商　張國淦
交通　高恩洪

直戰勝奉，自成為直系唯一勢力，而直系中又分津保（曹）、洛（吳）兩派。其實，曹吳本人毫無派別，乃其左右假借聲勢以號召也。此次內閣，為各方合組而成，保方不參加意見，洛方亦未積極干涉。黎到京，即約我組閣，囑由金永炎電洛徵吳同意。我力辭（我自段閣浦廠拒絕簽字後，為安福反對，即離開政局），推顏惠慶以自代。保、洛素重視顏，黎據此徵顏，顏亦力辭，經強勸而後就。黎與我密議「實行廢督裁兵方法」，我言：「廢督裁兵，不是旦夕可期，此時應當先謀南北合作。歷來言統一而不能實現者，大半人的問題。」因推譚延闓長內務，以南方重要人物參加北閣，南北一堂以謀統一，才有其他辦法可言。黎言：「譚在各方能通過否？」我言：「譚本係總統武昌首義共患難之人，吳在衡陽曾有結合，因此種種關係，所以推譚，吳定能通過。此人北來，即有相隨而來者。此時重心在吳，吳好名喜功，果能剖切從全局打算，則中國前途當有希望。」我又推李烈鈞長陸軍，黎言：「這決通不過，不如借重吳佩孚威望，就不到任，即以金永炎為次長代理。」董康本不懂財政，據金永炎言：「吳在津站，曾談及財政。」吳言：「就叫那參劾九六公債這人擔任。」吳亦不記其名。黎言：「這人係董康。」即以之長財政。顏推黃炎培長教育，以其「在社會方面盡力」也。我則出自黎意。洛方只交通高恩洪一人（高原任），亦非吳薦舉。司法王寵惠，因其接近洛方。顏與何人皆能共事，亦素無私人，經黎顏接洽，於是發表。

內閣發表之次日，吳自長辛店入京謁黎，先在黎宅八角亭上密談，約一小時，即到亭下辦公室午餐。總理、全體閣員，與饒漢祥、金永炎（府方）、孫丹林（洛方）同坐，吳未發表意見，餐畢去回長辛店，大眾亦散。我獨留詢黎：「八角亭中密談何事？」黎言：「組安（譚延闓）彼極贊成，告以我們的南北計畫，彼亦認為適當。但以組安穩健，此外黨人不易說話，又為府、洛應當密切聯繫，府方可用彼處一人為秘書長，頗不滿意苾僧（饒漢祥），推薦其秘書孫丹林（即擬驅梁仿鱷魚文電者），當即答應，可約孫為秘書長。此外所說，大概軍事居多。云云。

譚任內務，以我兼代，係專等譚來。我請黎以私電致譚，黎囑我轉達，我乃密電譚以「此次相約本旨」相告。譚覆我電：「在滬日久，須少佈置，即先派人到京面洽。」其人到京，與我詳議此後進行方法。比謁黎返滬，譚忽致電於我：「以本人立場不能北來。」此又非局外能知其中曲折也（次年三月二日廣州大元帥大本營譚任內務部長）。秘書長黎已允吳用孫丹林。孫正準備進府，乃黎左右擁饒者以「吳不當干涉秘書長，且孫進府，則府中秘密無不洩露於洛方，尤為可慮」。黎縣亦變更前議，仍以饒為秘書長。孫大怒，即拂衣登車回洛，為高恩洪阻止。次日閣議，高與顏商以何名義留孫，即暫以內務次長羈縻之，不令回洛，以免別生節。自此各方面發生問題矣。內閣本無形中操在有力者之手，譚既不來，孫又躍躍欲試。八月一日，國會繼續開會，顏亦不能安其位（吳景濂以顏曾參加安福內閣），於八月五日辭職，以王寵惠兼代國務總理。

唐紹儀內閣（未到任）

民國十一年（一九二二年）八月六日，特任唐紹儀為國務總理，未到任以前，以王寵惠代理。其閣員如下：

外交　顧維鈞
內務　田文烈（未到任，次長孫丹林代）
財政　高凌霨
陸軍　張紹曾
海軍　李鼎新
司法　張耀曾
教育　王寵惠
農商　盧信
交通　高恩洪

此次唐閣出自黎意，但名為唐閣，實即王寵惠所組織。王、顧先有結合，屢在吳景濂處秘議，以為府方不可無人參加，再四約我。其時我主譚延闓入閣，孫、高意在孫洪伊，因之不滿。有一次閣議，黎提出李烈鈞長參謀本部，又以為破壞政局以及各種問題，皆集矢於我。我見譚不北來，譚吳合作無望，府洛意見又起，根本上無辦法，乃堅決辭謝，舉田文烈自代，田亦黎同鄉故也。田懾於孫之氣焰，不敢就，即舉孫自代。孫（丹林）、高（恩洪），洛派，張（紹曾）、高（凌霨），津保派，盧信，唐派（吳景濂提出），張耀曾，政學派。唐不能北來，為時月餘，於是以王寵惠正式組閣。

王寵惠內閣

民國十一年（一九二二年）九月十九日，特任王寵惠署國務總理。其閣員如下：

外交　顧維鈞
內務　孫丹林
財政　羅文榦
陸軍　張紹曾

海軍　李鼎新
司法　徐謙（未到任，次長石志泉暫代）
教育　湯爾和
農商　高凌霨
交通　高恩洪

王、顧結合，王、羅、湯同在《努力週報》發表〈我們政治主張好內閣〉，可謂沆瀣一氣。王本接近洛派，又有孫、高（恩洪）入閣；津保派有張、高（凌霨），亦分配平衡矣。但是，此次閣員中重心在孫、高（恩洪）二人，自為津保派所妒忌。彼等以洛保鑣，不僅藐視府方，並且輕視國會，於是吳景濂與津保勾結。十一月十八日，吳景濂、張伯烈藉口「財長羅文榦訂立奧國借款展期合同有納賄情事」，往總統府告密，迫黎立下手諭，令步軍統領將羅文榦送交地方檢察廳。洛方電黎：「羅文幹是財政總長，並未免職，亦尚未確定罪名，即交法院，殊屬不成事體。」據說，此電係孫丹林在京擬稿致洛照發的，而府方秘書廳借題報復，便拿「殊屬不成事體」六字向黎說：「這是從前皇上對於臣工、長官對於屬下的口吻，他以帶兵將領，竟敢肆無忌憚，對於總統這樣謾罵，其心目中還有總統在嗎？」黎不明了此中曲折，聽了自然不快。他們便據了這意思寫了很長的電報責備洛方。吳見這電，初不介意，次日府方把這電在報上發表，吳便勃然向其左右說：「我們為擁黎之人，我們有錯，儘管教訓，為什麼公開登報？這並不把我們當自家的人。既然如此，以後洛方不准和府方再有電往來。」而府洛從此隔絕。保方是與總統對敵之人，洛方尚是在相當時間擁護總統者，府方敵人既在津保，而彼等乃以文字泄忿，開釁於洛，至此而總統孤立矣。

黎總統復洛陽吳巡閱使電云（此電於府洛關係甚巨，故全錄之）：

比歲髒污狼藉，奸宄鴟張，周責驟增，趙講將盡，凡具血氣，咸抱煩冤。元洪視傷已久，坐席未溫，即思整飭紀綱，蕩滌瑕穢，庶為遺黎，稍寬昆嗣。雖明知事權旁落，黨派分歧，然存亡所關，生死不懼。本月巧日眾議院吳張兩議長密控奧債合同，攜帶證人，臚列按語，面稱羅財長首犯嫌疑，將圖逃竄。議院特備印函，立求法辦，該證人並供引周詳，指陳確鑿。元洪復查合同，冒稱批准，既涉賄案，又有證人，位異常僚，事關瀆職，勉以公函轉交總監，但令傳送法庭，聽從吏訊。來電乃謂總監奉諭，迅捕密傳。既云密傳，即非逮捕，鍒敵相戾，推敲自明。調查警廳去電，並未妄言迅捕，不知何所根據，代為增加。現行法律回避嫌疑，被告既係閣員，豈能再交樞議，既違規定，尤恐扶同。國體共和，人權平等，果議長非矯誣之語，即盡人有告發之權，本無明令，何須副署？年來先送法曹，後免官職，相沿已久，舉世未非。財部前次長鍾安銘久羈獄戶，未褫班聯，執事令之而不疑，警廳行之而不怪。至授薛聶以傳送檢廳之命，亦由軍警為補助法吏之資，考諸憲章，亦無差忒。總之，奧債合同無論應否承認，而未經批准、未經閱議、未交國會通過，告訴者持之有故，辦理者急不致詳。身居龍首，時屬豺牙，以議長四百兆人代表之尊，告國家五千萬元損失之巨，有失日指天之證，有立時遷地之虞，稍有良知，寧忍坐視？論待遇僚屬之情，誠慚過恝；論愛護國家之念，自度無他。縱深文巧詆，似有瘢痕，而觀過知仁，可明心跡。羅總長拔身牛角，擢位羊皮，寧顧失德之彰，自詒知人之累，然果使貪泉不戒，窮藪先逋，彼時下石之投，喧豗不已，批根之引，庇縱何辭？日來國會詰奸，閣員辨謗，飛流交鬥，急電分馳，重以報紙猜疑，訛言紛起。元洪以既交檢查，自有尊嚴，爰書果實，雖恩必懲，疑讞全虛，雖怨必雪。一身之去留甚小，三司之賞罰當平。處此危疑震撼之時，應懷磊落光明之度。元洪久分長離，本無遠志，國人宥其僨轅，責以守器。竊懍北斗尚虛之懼，冀收東隅已失之光，望燧蠲餮，觀輝廢寢。言廢督而督軍日侈，言裁兵而兵額日增，言停戰而戰禍日滋，言止債而債務日起。孤寄白宮，如聾如聵，俯觀赤縣，益熱益深。宏願委諸吹泡，虛榮等諸嚼蠟，外慚清議，內疚神明。此案既生，群情不諒，攻異派者謂有徇私之累，感同聲者謂無議貴之分。悉容表顏，謗語銷骨，內爭未已，外責又來，果何失圖，而難赦書？菟裘之地久營，樗杜之居尚在。哀股毛之已盡，冀髀肉之復生，屢具辭書，猶存議會。既屬不成事體，正宜別立賢能，朝選替人，夕還初服，但使無棄國如遺之責，亦可抱潔身先去之心，此固可歃血為盟、出肝相示者也。抑有進者，軍旅之事，責有專司，朋友之倫，忠貴善道，轡策久去，鈕樞不還。然田單神師，奉以約束，吳叔鬼卜，躬自推崇，若冠冕尊之，而屢舄視之，執事奄然開藩，何以臨眾？元洪忝託清交，附居直友，甚願執事攄雪宿憤，發揚天聲。功績勒諸燕然，名譽垂諸峴首，不願執事遙斷朝政，輕亂國彝，仇者快心，親者痛首，敢贈藥食，實式圖之。梗。

二十三日，曹錕通電攻羅而倒王，洛方亦不能袒羅而反曹。二十五日，王寵惠、顧維鈞、孫丹林、李鼎新、湯爾和、高恩洪（除保方張紹曾，高凌霨外）通電辭職。二十七日，眾議院通過查辦王寵惠、顧維鈞案。二十七日，王寵惠免職，以汪大燮署國務總理。

汪大燮內閣

民國十一年（一九二二年）十一月二十七日。此次汪閣，係過渡代閣性質，但亦有組閣形式，如下：

外交　王正廷
內務　高凌霨
財政　汪大燮（兼）

陸軍　張紹曾
海軍　李鼎新
司法　許世英
教育　彭允彝
農商　李根源
交通　高恩洪

其時王閣（亦可曰洛派）既去，津保即欲以本派人登臺，預定計劃，有閣即倒。其時青島收回，正待簽字，故汪代閣時聲明維持現狀十日。保方反對，國會張伯烈亦攻擊。汪通電辭職去津，府方慰留。十二月二日，汪再聲明維持十日，其閣員惟教育彭、農商李新加入。五日，張紹曾提交國會。十一日免汪職，以王正廷兼代國務總理。

黎總統對於汪代閣通電云：「歌電計達，汪揆現屆十日之期，堅求去職，莫由挽留。元洪與數晨夕，曾閱《春秋》，深佩其器識閎通，思慮縝密，名在黨籍，而涵納眾流，功在載書，而周知庶政。頃以外交急迫，內閣崩離，受命於倉卒之時，奮身於危疑之會，雖刮骨求瘢，責言交至，而澄心徇物，勞瘁不辭。無五日悻悻之心，有一介休休之度。卒使魯案得以告竣，奧約得以解除。既釋流言，仍踐歸志，出處不忒，是非自昭。微特慰諸公愛國之殷，亦足祛元洪知人之累，人才難得，我勞如何？蒸。」此次汪代閣本為膠案簽字而暫留，故值得一般人推許也。

張紹曾內閣

民國十二年（一九二三年）一月四日，特任張紹曾為國務總理。其閣員如下：

外交　施肇基（未通過，黃郛署；三月顧維鈞署）
內務　高凌霨
財政　劉恩源（五月張英華署）
陸軍　張紹曾（兼）
海軍　李鼎新
司法　程克
教育　彭允彝
農商　李根源
交通　吳毓麟

此次張閣，以津保資格而出，參加者：高、吳，津保派；劉、李（鼎新）、程，附屬津保派；彭、李（根源），黎有關係，自律保視之，即曰府派。洛方孫、高（恩洪）去後，吳佩孚聲明不過問政局，故無表示，亦無人參加。府方如饒漢祥曾參與廬山會議，與張本有關係，但李、彭在黎左右，彼等亦無甚作用也。

在此次張閣期內，其政潮之擴大，為歷來內閣所未有。茲從各方面分析言之。以政策言，張閣標榜和平統一，在曹錕本無所謂，吳佩孚係主張武力統一，當然衝突。其實軍事實力完全握在吳手，張閣空洞，吳以為聆命令之人而已，並不重視。張就任後，於一月八日電致西南各省主張和平統一。二十六日，孫文在上海發表裁兵救國宣言，南北響應。在中央以為和平有望，而洛方則各自進行其武力統一，不相謀也。二月十七日，曹吳電請中央任命沈鴻英督粵、孫傳芳督閩，似此，則和平顯然破裂。張雖於三月七日憤而辭職，卒於三月二十日據以發表。至是，張紹曾與各面裂痕揭開矣。

據張志潭言：張閣本身失敗，不在洛吳，亦不在府方，而在津保派同閣者之自相排擠，張墮其術中而不能自拔。黎總統就職後，大選成為重大問題，洛吳固推尊曹，但其始意並未積極擁曹為總統，頗欲利用黎名議，拖延選舉時日，以完成其武力統一。自府方殊屬不成事體電發佈後，對黎失望，始於津保選舉進行，不促成亦不阻止（事後高凌霨、吳毓麟亦云）。津保派乃為所欲為，彼等閣以內，高凌霨、吳毓麟為主幹；閣以外，天津曹銳、王承斌、邊守靖等為主幹。國會方面，與吳景濂、張伯烈等互相勾結，並以大選告成，第一任總理許吳景濂。在京軍人有力者加入選舉團，一時空氣，以為黎一日在位，則大選一日不成。

張紹曾性游移，欲幹而又不敢幹，故為彼等所抨擊。在洛，孫命令發表，李根源、彭允彝府方，占在保洛以外，當然不贊成，故主總辭職。張一面辭職，又一面在宅召集非正式閣議，並發表假造曹吳挽留之電。高凌霨、劉恩源、吳毓麟去津，非關政策，實拆張台，經張派程克往津，高等始回。十七日，在張宅決定總復職（事後吳毓麟亦云）。其手段卑劣，尚不止此。魏聯芳實業專使，張會卿塞北關監督，亦假造閣議通過。吳、高、程反對，曾相繼去津，早已表現不能合作，於是彼等竊竊私議，以為擁曹必先驅黎，驅黎必先驅張，張去，而由高、吳等主持內閣，操縱大選。此等醞釀，不止一朝。眾議院通過不信任案，而張亦不為所動。至五月二十四日，黎總統批發制憲等經費，高、吳等遂以責任問題，脅張總辭職。六月六日提出辭呈，張即日去津，在張以為要挾黎也，不日即可返京，不知以高拒張，在津保系預定計劃。張去津，七日，黎派劉治洲等到津慰留，張為津保派所遏，自不能返京，而津保所希望之高閣不能實現，於是軍警發動，藉口索餉。府方提議顧維鈞組閣，其時北京實力在馮玉祥，馮素反對顧，府方不了然也。九日，水電斷絕，而府方強硬如故，於是各方面群集密議。數日以來，總統既恐嚇不去，高閣又不能實現，打算暫時改用和緩手段。顏惠慶各方感情都好，尤其是馮玉祥，以之組閣，對於黎，有顏緩衝，先憲後選，仍可達到擁曹之目的（事後王懷慶、聶憲藩亦云）。當即相偕強顏，又浼府方某某向黎進言，黎亦慨允。軍警當局又向黎作正式之要求。黎當即約顏商量，顏未拒絕。有反顏者，詭詞向黎獻策。午後再約顏顧兩人，同時入府商量，當然互相推讓，不得要領而退。至此，顏閣不能實現，已到一不做二不休地步。十一、十二兩日，各方愈逼愈緊。十二日，馮玉祥、王懷慶通電辭職，以為府方技窮矣。不知黎左右有人策劃，不可謂秦無人也。十三日，黎被迫到津，張紹曾終不能返京。十四日，高凌霨攝閣，以至曹錕任職時為止云云。

所有張閣辭職至黎到津重要各電，多有未登公報者，撮錄如下：

六月六日，張紹曾呈云：

竊於五月二十四日，財政部收到稅務處公文一件，內開借撥海關重建房屋經費一案，奉大總統批，出使經費月撥十三萬元，國會制憲經費月撥十七萬元，其修建江海關經費即照數勻撥，財政部查照行知等因。僉以制憲為國家根本大業，本應寬籌經費，以促觀成，出使經費亦關重要，惟依法定手續，須先由國務會議通過，方生效力。歷次陳明，未蒙諒許，乃於六月二日又接府秘書廳交函，前由府派哈漢章往查京師軍警督察處復呈一件，奉手諭，交院照辦各等因。是日又經議決，調薛篤弼為崇文門稅務監督，擬具命令副署送府，時經三日，復未蒙蓋印發下。伏查民國約法，採取責任內閣制度，故於第四十五條明定，凡大總統發佈命令，須經國務員副署；又查政府組織令，國務由國務會議行之。又查國務會議規條第一條所列國務會議事項，第三項預算外之支出，第七項簡任官之進退各等語，是借撥關款及簡任稅務監督各案之須經由國務會議議決辦理，具有明文。今大總統事先出以獨斷，事後不納勛勸，凡勞主座之分憂，實出閣員之失職。紹曾等既蒙不信任，惟有仰懇鈞座，立予罷斥，以明責任而重法制等因。竊維責任內閣載在約法，今既責任不明，以後危險情形，豈可言喻？紹曾等備員閣席，既不欲使一己蒙失職之咎，復不欲元首陷侵權之嫌，惟有聲請罷斥，解除責任。

七日，黎總統通電云：

元洪不德，負我元僚，致有總辭職之舉，制憲經費，列為主因。當時國會議決、議長請求，適財長闕員，元洪曾遍約閣員，下及財次、公司籌議，始轉商稅司，緩築海關，批明用途，乃獲定約，不虞今日，復有後言。元洪贊助制憲，心在救國，縱責過失，猶勝阻撓，此可請邦人共鑒者也。使館斷炊，下旗歸國，此何等事，而忍漠然？爾時座中討論，亦無異詞。軍警督察，直接元首，項城設官，躬預其議。衛戍既立，何妨裁省，閣員反對，業予新除，崇文稅差，閣員力主易人，比經許諾。第以陶立並無大過，可授別官，執意不從，亦允蓋印。乃電促再三，迄不送府，今猶在院，可復按也。凡斯物薄細故，既非要政，決無成心，寧承勖勸，不垂嘉納。元洪與內長同寅，推轂屢失，張揆諸人，半託舊契，縞紵之交，硯席之好，歡若生平，恃府院之間，情同骨肉，維持調護，終始不移。垂拱觀成，未嘗掣肘，縱復責為失檢，亦僅此數端。偶攄意見，初非拘束，旋復聽從，曾謂久要，而難原諒。一統未成，百廢未舉，閣員肯明責任，固所禱祀以求者。簡關在邇，全樞偕行，中流失船，不知所居。元洪縱不足惜，如國家何？閣員明達，寧忍恝然？已派劉次長治洲、金次長永炎，赴津謝過，分勸就職，期於得諸。知念特聞。

同日，黎又通電云：

本日，十四機關軍警長官三百餘人到府索薪。下午，劉、金兩次長由津回京。據稱力勸張揆復職，未承允許，轉商議長，特請顧少川組閣，顧有允意。特聞。

八日，黎通電云：

本日天安門軍警開會，發佈傳單，顧少川因各方不肯同力合作，辭謝組閣。張揆署名空白命令，向國務院秘書廳查詢不得。特聞。

十日，黎致曹、吳電云：

連日留張不獲，請人組閣，皆畏不敢就。罷崗開會，全城鼎沸，謠言紛起，皆謂有政治作用。本日復有軍警中下級軍官數百人，無故闖入住宅，借名索餉，此豈元首責任所在？又有公民請願團、國民大會約近千人，續來圍宅。元洪依法而來，今日可依法即去，六十老人，生死不計，尚何留戀？軍警等如此行為，是否必陷元洪於違法之地？兩公畿輔長官，當難坐視，盼即函示。

同日，黎又通電云：

本月六日，張揆辭職赴津。七日，派劉、金兩次長前往謝過，極力挽留。據敬輿言：此次政潮，醞釀極久，原因復雜，個人力難消弭，只得遠避等語。辭意堅決，無法挽回。八日，即有軍警官佐數百人，佩刀入新華門，圍居仁堂，借口索餉，經當面再三開導，始自散去。夜商議長，勸顧少川組閣，業經應允，卒以形格勢禁，合作難期，謝不肯任。同時向國務院詢取張揆副署空白命令兩紙，亦未交出。九日清晨，城郊警士一律罷崗，領袖公使來宅質問。天安門前復有數百人，說開國民大會，散放傳單，並構罪狀。新華門外及東廠住宅，守衛盡撤。比午，住宅數處電話不通，查係軍警派人監視，不許接傳。軍警當局推顏駿人組閣，促先發明令，並詢政權是否即交新閣。當答組閣並無成見，至個人來去，一聽國會。正在約駿人商籌，而十日午後，京畿各師旅軍官數百人，闖入住宅，包圍索餉。三時，復有自稱市民請願團公民大會，接踵圍宅，將近千人，手執「改造政局」、「總統退位」、「總統戀棧」等紙旗，呼喝之聲，響震屋瓦，百般勸諭，均不見聽，並推舉代表軍官二十餘人，守索不退。駿人初似肯相助，嗣因座中商議，元洪曾表示守法之意，亦不敢擔承。此日來元洪困難實在情形也。竊念元洪津門伏處，與世何求？既已依法而來，自應依法而去，接淅可行，成言具在，六十老翁，飽經憂患，自命弗恤，豈意其他？若專為己計安全，遂致為後來開惡例，海內健者，相率效尤，國紀不存，亂源曷已，京師首區，元首住宅演此怪劇，成何事體？直魯豫巡閱正副使為畿輔長官，本日已電詢辦法；一面仍物色閣員，以維現狀。特述顛末，用告邦人（十一日復以公函致參眾兩院）。

同日，黎又通電云：

本日軍警各官百餘人，無故闖入住宅，借名索餉，百喻不散。復有號稱北京市民請願團及國民大會約近千人，手持旗幟要求退位，圍宅喧嚷，屢請步軍統領、警察總監等來宅不至。晨約顏駿人面商組閣，初有允意，下午復晤，謂新閣無成立之望云。

十二日，黎致曹、吳電云：

迭電計達。本日又有軍警官佐多人，麕集門外，復雇流氓走卒數百人，手執驅黎退位等紙旗圍守住宅。王、馮二使聯名辭職，慰留不獲。元洪何難一去以謝國人？第念職權為法律所寄，不容輕棄。兩公畿輔長官，保定尤近在咫尺，坐視不語，恐百喙無以自解。應如何處置，仍盼即示。

十三日，黎未出京前，由李根源署名命令七道，命秘書劉遠駒送交印鑄局發佈。如下：

大總統令

國務總理張紹曾呈請辭職，張紹曾准免本職。此令。

大總統蓋印　農商總長李根源
中華民國十二年六月十三日

大總統令

特任農商總長李根源兼署國務總理。此令。

大總統蓋印　農商部總長李根源
中華民國十二年六月十三日

大總統令

署外交總長顧維鈞、內務總長高凌霨、署財政總長張英華、海軍總長李鼎新、兼陸軍總長張紹曾、司法總長程克、教育總長彭允彜、交通總長吳毓麟呈請辭職。顧維鈞、高凌霨、張英華、李鼎新、張紹曾、程克、彭允彜、吳毓麟均准免本兼各職。此令。

大總統蓋印　署國務總理李根源

中華民國十二年六月十三日

大總統令

特任金永炎署陸軍總長。此令。

大總統蓋印　署國務總理李根源

中華民國十二年六月十三日

大總統令

巡閱使、巡閱副使、陸軍檢閱使、督軍、督理，著即一律裁撤，所屬軍隊歸陸軍部直接管轄。此令。

大總統蓋印　署國務總理李根源
署陸軍總長金永炎
中華民國十二年六月十三日

大總統令

此次京師亂起，顯有發縱指使之人，本大總統委曲求全，脅迫愈急，毀法亂政，罪惡昭彰，舉國官民，當同義憤，扶危定亂，願與天下圖之。此令。

大總統蓋印　國務總理李根源
中華民國十二年六月十三日

大總統令

迭據全國商會聯合會、全國商會、商約研究會，呈請宣布實行裁厘日期，先行根據約章，次第勵行，增加進口稅率，值百抽十二五，以資抵補等語。所有全國厘金，茲定於民國十四年一月一日一律實行裁廢，著外交部、財政部、農商部、稅務處妥為籌備，如期施行，以期無負改善稅法，保惠商民之至意。此令。

大總統蓋印　署國務總理農商總長　李根源

同日，黎諮參眾兩院云：

本大總統去年復職之始，曾補行公文，向貴院聲明辭職在案。現在國難方殷，萬難卸責，特向貴院聲明，將去年辭職公文撤銷，即希查照。

同日，黎又分致參眾兩院及外交團文云：

本大總統認為在京不能自由行使職權，定於本日移津。特聞。

是日午後一時二十分，偕同新任陸軍總長金永炎、侍衛武官唐仲寅、秘書韓玉辰、熊少豪、洋顧問福開森、辛博生等十餘人，並護衛十餘人，以金永炎名義，乘專車赴天津。臨行，將大總統印信大小十五顆交秘書瞿瀛，隨其眷屬（如夫人黎本危）攜至東交民巷法國醫院，並聲言將到國會交印辭職。午後一時半，黎行後，始知未到院交印，乃臨時由高凌霨用長途電話告直隸省長王承斌到站設法截留。王即乘車迎至楊村站，索印不得。至四時半，車抵天津新站，黎原擬開到老站，即下車回宅。乃抵新站，王命將火車頭摘去，不准開行，並派軍警千餘名，嚴密包圍，仍催交印，相持甚烈。黎曾用手槍自戕，為福開森等攔救。王回省署，黎留新車站。

黎令顧問英人辛博森往電報局發電云：「上海報館轉全國報館鑒：元洪今日乘車來津，車抵楊村，即有直隸王省長上車監視。抵新站，王省長令摘去車頭，種種威嚇，已失自由。特此奉聞。」

是日午後十時，王承斌復來，盤詰印信究在何處。黎逼不得已，乃云在北京法國醫院，即強其電北京交印。是夜，因北京印尚未交出，不許黎回宅，即扣留於新車站室。深夜，王回署通電云：「本日午後一點半鐘接京電，黎總統以金永炎名義專車秘密出京，並未向國會辭職，印璽亦未交出，不知是何意思。承斌當即乘車迎至楊村謁見，請示印璽所在，總統語意含糊。繼云，在北京法國醫院，由其如夫人保管，乃屢次電京，迄未允交。嗣悉總統瀕行有致兩院公函云：『本大總統認為在京不能行使職權，已於今日移津』等因。黎邸在英租界，非組織政府之地，懇請移住省公署，從容商辦，徐圖解決，不蒙允許。現暫駐新車站，保護之責，承斌義無旁貸。此今日經過實在情形，特此電聞。」

黎又令辛博森再發電云：「前電計達。王省長率兵千餘人包圍火車，勒迫交印，查明印在北京法國醫院，逼交薛總監，尚不放行。元洪自准張揆辭職後，所有命令皆被印鑄局扣留未發。如有由北京正式發佈之命令，顯係矯造，元洪不負責任。」

十四日晨四時許，北京黎眷屬將印信全數交出，天津接電話後，王承斌復持代黎擬電稿三道：一、向國會辭職；一、大總統職權交國務院攝行；一、聲明臨行時所發命令無效，迫黎簽名。此所謂天津新站黎總統之寒電也。王始令車開老站，放黎回宅。

是日，黎回宅後通電云：「本日致參眾兩院公函，報告在津被迫情形，其文曰：『徑啟者，昨日元洪以連日軍警藉口索餉，無業流氓逼請退位，顯係別有作用，情勢險惡，迫不獲已，暫行移赴天津，一面已另行任命閣員，以維現狀。而是日下午三時，行抵楊村，即有王省長承斌等坐車監視，抵天津新站，王承斌即傳令摘去車頭，百般要脅，數千軍警密佈，堅不放行，始則要求交印，迨交出後，要求發電辭職，交院攝行，否則羈禁車內，永不放行。竊旋出所擬電稿，迫令簽名，直至本日早四時，方得自由回宅，此在天津新站被迫情形也。竊維被強迫之意思表示，應為無效，此為通行法例。王承斌以行政長官監禁元首，強索印璽，古今中外皆所罕聞，應如何維持法統、主張正義，敬希貴會諸君迅議辦法，是為至盼。』等因。特電布達，希查照。」

是日，王承斌亦通電云：「查此次大總統突然來津，人心惶恐，婉勸回京，未蒙俞允。所有總統職務，當然由國務院攝行。苟無印璽，則文告無以施行，即政務於以停滯。關節在邇，軍警索餉甚亟，遽陷全國於無政府地位，前途異常危險。所有黎總統到津，對於印璽辦理情形，已於元電詳陳，諒已達覽。茲因黎總統派秘書隨員等到京，於本日寅刻在京法國醫院將印璽取出，交由薛總監暫行照收。」

是日，黎又通電云：「元電計達。王承斌索印信，已在北京法國醫院取去。復派人持寒電三通，一致參眾院，一致國務院，一致全國，謂元洪因故出京向國會辭職，交國務院執行職權，逼令簽名，否則羈禁車內，永不放行。兵隊密繞，兇惡異常，已迫簽發。此種被強迫之意思表示，依法決不生效力。當此政象險惡時，一身去就，關係過巨，決不能率言辭職，即去年補行辭職諮文，亦已備諮撤回，不能率強附會，作為此次根據。如國會竟據此諮討論，元洪決不承認。特此通告。」

同日黎又通告云：「現在印被劫奪，所有北京發出之非法命令，概行無效。」

十四日，北京內閣接到天津王承斌所發通電後，即將其到津之已免職國務總理張紹曾排去，由已免職內務總長高凌霨等國務員攝行大總統職權。是日，高凌霨等通電云：「本日奉大總統寒電：『本大總統因故離京，已向國會辭職。所有大總統職務，依法由國務院攝行，應即遵照。』等因。本院謹依大總統選舉法第五條第二項，自本日起攝行大總統職務。特此通告。」

是日，高凌霨等致黎總統電云：「天津探設黎大總統均鑒：本日鈞座赴津，事前未蒙通諭，攀轅弗及。北京為政府所在之地，不可一日無元首，合懇鈞座即夕旋都，用慰喁望。凌霨等備位閣員，謹暫維本日行政狀況，祗候還旌，伏希迅示。」

同日，黎復高凌霨等電云：「北京高澤畬、張月笙、李承梅、吳秋舫諸先生鑒：元電悉，盛意極感。執事等呈請辭職，挽留不得，已於元日上午有依法副署蓋印命令發佈，准免本署各職，並特任農商總長李根源兼署國務總理。請稍息賢勞，容圖良覯，特此復謝，並轉沈次長為荷。」

十六日，參眾兩院以過半人數，由談話會改開會合會，非法議決後，高凌霨等以國務院名義通電云：「本日准參眾兩院諮開，為諮會事：本月十六日，開參眾兩院會合會，提出大總統黎元洪六月十三日離職出京，應即依照大總統選舉法第五條第二項之規定辦法，自六月十三日起，黎元洪所發命令文電，概不生效。經眾討論，多數可決，相應備文諮達查照等因。特此電達，希即查照。」

二十日，黎總統通電云：「有人假借國務院名義擅發銑日通電，內稱各節，語多謬妄。查元洪為暴力所迫，認為在北京不能自由行使職權，乃於元日離京，參眾兩院及公使團，均經函達有案。國境以內，隨地均可行使職權，即越境出遊，各國亦有先例。此次出京，何得謂為離職？大總統選舉法第五條第二項之規定，係指大總統因故不能執行職權、副總統同時缺位時而言。所謂因故之故，當然以本身自然之故障為限。若謂脅迫元首為法律所定因故之故，國會加以承認，是不啻獎勵叛亂，開將來攘奪之惡例。至元洪由京移津，並非離職，更不得妄為援引。且前總理張紹曾、前總長顧維鈞、高凌霨、張英華、李鼎新、程克、彭允彝、吳毓麟等早經辭職，經於文日由國務員李根源依法副署，命准免本兼各職，元晨蓋印交印鑄局發佈在案。高凌霨等既經免職，國務員資格業已喪失，尤不容任其假借。六月十三日上午，元洪尚在北京，所發命令手續，並無缺誤，國會依何法律，可以追加否認？即元洪出京以後，仍為在職之大總統，所發命令只須有國務員依法副署，自應一概有效，若夫個人文電其無政令者，更非國會所得干預。至六月十六日，兩院不根據法律私開會合會，其人數及表決率意為之，尤為不合。元洪遲暮之年，飽經凶釁，新站之役，已拼一死，以謝國人，左輪朱殷，創痕當在。夫以空拳枵腹，孤寄白宮，謂為名則受謗多，謂為利則辭祿久。權輕於纖忽，禍重於邱山，三尺之童，亦知其無所依戀。徒以依法而來，不能不依法而去，使天下後世知大法之不可卒斬，正義之不可摧殘，庶怙兵干紀之徒，有所監而不敢出，雖糜軀碎骨，亦所甘心。國會若以元洪為有罪，秉良心以判之，依約法以裁之，元洪豈敢不服？若舞文弄法，附合暴力，以加諸無拳無勇之元首，是國會先自絕於天下後世也。元洪雖孱，決不承認。自今以往，元洪職權，未得國會確當之解免，無論以何途徑選舉繼任，概為非法。特此聲明。」（並函參眾兩院及外交團）

黎到津後，曾和段祺瑞接洽。於是他到上海，忽然段派的盧永祥、何豐林等又不和他聯絡。就跑過一趟日本，他的政治活動，就此結束。

第八篇
中華民國國會篇

緒言

今欲知民國國會之始而召集，又繼而解散，又繼而恢復，又終而消滅，當先明各黨派組織之由，與其分合之故，並各方面連帶關係。

清末資政院時之政黨

一、憲友會

宣統三年六月，資政院中各省諮議局所選議員組織憲友會。其幹部為：湯化龍、孫洪伊、譚延闓、梁善濟、雷奮、謝遠涵、蒲殿俊、劉崇佑、林長民等。

二、憲政實進會

資政院中欽選議員組織憲政實進會，以與憲友會對抗。其幹部為：莊親王、勞乃宣、陳寶琛、趙炳麟、沈林一、俞長霖等。

三、辛亥俱樂部

時稱資政院中之官僚派。其幹部為：趙椿年、陳懋鼎、王璟芳、劉道仁、易宗夔、牟琳、羅傑等。

以上憲友會大都係國會請願同志會中心人物，所謂立憲派也。辛亥革命唯憲友會一再演變，由民主黨而共和黨合併而為進步黨。其餘二派完全消滅。

南京政府時之政黨

一、同盟會

同盟會在前清時代係一種秘密團體，所謂革命派也。辛亥革命上海光復，乃移日本東京本部於上海辛家花園。孫中山先生返國，南京政府成立，又遷本部於南京。總理為孫中山先生，協理為黃興、黎元洪，幹事為宋教仁、胡漢民、馬君武、劉揆一、平剛、張繼、李肇甫、汪兆銘、居正、田桐等。

二、統一黨

同盟會內部首起分化者為章炳麟派之光復會，民國元年一月改組中華民國聯合會。其後張謇一派之預備立憲公會，以江浙人士為中心，與中華民國聯合會聯合，共同組織統一黨。其幹部，理事為：章炳麟、程德全、張謇、熊希齡，參事為：唐文治、湯壽潛、蔣尊簋、唐紹儀、湯化龍、王蘊寬、趙鳳昌、應德閎、葉景葵、王清穆、溫宗堯、鄧實、陳榮昌等。

三、民社

同盟會中湖北方面孫武、劉成禺、藍天蔚等，又張伯烈、時功玖等，擁戴黎元洪。

四、國民協進會

籍忠寅、周大烈等。

五、國民公會

張國維等。

六、國民黨

潘宗堯、潘鴻鼎等（非同盟會改組之國民黨）。

以上二至六後來合併為共和黨。

七、共和建設討論會

憲友會中心人物如湯化龍、林長民、劉崇佑、梁善濟等，於元年□月組織共和建設討論會，暗中擁戴梁啟超（此時梁尚在日本，十月歸國）。其〈共和建設商榷書〉即梁手筆。

八、共和統一黨

孫洪伊等。孫亦憲友會中心人物，合併於共和建設討論會。

九、共和俱進會。

十、共和促進會。

十一、國民新政社。

以上七至十一後來合併為民主黨。

十二、統一共和黨

谷鍾秀、張耀曾、歐陽振聲、褚輔成、殷汝驪、吳景濂等。

十三、國民共進會

陳錦濤、徐謙、許世英、林志鈞、牟琳、陳籙、江辛等，以伍廷芳為會長，王寵惠為副會長。

十四、國民公黨

王人文、溫宗堯等。

十五、共和實進會

董之云等。

以上十二至十五後來與同盟會合併為國民黨。

北京臨時參議院時之政黨

一、國民黨

臨時參議院移北京，同盟會具有相當力量與共和黨對抗。同盟會以擁袁故，聲勢遂以減少。於是宋教仁力主聯合他黨組織大黨之說，與統一共和黨、國民共進會、共和實進會、國民公黨合併為國民黨。其進行係由同盟會等五政黨各推委員數人，共同協議。計同盟會宋教仁、仇亮、劉彥、湯漪、李肇甫、張耀曾，統一共和黨馬麟、彭允彝、王樹聲、張壽森、谷鍾秀、殷汝驪，國民共進會王寵惠、徐謙、陸定、沈其昌、王喜荃、蔣邦彥、馬振憲、姚憾，共和實進會董之雲、許廉、夏仁樹、晏起，國民公黨虞熙等，於元年八月成立國民黨。理事為孫文、黃興、宋教仁、王寵惠、王芝祥、王人文、吳景濂、張鳳翽、貢桑諾爾布。參議為閻錫山、譚延闓、張繼、李烈鈞、于右任、馬君武、溫宗堯、胡瑛、徐謙、沈秉堃、陳錦濤、陳道一、莫永貞、褚輔成、松毓、楊增新、田桐、張培爵、王喜荃、張琴、姚錫光、趙炳麟、柏文蔚、孫毓筠、景耀月、虞汝鈞、王付炯、曾昭文、蔣翊武、陳明達。備補參議為胡漢民、唐紹儀、尹昌衡、唐文治、袁家普、王紹祖、高金釗、許廉、夏仁樹、賀國昌。臨時參議院中，統一共和黨占二十五席，有左右輕重之勢。當自南京移北京之始，曾與共和建設討論會商議合併，統一共和黨谷鍾秀、張耀曾、吳景濂等，共和建設討論會湯化龍、孫洪伊等，其名稱問題，各別提出未決定；首領問題，谷鍾秀提出岑春煊，湯等提出梁啟超，又提出張謇，雙方均不贊成（有二次餘在坐），協議多次，迄無結果。至宋教仁主組大黨，遂合併於國民黨。可見組黨能力湯等不如宋也。

二、共和黨

共和黨係反同盟會各政團共同結合，以統一黨、民社黨為中心，更合併國民協進會、國民公會、國民黨（非同盟會改組之國民黨），成立共和黨。理事長為黎元洪。理事為張謇、那彥圖、章炳麟、程德全、伍廷芳。幹事為湯化龍、林長民、劉成禺、王揖唐、王印川、范源濂、王家襄、張伯烈、潘鴻鼎、龔煥辰、唐文治、楊廷棟、孟森、劉瑩澤、黃雲鵬、蹇念益、黃群、陳懋鼎、籍忠寅、孫發緒、林志鈞等。

三、統一黨

當時同盟會號民權黨，共和黨號國權黨。未幾統一黨之章炳麟辭去共和黨理事之職，復宣言仍舊維持統一黨。

章炳麟在北京，袁令王揖唐招待。王即借統一黨以拉攏議員。某日，袁向余言：「王揖唐辦統一黨，打算作第三黨，只花去二百萬元，議員至多二百餘人。」余言：「此等都是跨黨，希圖津貼，不是真正黨員。真正黨員不是金錢買來。」其後袁認真核計統一黨員，實數僅二十餘人，故決定合併進步黨。是合併進步黨時之統一黨，非復章炳麟時之統一黨。

四、民主黨

國民黨聯合各黨組成後，在議院中約得議席六十，而共和黨四十，故議場情勢恒視所餘二十餘席之背向以為轉移。共和建設討論會湯化龍等，乃與孫洪伊之共和統一黨及其他以北京為中心之共和俱進會、共和促進會、國民新政社四團體合並，於十月成立民主黨。

參眾兩院成立時之政黨

民國元年十二月，辦理國會初選。二年二月，參眾兩院複選。結果如下表：

黨籍	議院名	人數	議院名	人數	合計
國民黨	眾議院	二六九	參議院	一二三	三九二
共和黨	眾議院	一二〇	參議院	五五	一七五
統一黨	眾議院	一八	參議院	六	二四
民主黨	眾議院	一六	參議院	八	二四
跨黨者	眾議院	一四七	參議院	三八	一八五
無所屬	眾議院	二六	參議院	四四	七〇
總計	眾議院	五九六	參議院	二七四	八七〇

一、國民黨

合兩院計之，國民黨有三九二議席，占絕對大多數。共和、民主、統一三黨僅有二二三，不及三分之二。自宋教仁被刺，復經第二次革命後，黨勢日衰，內部復有激烈、溫和兩派之分。溫和派主張依據法律以控制袁氏，故於憲法起草求占多數；激烈派以為空言無補，因陸續南下為革命之準備。因之黨員陡減，僅一百五十名，而進步黨則約二百名矣。

二、進步黨

共和、統一、民主三黨，於二年五月二十九日成立進步黨。理事長為黎元洪。理事為梁啟超、張謇、伍廷芳、孫武、那彥圖、湯化龍、蒲殿俊、王揖唐、王印川。政務部部長林長民，副部長時功玖、王蔭棠。黨務部部長丁世峰，副部長孫洪伊，胡汝麟。

三、（新）共和黨

共和、統一、民主三黨談判合併時，共和黨議員胡鄂公反對；其後，舊民社之張伯烈、鄭萬瞻亦脫離進步黨，與胡共同發表宣言，維持共和黨，所謂新共和黨也。進步黨中舊共和黨議員張大昕、陳邦燮，舊統一黨議員黃雲鵬、吳宗慈、王湘等四十餘人，先後加入。共和黨兩院中得五十餘議席。

四、相友會

國民黨中分子劉揆一、孫鐘、黃贊元等組織相友會，以分裂國民黨。

五、政友會

國民黨分子畏袁世凱之壓迫，孫毓筠、景耀月等脫離國民黨，組織政友會。兩院議席約得六十名。而國民黨分裂來者占六分之四，進步黨來者占六分之二，一變國民黨宗旨而擁袁。

六、癸丑同志會

陳家鼎、張我華、馬小進等十餘人組織國民黨別動隊，用另一派別名義以分裂進步黨者，與政友會、相友會擁袁者不同。

其他廣東議員朱兆莘等之集益社，司徒穎、黃霄九之潛社，湖南議員郭人漳、貴州議員夏同龢等之超然社，在議會中不發生作用。又有同盟會別派上海《天鐸報》李懷霜、《民權報》周浩、戴天仇等之自由黨，江亢虎等之社會黨，茲不備述。

憲法起草時之政黨

當各黨在兩院選舉法起草委員時，競爭至為激烈。國民黨是時在國會中占大多數，進步黨次之，如下表：

院別	黨籍	人數	反對或贊成政府
參議院	國民黨	一四人	反對政府
	進步黨	一〇人	贊成政府
	政友會	四人	贊成政府
	共和黨	二人	反對政府
眾議院	國民黨	一四人	反對政府
	進步黨	九人	贊成政府
	政友會	一人	贊成政府
	共和黨	一人	反對政府

上表反對政府者占半數以上。迨二次革命發生，國民黨人多南下，其溫和派留在北京者，欲依憲法以限制袁；至各路討袁失敗，更欲據憲法起草以謀法律最後之勝利，故憲法起草委員會卒能成立。

一、民憲黨

其時進步黨一部分議員見局面日趨危險，乃與國民黨溫和派議員共同組織民憲黨。國民黨為張耀曾、谷鍾秀、楊永泰、湯漪、鍾才宏、沈鈞儒等。進步黨為丁世峰、劉崇佑、李國珍、藍公武、汪彭年、解樹強等。成立於民國二年十月二十一日，距袁世凱解散國民黨令十數日耳。其時，國民黨中有持解舊黨合併於民憲黨者，有主不拋棄光榮之國民黨名義者，結果維持國民黨名義與憲政黨結合。故於十月十四日，全文十一章一百十三條之憲法草案遂得脫稿。

二、公民黨

其幹部為梁士詒、李慶芳、梅光遠、權量、陸夢熊等。李慶芳係舊民主黨議員，因反對民主黨與共和、統一兩黨合併，脫離本黨，組織議員同志會，結合梁等以成立公民黨。其任務在威迫議員干涉憲法起草會選舉大總統，並無其他作用。國會解散，因之消滅。

各省都督府代表聯合會

在南京臨時政府未成立之前，有各省都督府代表聯合會。臨時政府成立，依據《臨時政府組織大綱》，由各省都督府派遣參議員為參議院，實為地方政府代表（在南京）。又依據《臨時約法》，由各省臨時省議會選舉參議員，組成參議院，實為民選代表以代地方政府代表之參議院（移北京）。又依據參議院議決國會組織法，由各省區選舉參議員，組織國會。茲首述各省都督代表會。

武昌起義，各省響應，省自為制，不相統屬。九月十九日，湖北都督黎元洪通電各省，請派代表到鄂會議，組織臨時政府。惟武昌為軍事中心，而輿論中心實在上海。至九月二十一日，江蘇都督程德全、浙江都督湯壽潛用蘇、浙兩督名義，請各省公推代表到滬集議，其文如下：

自武漢起義，各省響應，共和政治已為全國輿所公認。然事必有所取，則功乃易於觀成。美利堅合眾國之制，當為吾國他日之模範。美之建國，其初各部頗起爭端，外揭合眾之幟，內伏渙散之機，其所以苦戰八年收最後之功成者，賴十三州會議總機關，有統一進行維持秩序之力也。考其第一、第二次會議，均僅以襄助各州會議為宗旨，至第三次會議，始能確定國會，長治久安。是以歷史上必經之階段。我國上海一埠，為中外耳目所寄，又為交通便利不受兵禍之地，急宜仿照美國第一次會議方法，於上海設立臨時會議機關，磋商對內對外妥善方法，以期保疆土之統一，復人道之和平。務請各省舉派代表，迅速蒞滬集議。其集議方法及提議大綱，並列於下：

一、各省舊諮議局，各舉代表一人。

二、各省現時都督府，各派代表一人，均常住上海。

三、以江蘇教育總會為招待所。

四、兩省以上代表到會，即行開議，續到者，隨到與議。

提議大綱三條：

一、公認外交代表。

二、對於軍事進行之聯絡方法。

三、對於清皇室之處置。

其電文於已革命之省，到都督府；未革命之省，致諮議局。此電到後，陳其美首先贊成。二十二日，又以江蘇都督府代表雷奮、沈恩孚，浙江都督府代表姚桐豫、高爾登等名義，致電各省，請派代表到滬集議，「並公請伍廷芳、溫宗堯為臨時外交代表」。各省都督覆電贊成，並多就近派已在上海者為代表。其未獨立各省，則由諮議局公舉。計先後到上海者凡十省，其江西、廣東、廣西三省，以鄂省先有請派之議，逕至武昌。二十五日，十省代表在滬開第一次會議，議決定名為各省都督府代表聯合會（《臨時政府組織大綱》曰「各省都督代表會」）。三十日，議決以武昌為中華民國中央政府、鄂軍黎都督為中央軍政府大都督。又以武昌既為中央軍政府所在地，議決各省代表應前赴武昌會議，組織臨時政府；每省一人在滬，為通信機關。十月初四日以後，各省代表先後赴鄂。

雷奮　江蘇都督府代表
馬君武、陳陶遺　滬軍都督府代表
湯爾和、陳時夏、黃群、陳毅　浙江都督府代表
王竹懷、許冠堯、趙斌　安徽都督府代表
譚人鳳　湖南都督府代表
羅綸　四川都督府代表
謝鴻燾　山東都督府代表
潘祖彝　福建都督府代表

張其煌、耿毅　廣西都督府代表
谷鍾秀　直隸諮議局代表
黃可權　河南諮議局代表

代表赴鄂後，湖北都督派代表胡瑛、王正廷、孫發緒、時象晉與會。代表到者共十三省。時漢陽於十月初七日失守，武昌震動，於是假漢口英租界順昌洋行為代表會會場。初十日，開第一次會議，推譚人鳳為議長。十二日，議決「先規定臨時政府組織大綱。推舉馬君武、王正廷、雷奮為起草員」。次日，開會通過條文如下：

臨時政府組織大綱

第一章　臨時大總統

第一條，臨時大總統由各省都督代表選舉之，以得票滿投票總數三分之二以上者為當選。代表投票權，每省以一票為限。

第二條，臨時大總統有統治全國之權。

第三條，臨時大總統有統率海、陸軍之權。

第四條，臨時大總統得參議院之同意，有宣戰、媾和及締結條約之權。

第五條，臨時大總統得參議院之同意，有任用各部長及派遣外交專使之權。

第六條，臨時大總統得參議院之同意，有設立臨時中央審判所之權。

第二章　參議院

第七條，參議院以各省都督所派之參議員組織之。
第八條，參議員每省以三人為限，其選派方法由各省都督府自定之。
第九條，參議院會議時，每參議員有一表決權。
第十條，參議院之權限如下：一、議決第四條及第六條事件。二、承諾第五條事件。三、議決臨時政府之預算。四、檢查臨時政府之出納。五、議決全國統一之稅法、幣制及發行公債事件。六、議決暫行法律。七、議決臨時大總統交議事件。八、答覆臨時大總統諮詢事件。
第十一條，參議院會議時，以到會參議員過半數之所決為準，但關於第四條事件，需到會參議員三分之二同意，不得決議。
第十二條，參議院議決事件，由議長具報，經臨時大總統蓋印，發交行政各部執行之。
第十三條，臨時大總統對於參議院決議事件，如不以為然，得於具報後十日內聲明理由，交令覆議。參議院對於覆議事件，如有到會參議員三分之二以上同意仍執前議時，應仍照前條辦理。
第十四條，參議院議長，由參議員用記名投票法互選之，以得票滿投票總數之半者為當選。

第十五條，參議院辦事規則，由參議院定之。

第十六條，參議院未成立以前，暫由各省都督府代表會代行其職權，但表決權每省以一票為限。

第三章　行政各部

第十七條，行政各部如下：一、外交部。二、內務部。三、財政部。四、陸軍部。五、交通部。

第十八條，各部設部長一人，總理本部事務。

第十九條，各部所屬職員之編制及其權限，由部長規定，經臨時大總統批准施行。

第四章　附則

第二十條，臨時政府成立後，六個月以內，由臨時大總統召集國民會議。其召集方法，由參議院議決之。

第二十一條，《臨時政府組織大綱》施行期限，以中華民國憲法成立之日為止。

《臨時政府組織大綱》宣佈時，各省代表簽名，宋教仁力主修改。至十一月初八日，雲南代表呂志伊、湖北代表居正、湖南代表宋教仁，提出修正案。

原第一條臨時大總統下加副總統，改為：第一條，臨時大總統、副總統，皆由各省代表選舉之，代表投票權，每省以一票為限。

原第五條改為：第五條，臨時大總統制定官制、官規，並任命國務各員，須得參議院之同意。

原第七條改為（加）：第七條，臨時副總統於大總統因故去職時，升任之，但於大總統有故障不能視事時，得受大總統之委任，代行其職權。

原第七條、第八條、第九條、第十條、第十一條、第十二條、第十三條、第十四條、第十五條、第十六條改為：第八條、第九條、第十條、第十一條、第十二條、第十三條、第十四條、第十五條、第十六條、第十七條。

原第十七條刪。

原第十八條改為：第十八條，行政各部，設部長一人，為國務員，輔佐大總統辦理各部事務。

臨時政府原議設武昌，其時漢陽失守，而蘇浙滬聯軍攻下南京，於是程德全、湯壽潛、陳其美復與住滬通信處各代表商議，將臨時政府改設南京。十月十四日，投票公舉黃興為大元帥，黎元洪為副元帥。時在鄂各代表聞南京已下，亦議決將臨時政府改設南京，「七日內，各代表齊集南京，有十省以上代表到會，即行選舉臨時大總統。」又決定未舉大總統以前，仍認鄂軍都督府為中央軍政府。唯上海選舉大元帥，為在鄂代表反對，以留滬代表僅為一通訊機關，不應有此職權也。十月二十二、三等日，各代表陸續到南京，即於二十四日開會，決定二十六日開臨時大總統選舉會。鄂代表電告黎都督。黎覆電亟宜注意，云：「在江蘇方面，急欲推出孫文組織政府。」而黎意在英使調停和議，有清帝退位袁為總統之條件，曾經認可，和議雖開，尚不知如何結局，未便以從前諾言遽為抹煞（據黎左右云）。往來電如下：

鄂代表電云：「本日十四省代表議決，二十六日午後一時在寧開臨時大總統選舉會，僅此奉聞。」黎都督覆電云：「敬電悉。各省代表在寧議舉臨時大總統，此事關係全局，竊以為和議未決，不宜先舉總統，致後日兵連禍結，塗炭生靈，追悔莫及。公等係鄂全權代表，責任綦重，茲事體大，亟宜注意。」黎電到後，適二十五日，浙江代表陳毅由鄂到會，謂：「袁內閣代表唐紹儀到漢時，曾表示袁世凱亦贊成共和。」於是議決緩選大總統。

總統暫不選舉，同時代表會承認留滬代表所舉之大元帥代行臨時大總統職權。二十七日，黃興電堅辭大元帥。代表等議決推舉黎元洪為大元帥，黃興為副元帥，黎不能離鄂，以副元帥暫行其職務，黃仍堅辭。而臨時政府一時未能成立。至臨時大總統選舉後，而大元帥糾紛問題即因以解決。

關於大元帥問題各電

十月十五日，上海陳都督電云：「本日程雪老、湯壽老暨留滬各省代表公議，暫定南京為臨時政府所在地點，公舉黃興為假定大元帥，黎元洪為假定副元帥兼任鄂軍都督，俟赴鄂代表返滬，同到南京再行正式發表。特此通告。」

十六日，九江馬都督電云：「頃接留滬各省代表寒（十四日）電內開：臨時政府，前經議定武昌，現在南京光復，鄂軍務適緊，援鄂之師、北伐之師待發，急需統一之令。同人公議，不如暫定南京為臨時政府所在地，舉黃君興為暫定大元帥，黎君元洪為暫定副元帥兼任鄂軍都督，藉免動搖而牽大局。俟赴鄂代表□□□返滬，同到南京，再行發表。所有編制，日內並力準備，俾得進行無滯。事機緊急，不得不從權議決，務迄鑒原，並懇轉達到鄂各省代表，請即日來滬會議。盼切等因。合亟轉電，統希從速赴寧開會為禱。」

十八日，湖北黎都督電云：「各省代表均到鄂，議定《臨時政府組織大綱》，並定期在南京公舉臨時大總統，組織臨時政府。經敝處通電各省，諒已達覽。現忽據來電稱：滬上有十四省代表推舉黃興為大元帥，元洪為副元帥之說，情節甚為支離，如實有其事，請設法聲明取消，以免淆亂耳目。」

二十九日，南京各省代表致黎都督電：「昨接黃克強電，堅辭大元帥之任，並以武昌起義為天下倡，黎都督之功為全國人民所敬愛，應推黎大都督為大元帥等因。代表等以組織臨時政府刻不容緩，若往復推辭，徒延時日，深恐有礙大局。當由公眾議決推舉黎大都督為大元帥、黃克強為副元帥。但武昌軍事關係重大，恐大都督萬難離鄂，因於組織臨時政府大綱內追加一條，臨時大總統未舉定以前，以大元帥暫行其職務，若大元帥不在臨時政府時，即以副元帥代行其職務。除專員迎迓黃副元帥蒞寧外，特推時君象晉、陶君鳳集、陳君毅、仇君亮於今日赴鄂，趨謁面陳一切。請大元帥承諾，以慰天下之望。」

十一月初一日，黎都督復電云「勘（二十八日）電敬悉。元洪才識凡庸，平時辦事已形竭蹶，此次起義皆賴鄂中諸君子忠勇之力，元洪何功可言？但願國是早定，民生乂安，元洪乞骸骨歸田里，作一公民，此心已非常滿足。大元帥之職，懇公等另選賢能，元洪決不敢受。」

初二又電云「大元帥之職，當於東（一日）電力辭，諒已達覽。頃准山西代表仇君亮、浙江代表陳君毅及敝省代表時君象晉、陶君鳳集等，面陳黃克強君力推元洪為大元帥，元洪又復固辭，長此推讓，稽延時日，致臨時政府不能即行成立，深恐有礙大局。現代表團公同議決，特推亮等來鄂，要求承諾大元帥，並懇黃克強君以副元帥職務代行大元帥職務，以定大計云云。元洪伏思，大元帥原為組織臨時政府刻不容緩之舉，黃君克強宏才碩畫，自足以勝大元帥之任，乃謙讓不居，屢推元洪承乏，元洪才識平庸，何敢當此重任？然勘電所載若大元帥不在臨時政府時，即以副元帥代行其職務，即有此明文，元洪姑順代表諸公之請，承受大元帥名義，即委任副元帥執行大元帥一切任務。蓋大局未定，勢機危迫，臨時政府急宜成立，故元洪不辭僭越之罪，望黃君興代表諸君子力任巨艱，急求進行辦法，時賜教言，以匡不逮。」（以上公電）

十月十六日，留滬各省一部分代表及滬、浙、蘇三都督代表齊集於江蘇教育會，僉以南京攻下，程德全雖膺江蘇都督之名，而無力統一；江蘇原有軍政府徐寶山及無錫、淞江均有軍政分府之設立，以各不相下，應急選舉大元帥，以資統攝。適黃興抵滬數日，一切軍事無形集中於彼之一身，乃由某代表提議，今日即投票選舉大元帥，到會者多數贊成，但以事前未及準備，倉卒間折白紙各自用鉛筆草書，開票結果，黃興當選大元帥。復有代表提議，既有大元帥，應選一副元帥。眾議一致，照樣投票，結果黎元洪當選。座中有老名士揮淚曰：「黎宋卿在武昌首義，勞苦功高。先是赴武昌一部份代表已舉黎為中華民國政府大都督，事實上為大元帥，今反選舉彼為副元帥在黃興之下，太不合理矣。」程德全代表章駕時為感情衝動，力然其說，欲將選舉案推翻，以黎為大元帥，黃興副之。眾曰：「如是，太兒戲。」彼此爭執不決：又有人提議調停辦法，黎為大元帥事實上不能來前線指揮，仍請黃興代理大元帥。是說亦未經眾表決，相率散會。次日，各報紛紛傳載黃興為大元帥矣。滬軍都督陳英士即為黃興佈置行轅，調遣軍隊。而克強本人以爭議未決，迄不願就職。（以上節錄居正

《辛亥札記》）

十一月初十日，各省代表十七人，開選舉臨時大總統選舉會於上海，舉臨時大總統，立政府於南京，定號曰：「中華民國」。

是日，各代表在南京開臨時大總統選舉會，選舉孫文為臨時大總統。

各省代表到會者如下：

袁希洛、陳陶遺　江蘇代表

湯爾和、黃群、陳時夏、陳毅、屈映光　浙江代表

馬伯援、王正廷、楊時傑、居正、胡瑛　湖北代表

譚人鳳、鄒代番、廖名搢　湖南代表

許冠堯、王竹懷、趙斌　安徽代表

林子超、趙士北、王有蘭、俞應麓、湯漪　江西代表

潘祖彝　福建代表

谷鍾秀　直隸代表

吳景濂　奉天代表

張銘勳、李槃　河南代表

謝鴻燾　山東代表

景耀月、李素、劉懋賞　山西代表

張蔚林、馬步雲　陝西代表
蕭湘、周代本　四川代表
呂志伊、張一鵬、段宇清　雲南代表
王寵惠、鄧憲甫　廣東代表
馬君武、章勤士　廣西代表

到會者計十七省四十三人，浙江代表湯爾和主席。按照《臨時政府組織大綱》，投票權每省以一票為限，孫文得十六票，當選為臨時大總統。

一月三日，開臨時副總統選舉會，黎元洪得十七票，當選為臨時副總統。

參議院（在南京）

參議院　依據《臨時政府組織大綱》第七條：「參議院以各省都督所派之參議員組織之。」又第八條：「每省以三人為限。」臨時政府成立，即依據組織大綱，通電各省選派參議員。其各省參議員未能克期蒞寧，先由各省代表會代表暫行代理。至月[1]各省參議員先後到南京，計已到省為江蘇、浙江、湖北、湖南、安徽、江西、山西、福建、廣東、廣西十省，共三十人。未到而以代表代理者，為云南、貴州、陝西、四川、奉天、山東、河南七省，共十二人。如下：

楊廷棟、陳陶遺、凌文淵　江蘇
王正廷、殷汝驪、黃群　浙江
劉成禺、時功玖、張伯烈　湖北
劉彥、彭允彝、歐陽振聲　湖南

1　此處疑有文字脫漏。

常恒芳、凌毅、胡紹武　安徽
王有蘭、文群、湯漪　江西
劉懋賞、李素　山西
林森、潘祖彝、陳承澤　福建
錢樹芳、趙士北、金章　廣東
鄧家彥、曾彥　廣西
張耀曾、席聘臣、段宇清　云南
平剛、文崇高　貴州
趙士銓　陝西
熊成章、黃樹中　四川
吳景濂　奉天
劉星楠、彭占元　山東
李鎜、陳景南　河南

《中華民國臨時約法》之公佈

臨時約法　參議院自二月七日起開始會議，起草二次，會議經三十二日，至三月八日全案成立。十一日，南京臨時政府正式公佈。（十日袁世凱在北京就職。）

在臨時政府組織大綱修改時，宋教仁主張內閣制，有人言其時疑忌宋者，以為宋自居總理，乃反對內閣制，以打擊宋。其實孫為總統，統治權非屬孫不可，故用總統制。袁為總統，群思抑制袁，故改用內閣制。因人立法，無可諱言。谷鍾秀言：各省聯合之始，實有類於美利堅十三洲之聯合，用其自然之勢，宜建為聯邦國家，故採美之總統制。自臨時政府成立後，感於南北統一之必要，宜建為單一國家，如法蘭西之集權政府，故採法之內閣制，不過形式上一種議論而已。

參議院（在北京）

參議院　依據臨時約法第十七條，參議院以第十八條所定各地方選派之參議員組織之；又第十八條，參議員每行省、內蒙古、外蒙古、西藏各五人，青海一人；南京參議員由各省都督府選派者，至是由各省臨時省議會選派，其未有省議會或未選出者，以都督府所派者暫代之。至四月參議院移北京，除各省選派參議員外，其都督府所派之參議員暫代者，不過十之一、二。內、外蒙古，青海議員十一人，三人選自本土，餘八人以北京蒙古聯合會選出。新疆五人缺其三，西藏未選派。其姓名如下：〔略〕

四月□日，參議院開會，除西藏議員未選派外，共得一百二十席，同盟會、共和黨各四十餘席，統一共和黨得二十五席，遂以第三黨資格操縱其間（此時正與共和黨談合併）。吳景濂當選議長，湯化龍當選副議長（後統一共和黨與國民黨合併為國民黨，共和黨改為進步黨，是議長屬之國民黨，副議長屬之進步黨）。

此次參議院所議法律案舉其要者如下：

一、國會組織法。

二、參議院議員選舉法。
三、參議院法。
四、眾議院議員選舉法。
五、眾議院議員各省復選舉區表。
六、修正各部官制通則。
七、外交部官制。
八、修正內務部官制。
九、財政部官制。
十、陸軍部官制。
十一、海軍部官制。
十二、修正教育部官制。
十三、修正農林部官制。
十四、修正工商部官制。
十五、參謀本部官制。
十六、陸軍測量官制。
十七、國史館官制。
十八、中央行政官制等法。

十九、陸軍官制表。
二十、海軍官佐士兵等級法。
二十一、中央行政官官俸法。
二十二、陸軍測量官官俸法。
二十三、技術官官俸法。
二十四、省議會議員選舉法。
二十五、各省第一屆省議會議員名額表。
二十六、省議會議員各省復選區表。
二十七、省議會暫行法。
二十八、國籍法。
二十九、禮制。
三十、民國元年六厘公債條例。
三十一、中國銀行則例。

國會

國會第一次召集

民國元年三月十一日，公佈《臨時約法》，限十個月內召集國會。八月十日，頒佈《國會組織法》，又《參議院議員選舉法》，又《眾議院議員選舉法》。吾國國會係採兩院制，分述如下：

參議院，依據《國會組織法》，參議員組織：一、由各省省議會選舉出者，每省十名。二、由蒙古選舉會選出者二十七名，由青海選舉會選出者三名。（哲里木盟二名，卓索圖盟二名，昭烏達盟二名，錫林郭勒盟二名，烏蘭察布盟二名，伊克昭盟二名，以上內蒙古六盟以盟為選舉區。土謝圖汗部二名，車臣汗部二名，三音諾顏部二名，札薩克圖汗部二名，以上外蒙古喀爾喀四部落以部落為選舉區。烏梁海一名，科布多及舊土爾扈特三名，阿拉善一名，額濟納一名，青海三名，以上烏梁海等四地及青海一地為選舉區。）三、由西藏選舉會選出者十名（前藏五名，後藏五名）。四、由中央學會選出者八名。五、由華僑選舉會選出者六名。共二百七十四名。任期六年，每二年改選三分之一。其參議員姓名如下：〔略〕

眾議院，以各省原有之地方行政區域，如縣廳為初選區，復合若干縣為複選區。（直隸八區，奉天四區，吉林四區，黑龍江三區，山東八區，山西七區，河南四區，陝西六區，甘肅八區，新疆八區，江蘇四區，浙江四區，安徽八區，江西六區，湖北八區，湖南五區，四川八區，福建八區，廣東七區，廣西六區，云南八區，貴州八區。）議員名額因戶口調查未竣，依照前清諮議局之議員名額以為標準。（直隸四十六名，奉天十六名，吉林十名，黑龍江十名，山東三十六名，山西二十八名，河南三十二名，陝西二十一名，甘肅十五名，新疆十三名，江蘇四十名，浙江三十八名，安徽二十七名，江西三十五名，湖北二十四名，湖南二十七名，四川三十五名，福建二十四，廣東三十名，廣西十八名，云南二十名，貴州十三名，內、外蒙古二十七名，青海三名，西藏十名。）共五百九十六名。任期三年。其眾議員姓名如下：〔略〕

二年一月十日，頒佈國會召集令，所有當選之參議院、眾議院議員，均限於三月以內齊集北京。四月八日，兩院議員在眾議院行第一次開會禮，袁總統派秘書長梁士詒賚致頌詞如下：

中華民國二年四月八日，我中華民國第一次國會正式成立，此實四千餘年歷史上莫大之光榮，四萬萬人億萬年之幸福。世凱亦國民一分子，當與諸君子同深慶幸。念我共和民國，由於四萬萬人民心理所締造，正式國會亦本四萬萬人民心理所結會，則國家主權當然歸之國民全體。但自民國成立迄今一年，所謂國民直接委任之機關，事實上尚未完全。今日國會諸議員，係國民直接選舉，即係國民直接委任。從此，共和國之實體，藉以表現統治權之運用，亦賴以完滿進行。諸君子皆識時俊傑，必能各抒讜論，為國忠謀。從此中華民國之邦基益加鞏固，五大族人民之幸福日見臻進，同心協力，以造成至強大之民國，使五色國旗常照耀於神州大陸。是則世凱與諸君子所私心企禱者也。謹致頌曰：中華民國萬歲！民國國會萬歲！

國會成立，五月一日參、眾兩院開會，選舉議長。參議院選張繼為議長，王正廷為副議長；眾議院選湯化龍為議長，陳國祥為副議長。

此次國會總選舉之結果，國民黨議員占三百九十二席，共和、民主、統一三黨合併為進步黨，議員占二百二十三席。在參議院，國民黨占絕對多數，進步黨無競爭餘地，故議長、副議長屬國民黨。眾議院兩黨數差相若，是日選舉競爭極劇烈，進步黨得袁政府全力支持，故議長、副議長屬於進步黨。

民國憲法之起草，須由兩院各於議員內選出同數之委員行之，遂由參議院先行議定，各選委員三十人，諮求眾議院同意。人數既定，乃由兩院分別議定憲法起草委員互選規則。

參議院於二年六月二十五日選出憲法起草委員三十七人，候補十五人。眾議院於同年六月二十七日亦選出與參議院相等之人數。於是，憲法起草委員會成立。

十月四日，憲法起草委員會宣佈大總統選舉法。

制定憲法之權既在國會，選舉總統當然在憲法制定以後。乃自第二次革命後，一時空氣均感有正式政府迅速成立之必要。故先選總統，後定（全部）憲法之說大盛。是年九月五日，眾議院通過先總統之決議，即將此案交付參議院。參議院同意此項決議。十二日，開兩院聯合會，議決由憲法起草委員會先起草憲法一部分之大總統選舉法。經憲法會議制定，於十月四日宣佈如下：

中華民國憲法會議今制定大總統選舉法，並宣佈之。（大總統選舉法略）四日，憲法會議宣佈《大總統選舉法》。五日，諮達大總統飭登《政府公報》。袁左右法律派，主張諮憲法會議，爭憲法公佈權，袁不從其主張，即飭送登《政府公報》。

六日，參、眾兩院組織大總統選舉會，選舉袁世凱為大總統。

是日，國會議員依法組織大總統選舉會，在眾議院議場開大總統選舉會。議員到者共七百五十九人。第一次投票，袁世凱四百七十一票，黎元洪一百五十四票，孫文□票，伍廷芳□票，不滿法定人數四分之三。第二次投票，袁四百九十七票，黎一百六十二票，仍不滿法定投票人數四分之三。第三次投票，就第二次得票較多之袁、黎二人決選，袁五百零七票，黎一百七十九票，以得票過投票人數之半，袁世凱當選為大總統。

當開會時，有所謂公民團者，包圍國會，自晨八時開始選舉，至下午十時，大總統選出後，公民團乃散。

七日，續開選舉會，選舉黎元洪為副總統。

是日，續開選舉會，第一次投票，黎元洪以得票滿投票人數四分之三，當選為副總統。

國會第一次解散

十八日，大總統諮憲法會議爭憲法公佈權。

憲法公佈權既如上述，袁當選大總統就職，以為可無問題矣。然在彼時，袁依憲法會議宣佈飭登公報，乃為十月十日就職關係，一時容隱。法律派尤憤懣，必欲貫徹其主張。於是諮憲法會議爭憲法公佈權。其文如下：

查《臨時約法》第十九條載：參議院之職權，（一）議決一切法律案；又第五十四條內載：中華民國之憲法，由國會制定；又第二十二條內載：參議院議決事件諮由臨時大總統公佈施行；又第三十條內載：臨時大總統公佈法律，各等語。凡此規定，均屬前參議院在約法上議決法律及制定憲法之職權範圍。國民議會成立以來，依《國會組織法》第十四條之規定：民國憲法未定以前，《臨時約法》所定參議院之職權為民國議會之職權，則民國議會無論係決議法律事件，抑係制定憲法事件，皆以《臨時約法》暨《國會組織法》所定程式為准，實無絲毫疑義。乃本年十月五日准憲法會議諮開大總統選舉法案，業於十月四日經本會議議決宣佈，並公決送登《政府公報》。為此抄錄全案，諮達大總統，既希查照飭登等因前來。本大總統當以民國議會前經議決先舉總統，後定憲法，係為奠定民國國基起見，本月四日憲法會議議決大總統選舉法案來諮，雖僅止聲明議決宣佈並公決送登《政府公報》等語，顯與《臨時約法》暨《國會組織法》規定不符。然以目前大局情形而論，內憂外患紛至沓來，友邦承認問題又率以正式總統之選舉能否舉行為斷，是以接准來諮，未便過以《臨時約法》及《國會組織法》相繩，因即查明來諮，命令國務院飭局照登。唯此項諮達飭登之辦法，既與約法上之國家立法程式大相違反，若長此緘默不言，不唯使國民議會蒙破壞約法之嫌，抑恐令全國國民啟弁髦約法之漸。此則本大總統於憲法會議之諮認為於現行法律及立法先例俱有未妥，不敢不掬誠以相告者也。

查民國立法程式，《約法》暨《國會組織法》定有明文：一為提案，二為議決，三為公佈，斷未有但經提案議決而不經公佈可以成為法律者。大總統選舉法案，若為法律之一種，則依據《臨時約法》第二十二條、第三十條之規定，當然由大總統公佈。若為憲法之一部，則依據《臨時約法》第五十四條之規定，雖應由民國議會制定，然制定權、行使之範圍，仍應以《國會組織法》第二十條起草權、第二十一條之議定權為標準，斷不能侵及於《臨時約法》第二十二條及第三十條之公佈權。憲法會議於此項宣佈權，乃竟貿然行使，其蔑視本大總統之職權，關係猶小；其故違民國之根本約法，影響實巨。本大總統此次飭局照登，設我國民起而責以放棄職權之咎，固屬百喙莫辭，而我最高立法機關，乃置現行《約法》及《國會組織法》於不顧，竟使本大總統不得不出放棄職權之一途，恐亦非代表國民公意者所應出此也。況民國肇造二年，於茲憲法未施行以前，約法之效力與憲法等。民國元年，前參議院議決《臨時約法》時，業於是年三月十一日諮送臨時大總統公佈有案。而《臨時約法》第五十六條並定有：本約法自公佈之日施行，各明文。夫與憲法效力相等之約法，既經前參議院議決，諮送大總統公佈於前，則依照民國立法之先例，無論此次議定之大總統選舉案或將來議定之憲法案，只有起草權及議定權，實無所謂宣佈權。為此《國會組織法》所規定，鐵案如山，萬難任意搖動。究竟本月五日來諮所稱飭登之大總統選舉法案，是否即依照《國會組織法》第二十條、第二十一條之規定，以起草議決為限。事關立法權限，亟應諮詢國會，以速答覆。

公佈權問題諮文到後，憲法會議未答覆。同時，袁又有諮派遣委員列席憲法會議及憲法起草委員會，陳述意見。適憲法起草委員會開憲法起草三讀會時，袁派遣施愚、顧鰲、饒孟任、黎淵、方樞、程樹德、孔昭焱、余棨昌八委員到會，起草會以格於會章拒絕之。袁即於二十五日通電反對憲法草案。其文如下：

制定憲法，關係民國存亡，應如何審擬精詳，力求完善。乃國民黨人，破壞者多，始則託名政黨，為虎作倀，危害國家，顛覆政府，事實俱在，無可諱言。此次憲法起草委員會，該黨議員居其多數，閱其所擬憲法草案，妨害國家者甚多，特舉其要者先約略言之。

立憲精神，以分權為原則。臨時政府一年以內，內閣三易，屢陷於無政府地位，皆誤於議會之有國務員同意權，此必須廢除者。今草案第十一條，國務總理之任命，須經眾議院同意；第四十三條，眾議院對於國務院為不信任之決議時，須免其職，比較《臨時約法》弊害尤甚。各部總長雖准自由任命，然彈劾之外，又有不信任投票一條，必使各部行政事事仰承意旨，否則國務員即不違法，議員喜怒任意可投不信任之票。眾議員數五百九十六人，以過半數列席計之，但有二百九十九人表決，即應免職。是國務員隨時可以推翻，行政全權在眾議員少數人之手，直成為國會專制矣。自愛有為之士，其孰肯投身政界乎？

各部、各省行政事務，範圍甚廣，行政不依其施行之法，均得有相當之處分。

今草案第八十七條，法院依法律受理民事、刑事、行政及其他一切訴訟云云，是不遵《約法》。另設平政院，乃使行政訴訟亦隸法院。行政官無行政處分之權，法院得掣行政官之肘，立憲政體固如是乎？

國會開會期間，設國會委員會，美國兩院規則內有之，而憲法上並無明文。今草案第五條規定，國會委員會由參、眾兩院選出四十人，共同組織之，會議以委員三分之二以上列席，三分之二以上同意決之。而其規定之職權：一、諮請開國會委員會。二、閉會期內國務總理出缺時，任命署理須得委員會同意。三、發佈緊急命令及財政緊急處分，均須經委員會議決。此不特侵奪政府應有之特權，而僅四十委員，但得二十餘人之列席與十八人之同意，便可操縱一切，試問能否代表兩院意見？以少數人專制多數人，此尤侮蔑立法之甚者也。

文武官吏，大總統有任命之權。今草案第一百八、九兩條，審計委員由參議院選舉之，審計院長由審計員互選之云云。審計員專以議員組織，則政府編制預算之權，亦同虛設。而審計又用事前監督，政府絕無運用之餘地。國家歲入歲出，對於國會有預算之提交，決算之報告，既予以監督之權，豈宜干預用人，層層束縛，以掣政府之肘。

綜其流弊，將使行政一部僅為國會附屬品，直是消滅行政獨立之權。近來各省議會，掣肘行政，已成習慣，倘再令照國會專制辦法，將盡天下文武官吏皆附屬於百十議員之下，是無政府也。值此建設時代，內亂外患，險象環生，各行政官，力負責任，急起直追，猶虞不及，若反消滅行政一部獨立之權，勢非亡國滅種不止。此種草案，既有人主持於前，自必有人構成於後。設非藉此以遂其破壞傾覆之謀，何至於國勢民情夢夢如是。徵諸人民心理，既不謂然，即各國法律家，亦多訾駁。本大總統忝受付託之重，堅持保國救民之宗旨，確見此等違背共和政體之憲法，影響於國家治亂興亡者極大，何敢緘默不言。

臨時約法，臨時大總統有提議修改約法之權。又美國議定憲法時，華盛頓充獨立殖民地代表第二聯邦會議議長，雖寡所提議，而國民三十萬人出眾議員一人之規定，實華盛頓所主張。法國制定憲法時，馬克馬洪被選為正式大總統，命外務大臣布羅利向國民會議提出憲法案，即為法國現行之原案。此法、美二國第一任大總統與聞憲法之事，俱有先例可援。用特派員前赴國會陳述意見，以期盡我保國救民之微忱。草案內謬點甚多，一面已約集中外法家共同討論，仍當隨時續告。各該文武長官，同為國民一份子，且各負保衛治安之責，對於國家根本大法，利害與共，亦未便知而不言。務望逐條研究，共抒讜論，於電到五日內迅速條陳電復，以憑採擇。

十一月四日，下令解散國民黨，追繳國民黨籍議員證書徽章。

自十月二十五日通電後，各省都督、民政長及軍人等，俱起而響應。但依據原電，從憲法逐條研究，徑作解散國民黨及國會之主張，蓋中央電所授意也。是日，袁即據各省地方軍民長官文電，下令解散國民黨，追繳國民黨籍議員證書徽章。其文如下：

據警備司令官匯呈：查獲亂黨首魁李烈鈞等，與亂黨議員徐秀鈞等，往來密電數十件。本大總統逐加披閱，震駭殊深。此次內亂，該國民黨本部與該國民黨國會議員潛相構煽，李烈鈞、黃興等，乃敢據地稱兵，蹂躪及於東南各省，我國民生命財產橫遭屠掠，種種慘酷情事，事後追思，猶覺心悸。而推原禍始，實覺罪有攸歸。綜核伊等往來密電，最為我國民所痛心疾首者，厥有數端：一、各電內稱李逆烈鈞為七省同盟之議，是顯以國民政府為敵國。二，中央派兵住鄂，純為保衛地方起見，乃該各電內稱「國民黨本部對於此舉，極為注意，已派員與黃興接洽，並電李烈鈞速防要塞，以備對付。」是顯以民國國軍為敵兵。三、各該電既促李烈鈞以先發制人，機不可失，並稱黃聯寧、皖，孫聯桂、粵為根據，速立政府。是顯欲破壞民國之統一而不恤。四、該各電既謂內訌迭經外人出而調停，南北分據指日可定。是顯欲引起列強之干涉而後快。凡此亂謀，該逆電內均有與該黨本部接洽及該黨議員一致進行，並意見相同各等語。勾結既固，於是李逆烈鈞先後接濟該黨本部鉅款，動輒數百萬，復特別津貼該黨國會議員以厚資，是該黨黨員及該黨議員，但知構亂以便其私，早已置國危亡、國民痛苦於度外，亂國殘民於斯為極。本大總統受國民之痛苦計，已飭北京警備地域司令官，將該國民黨京師本部立予解散，仍通行各戒嚴地域司令官、各都督、民政長，轉飭各該地警察廳長及該管地方官，凡國民黨所設機關，不拘為支部、分部、交通部及其他名稱，凡現未解散者，限令到三日內一律勒令解散。嗣後再有以國民黨名義發佈印刷品、公開演說或秘密集會者，均屬亂黨，應即一體拿辦，毋稍寬縱。至該國民黨國會議員，既受李逆烈鈞等特別津貼之款為數甚多，原電又有與李逆烈鈞一致進行之約，似此陽竊建設國家之高位，陰預傾覆國家之亂謀，實已自行取消其《國會組織法》上所稱之議員資格，若聽其長此假借名義，深恐生心好亂者有觸即發，共和前途之危險，寧可勝言。況若輩早不以法律上之合格議員自居，國家亦何能強以法律上之合格議員相待，應飭該警備司令官督飭京師警察廳，查明自江西湖口地方倡亂之日起，凡國會議員之隸籍該國民黨者，一律追繳議員證徽章；一面由內務總長速令行各該選舉總監督暨初選監督，分別查取本屆合法之參議院、眾議院議員候補當選人如額遞補，務使我莊嚴神聖之國會，不再為助長內亂者所挾持，以期鞏固真正之共和，宣達正真之民意。該黨以外之議員，熱誠愛國者殊不乏人，當知去害群即所以扶正氣，決不至懷疑誤會，藉端附和，以自蹈亂黨之嫌。該國民黨議員等回籍以後，但能湔除自新，不與亂黨為緣，則參政之日月，仍屬甚長，共和之幸福不難共用也。

事後法制局顧鰲告余：總統素來尊重國會，雖然張耀曾、谷鍾秀等挾一與政府為難態度，總統有時頗覺難堪，仍是忍受。其公然破裂，則在浙江省議會議決，諮請浙江民政長朱瑞公佈，朱交覆議。其時國會正議《省議會組織法》，在國會本身自當俟國會議決後，查照劃一辦法辦理。而浙江省議會徑電參議院，院即照原案通過，諮請政府飭浙江省政府遵辦。依《約法》及《國會組織法》，議決法律案諮政府公佈，如不公佈，即交覆議。本人（顧自謂）主張，此非法律案，即以礙難照辦諮覆議院。議院大譁，提出違憲問題。本人以政府委員資格到院辯論，而此案告一結束。從此國會神聖之觀念為之低落。然總統仍不願開罪民黨，即如贛、寧戰爭將起，江西李烈鈞關於□事件致電政府，由秘書鄧鎔擬覆。在此時，總統尚切囑：措詞務要斟酌，萬勿激變等。於此者不止一事。倘其時張、谷等態度稍為和緩，不事事抨擊，則國會結果決不至是，此次命令亦不明言解散，只取消國民黨議員資格。所擬之稿呈交總統已月餘，至十一月四日早十時，總統電請熊總理、[1]各國務員到府，將擬稿交閱，令本人列席。熊不贊一詞，只說缺額當遞補，無候補人者當補選。總統言這是自然。熊提筆擬改字句，總統言：仍由巨六（顧字）酌改。本人即在稿末段增易若干字，仍是原稿之意，不過較明顯而已。即交書記秘密謄寫（余所見者即此）。 寫畢，總理署名，閣員依次署名。梁任公最後到，亦署名，當時情形如此。辦畢已一時半，即在府召印鑄局局長，交其付印，並派人看守，未公佈前，局中辦事人員不准出局門；一面由軍警派人在各重要人處監

1 熊希齡，一九一三年任國務總理兼財政總長，次年簽屬解國會令。

視。約至五、六時，佈置完畢，始行公佈。

令既下，其籍隸國民黨議員證書徽章被追繳者三百五十餘人，又補行追繳八十餘人，共四百三十八人。

國民黨本部在彰武門內舊廣東會館。是日令下，吳景濂正乘車出宣武門往本部，軍警沿途跟伴，到本部即予軟禁，不令回家。其家中已傾篋倒筐，檢查秘件。次日，余謁袁言：吳在國民黨有地位之人，如無確實嫌疑，似不必軟禁，使彼黨人人自危，本人擬往觀吳，請示可否？袁稍沉思，答曰：「可」。當令電告彼處執行者。頃刻余至國民黨本部，荷槍人導入吳室。吳問同黨情形與家中檢查結果。余轉問有無秘件？吳言：「我家火爐，終年不撤，稍有關係文件，隨手燒毀，絕對搜不出一個字，但恐其做贓害人耳。」余言：「對於你，想不敢如此，你可放心。」余即報告袁，吳是國民黨黨員，其忠於黨務，乃其本份，此次反覆談論，實無參與南方之事，懇求放其回家，本人可擔保回家後不會有其他動作。袁允照辦。吳於是日回家。（吳言隨手燒毀云云，深印入腦筋。所有余多年隨錄材料，檢得即行燒毀，尤其抗戰時期，頗覺可惜。）

隔數日，余謁袁，軍事執法處呈一手摺，係亂黨名單，約十五、六人，呈請圈定拿辦（軍政執法處在西城石虎胡同，湯化龍亦住石虎胡同，據言每夜有多人即在院中槍斃）。余與袁對坐，見有張耀曾名（其他不知何許人），余悚然言：「張平時不過站在法律方面與政府為難，那有資格作亂。」袁言：「張是彼黨健將。」余言：「總統素來贊許張是議會中第一等人材，果其確實附亂，自不便乞情，如不確實，還是為愛惜人材起見，網開一面。」單內張約在七、八名，袁自第一名圈起，將圈至張，聽余言，隔張一名，往下圈，圈完，又提筆到張名上，余復哀求願以身全作保，幾至淚下。袁鄭重對余言：「今日是你救他一命，但此人陰險，你將來與他共事，務要留心。」只張一人未圈，即將名單發還。時在午一時餘。余出府，急往張處，諄囑其三時半車速去天津。蓋府中空氣都注意張，恐袁徇余一時之請，其部下又別生枝節。張即於是日秘密去津。（後五、六年間，余與張共事甚久，看不出若何陰險。）

五日，參眾兩院以不足法定人數不能開會。

十日，憲法起草委員會自行解散。

先是八月中旬，憲法起草委員會委員徐秀鈞首被逮捕，解往九江槍決。九月二十七日，復捕去國民黨議員朱念祖、高蔭藻、張我華、趙世鈺、丁象謙等五人，眾議員常恒芳、褚輔成、劉恩格等三人，內中張、趙、褚、劉四人為憲法起草委員。其後褚解往宿縣，常恒芳解往安慶，趙世鈺等五人則羈押於天津，至國會解散始釋放。褚、朱直至國會恢復始與常恒芳同時出獄。國會解散後，更有徐鏡心被殺於北京，段世恒死於陝西境。統計各起草委員被殺者三人，被捕者四人。

二十六日，下政治會議組織令。

熊希齡內閣所謂大政方針，財政部分由梁啟超計畫；其省制改革部分，即略依從前分巡道區域，每一省劃分若干省，縮小原有省份範圍，係張謇提出。經國務會議討論，袁以茲事體大，須召集各省地方長官派遣代表委員會議，方能決定。於是，有行政會議組織之電令。（十一月四日，撤除國民黨籍議員時候。）自兩院不能開會，乃以所召集之行政會議改組為政治會議，作為政府諮詢機關。由國務總理舉派二人，各部總長每部舉派一人，法官二人，蒙藏事務局酌量舉派數人，總統特派李經羲、梁敦彥、樊增祥、蔡鍔、寶熙、馬良、楊度、趙惟熙等八人，又添派饒漢祥、楊士琦二人。

十二月十二日，任命李經羲為政治會議議長，張國淦為副議長。

此項會議，總統特派員中無余，國務院各處舉派中亦無余，不知其所由來。比謁黎，黎言係其推薦，希望多少有點補救。後聞寫命令時，顧鰲反對，袁言：「副總統面子，不能敷衍。」又聞饒漢祥係由袁提出。

十五日，政府會議開會。

是日，余到會。開會後，余在李議長室，楊士琦亦至。李吸煙，楊在煙榻對躺，與李長談，一再表示總統推崇之意，將來總揆一席，將以借重。李謙讓一番，言：「國民黨暴烈，進步黨如梁啟超、湯化龍等，都為總統幫忙，想可合作。」楊言：「黨人終不可靠，總統對梁、湯等，亦不過一時利用而已。」余在旁，暗忖楊閱世甚深，何以余在坐，其發言如此坦白，或係一時偶不注意也。楊又言：「國會應當解散，擬以政治會議為立法機關，另訂憲法。」李問余意見。余縷舉國會不當解散理由，此時可依照上次命令遞補，政治會議何能作立法機關？楊言：「解散是總統意思。」余言：「遞補亦是總統命令。」彼此甚僵。李即言：「此等重大問題，可在開會討論。」終以不歡而散。余見彼等主旨偏激，此項會議結果可想。楊在辛亥議和時，已與余不協，此次辨論更加衝突，余不能犧牲以遷就之，即向袁辭職。袁言：「你若辭，無以對副總統，不要令我為難。如認為不合處，可以來我處陳說，即有時不到會亦可。」據張一麐告余：是日，楊自圍〔團〕城（政治會議設臨北海之圍〔團〕城）到府，訴諸袁，張某不能共事。袁言：「他素來主張如此，總是為國家，為我們，存心無他，我們不要相逼太甚。」云云。以後開會，余即不再出席，李以前輩自居，從不相約。

自是政治會議議決兩件重要議案：在十二月二十九日開會，討論大總統交議救國大計，於三年一月十日呈復：（一）國會議員應停止職權。（一）增修約法應特設造法機關。又於二十五日開會，討論大總統據原呈再行諮詢此種造法機關之組織名稱、範圍及議員之選舉辦法。復議決《約法會議組織條例》。袁即根據上項決議，先後發佈（詳後）。余未到會，不悉其經過，聞諸府中人，此係法律派施愚、顧鼇等平時在袁處所鼓動，至此乃實現云。

十日，宣佈停止參眾兩院現有議員職務。

（新）約法之立法機關

二十六日，公佈《約法會議組織條例》。

三月十八日，約法會議開會，選舉孫毓筠為正議長，施愚為副議長。

五月一日，公佈《中華民國（新）約法》。

民國三年，修改臨時約法公佈（大總統攬統治權）。又稱曰：新約法，共十章六十八條，自三年五月一日公佈，至五年六月二十九日廢止，其有效時間為一年又一月又二十九日。原文過長，不具錄，茲就當時與政局有關係之重要各條與《臨時約法》比較列表如下：

臨時約法	（新）約法
第十六條　中華民國之立法權以參議院議行之。	第三十條　立法以人民選舉之議員組織立法院行之。
第三十條　臨時大總統代表臨時政府，總攬政務，公佈法律。	第十四條　大總統為國之元首，總攬統治權。 第五十條　大總統代表中華民國。 第六十條　大總統對國民之全體負責任。
第三十三條　臨時大總統得制定官制、官規，但須提交參議院議決。	第二十一條　大總統制定官制、官規，大總統任免文武職官。
第三十四條　臨時大總統任命文武職員，但任命國務員及外交大使、公使，須由參議院之同意。	
第三十五條　臨時大總統經參議院之同意，得宣戰、媾和及締結條約。	第二十二條　大總統宣告開戰、媾和。
第三十九條　臨時大總統頒給勳章並其他榮典。	第二十七條　大總統頒給爵位勳章並其他榮典。
第四十三條　國務總理及各部總長，均稱國務員。	

第四十四條　國務員輔佐大總統負其責任。	第三十九條　行政以大總統為首長，置國務卿一人贊襄之。
第四十六條　國務員及其委員得於參議院出席及發言。	第四十二條　國務卿、各部總長及特派員，代表大總統出席立法院發言。
第四十七條　國務員受參議院彈劾，臨時大總統應免其職。	第四十三條　國務卿、各部總長有違法行為時，受肅政廳之糾彈及平政院之審理。
	第四十九條　參議院應大總統之諮詢、審議重要政務。參議院之組織由約法會議議決之。

自政治會議所謂法律派抬頭，以為余偏袒國會，事事不得與聞。約法條文亦係彼等稟承袁意旨而預定者，不過經約法會議形式通過，無一人敢持異議。唯議員張其鍠當議及第二十七條大總統頒給爵位云云，起而反對，言：「爵位是皇帝時代產物，民國不應沿襲。」法律派反駁之，張語甚激烈，影射帝制，大怒而去，不再出席。張廣西桂林人，癸卯進士，以即用知縣任湖南□□縣。李經羲素聞其能，宣統年雲貴總督，路過□□縣，深與結納。熊希齡亦屢為余道之，又志其人。於是往訪，談數次，念其才氣蒼莽，如在邊地，必能轟轟烈烈做出一番事業，故民六年，余在內閣提出開通西北（甘肅）計畫，力保張能勝任，段已允許，為其左右所遏，不能實現。張一人固可惜，而西北至今荒曠，邊圉岌岌，則尤大可痛也！（後張入吳佩孚軍幕。）

五月二十六日，參政院成立，黎元洪為議長，汪大燮為副議長。參政院，依據新約法成立諮詢機關，從前政治會議取消。黎既在北京，對於此等名義本不贊成，但亦無可奈何。議長發表後，要求我幫忙，藉圖補救。袁擬以余為參政院秘書長。余新丁母憂，一再力辭，乃以林長民代，係汪保薦。林極幹練，且有手腕，故帝制發生，各方面都能聯絡，故為黎所不滿。黎時時責余不當見義而辭，余則勸黎當相機而退。

六月二十日，參政院開會。

參政院參政共七十三人，嚴修及余（辭去參政院秘書長後）均與其列。嚴於民國無論各項命令不辭亦不就，余在居憂期內早聲明不做任何命令之職務，故即辭謝。

二十九日，申令參政院代行立法職權。

立法院依據新約法，由人民選舉。自是諮詢機關又兼立法，所有帝制文章均在代行職權中包辦。

十二月二十八日，公佈《修正大總統選舉法》。

先是八月十八日代行立法院建議修改大總統選舉法，至十二月二十八日，約法會議通過修正案，次日公佈。茲就其修正重要各條與原訂大總統選舉法比較列表如下：

大總統選舉法	修正大總統選舉法
第三條　大總統任期五年，如再被選，得連任一次。	一、大總統任期十年，得連任（無限制）。 一、凡屆總統改選之年，參政院參政如認政治上有必要時，得為現任總統連任之議決，即無須改選。 一、總統繼任人，應由現任總統推薦於選舉會，其名額以三人為限。被推薦者之姓名由現任總統預先書於嘉禾金簡，藏之金櫃石室，臨選舉時始行取出，交付選舉會。現任總統則當然得以繼續當選。

金櫃石室建在中海，寬約二丈，深約一丈，以石砌成門，以堅鐵為之，厚約三寸，中有石台，安置金簡，門首鎖嵌在內，環露在外。鑰匙二，有盒，用錦緞裝之，一藏總統府，一藏國務院。黎總統繼任之第三日，取出總統藏之鑰匙，余向國務院取出所藏之鑰匙，黎派副官一人、護衛二人前往開鎖，將金簡取回。金簡包以黃綾，簡上繪嘉禾（故曰嘉禾金簡）。簡色金色，簡內紙黃色，書「黎元洪、徐世昌、段祺瑞」三人名。據夏壽田言：此種格式、裝璜係本人擬出，經袁裁定照制；簡內親筆書徐世昌、黎元洪、袁克定三人名。至撤銷帝制，徐再任國務卿，曾將金簡取出一次，復送回藏儲。至再書何名，不得而知云云。逾年，余過是處，兩門洞開，塵土堆積，已無人過問矣。

第九篇
近代史片斷的記錄

洪憲帝制

洪憲帝制，人人皆謂發動於楊度之籌安會。帝制失敗後，夏壽田以通輯避往天津租界，余到津，屢次與談當年帝制之經過，乃知楊與袁關係，與籌安會之所由發生。夏為袁左右主持帝制內幕之要人，茲就其所言，錄如左：

帝制是否發起於楊度，當先知楊與項城關係。光緒末年，楊以主張君憲自命，張、袁早心識其人。比值軍機，保薦以四品京堂候補，在憲政編查館行走（光緒三十四年三月二十日），楊亦時時進謁。項城到彰德後，楊不斷通款。辛亥事起，項城到京任內閣總理，楊乘機常與項城談論國事，鼓吹君憲，表面若維持舊主，實際則擁戴新主也。此時項城本以楊士琦為君主暗中主持者，但究係私人，又與民黨素不接洽。於是利用楊之活動，楊即隱然自以為君憲代表。至南北和議，楊與汪精衛同為參贊南下。又與汪在北方發起國事匡救（救濟）會，由曹介於慶邸，籌助一百萬元，其意在維持君主。民國成立而君主失敗，此一百萬之款，楊實得七十萬，□分三十萬。國事匡救會無效果，楊又無賬目報慶邸，慶邸尤不快，袁不知也。至民國初季，楊曾面向項城要求交通部（熊希齡組閣，曾表示非交通不就），自為交通系所忌。梁士詒為府秘書長，日在項城左右，對於楊安有好語？交通部不得，項城不得已，予以同成鐵路督辦。彼等乃思一中傷之計，即以國事匡救會一百萬元經過，由慶邸託孫寶琦致意於項城，極言楊操守太不可靠。交通系方面當然落井下石，於是慫恿解去其同成督辦，不令插入交通之門。項城亦不直其所為，為敷衍面子，任為漢口商埸督辦。在此期內，楊住青島，有時往來北京，項城亦疏遠之。

國會解散，憲法起草停止，乃以約法會議產生新約法，規定大總統任期十年，又推薦繼任三人，藏之金匱，著著逼緊，我輩早已嘿窺意旨。在項城口頭不露帝制二字，只說共和辦不下去而已；我輩日夕在左右，始而從旁敲擊，繼而直搗中堅。項城初尚裝門面，漸漸亦說非帝制不可，最後「你們斟酌去辦」。其時北洋軍人方面，惟段芝貴、雷震春、張鎮芳、袁乃寬等；幕府方面，唯楊士琦與余（夏自謂）二人，不過數人得真知其全部秘密（曹汝霖因外交關係，此時尚只在段芝貴處隱約得知一、二）。在民國三年下半年，我輩已由言論而進入實際階段，不意四年一月十八日，日本公使日置益謁項城，提出要求二十一條。日置益辭出後，項城極憤怒，當即疾聲令余，所有關於帝制之事一概停止，「我要做皇帝，也不做日本的皇帝。」（夏並言：「此段外間絕不知道。」）於是一方面我輩便將關於帝制之事一概停止，一方面項城即以全副精神對付外交。結果，日本第五款撤回，於五月二十一日「二十一條」簽字。項城本人並不作為外交上勝利，但覺此後一切一切，彼方不致再有問題耳。故又令我輩繼續從前工作，並加推進，以預備由秘密而公開之階段。

在此期內，楊甚無聊，我輩與楊姻親，又同學至交，常往還，有時以帝制內幕擇其可告者告之。楊靜極思動，擬一〈君憲救國論〉，署名虎公，由余呈項城，閱後交梁士詒，越數日又交徐國務卿。此二人皆不慊於楊，不贊一詞，而項城頗心許之（此件後由段芝貴在湖北付印）。其時我輩計議，擬從新聞界同舊議員著手，先約徐佛蘇、黃遠庸、薛大可、丁世峰、藍公武等（丁著有〈聯邦救君論〉，只要達到聯邦，即君主亦可），已得此數人之同意，作半公開式之組合，以便實行發動時在言論方面先得響應，即進而作第二步、第三步，項城極以為然（薛大可亦云云）。正在進行，楊略有所聞，八月十日進謁項城，余陪坐，談及君憲問題，擬組織一機關鼓吹。項城言：「不可，外人知我們關係，以為我（袁自謂）所指使。」楊正色言：「度主張君憲十有餘年，此時如辦君憲，度是最早之一人，且有學術上自由，大總統不必顧慮。」（據言，此當時楊所表示原語，未增減。）又反覆推論，詞氣頗激昂。最後，項城言：「你可與少侯（孫毓筠）等談談。」（孫本老同盟會，早已投袁，故任約法會議會長。）楊退出，往孫處連日商議，於八月十四日發表籌安會宣言。其同發起之嚴復、劉師培、李燮和、胡瑛，因嚴平時議論主張君主，故約之；劉與太子關係，為少侯所拉者；李、胡則無所謂（後來嚴言，晳子發起籌安會，只言研究君主民主國體問題，在學術上立場，故爾贊成；乃結果由研究而實行，不知其帝制自為者，予定有人，非始料所及，但發起既列名，後來亦不願否認，不過列名以後，會中行動，晳子從不顧及云云）。籌安會宣言後，項城乃將計就計，將預定實行計畫，由政府主持者一步一步做去，其籌安會，等諸表面文章。而楊則自以君憲資格，日奔走於政府有關係各機關，然亦無從參與真正秘密也（人視楊尚不如林長民，尤其楊士琦）。自梁士詒加入，進行甚猛，故籌安會改為憲政協進會，於政治上不發生影響矣。總之，籌安會猝發起，預先未經項城同意，果事前稟承，未必用籌安兩字（項城曾言此兩字何能號召，不知皙子如何想出），若依項城，則發起之人除楊、孫外，亦不會僅羅致嚴、劉、李、胡等。外間傳說，以為籌安會係項城授意，其發起人係楊開單呈請圈定，若以帝制公開為楊包辦者，絕非事實。

籌安會發起後，人人皆知帝制即將發生，一時論者大半趨於繼承問題。黎副總統左右集議，以為但求維持國體，不惜遷就以應付之，於是擬定總統世襲制，如左：

> 邇者籌安會諸君，討論國體，崇議因謨，至深欽佩。大總統聖神天縱，軼五超三，尊號之上，詎為阿好，況元洪受恩深重者乎？然默觀時勢，障礙頗多，亂黨既易於生心，外人尤難於承認。且大總統嘗以維持共和誓於眾矣，福國利民，昭然若揭，百爾君子，應如仰體上心，統籌全局，豈忍快一時之辯，而貽總統累卵之危。元洪愛民國尤愛總統，私心耿耿，未敢與總統宗旨相背而馳也。竊以為總統之號不宜變更，繼承之法當為釐定。選舉之弊，學者類能言之，至如約法推舉，扶偏救弊，似具苦衷。然大寶所在，爭端易生，彼心懷叵測者，因寵盜權，皆可以覬覦金匱，一也。國本未定，群不知繼任總統果屬誰某，人心皇皇，將無寧宇，二也。為今日計，莫若定總統

世襲之制，為各國開一先例。勛歷練習，後起有資，利一。先朝舊人，易於駕馭，利二。開國守成，政策一致，利三。以國為家，關係密切，利四。綜此四利，既有君主之實而避其名，天下之人復曉然於國體之不更，儲君之確定，皆可以相安無事，事關憲法，亦無外人干涉之端，且與大總統先後誓令，尤無違反。解除危險，綏靖人心，長治久安，莫善於此。敢攄所見，質諸高明。

節略擬就，黎電約同鄉周樹模暨余往，徵我等意見。周極贊成，余不以為然，言：「袁若不帝制自為，則既為大總統矣，新選舉法大總統任期五年已改為十年，連任亦無限制，又總統繼任人由現任總統預先書名，藏之金匱石室，如此則總統為終身總統，其推薦繼任亦無限親屬之規定，尚不滿足，是其醉心皇帝毫無疑問，總統世襲，那能過癮？副總統如欲建議，應當光明磊落，直陳共和之不可推翻，帝制不可復起，為國家計、為袁本人計均當如此。副總統本創造共和之人，不贊成帝制自是應有之主張。若如節略云云，同一不贊成帝制，既不足昭示國人，亦不能挽回變局。萬一採用，而憲法中有總統世襲之條，自我副總統倡議，天下後世其謂之何？」黎嘿然。大眾以為直率措詞，恐有危險，終從原擬繕寫，八月二十日呈遞。袁閱後，在節略上面批「堂密存」三字，無表示。

同時，財政總長周學熙呈請，諮行參政院代行立法院速就憲法起草中於國家根本問題，明白規定。蓋即總統世襲之說，但未明言。如左：

為密陳國勢動搖請速定根本大計以安人心仰祈鈞鑒事：竊自近日籌安會發起後，中外響應，固多出於愛國之忱，而我大總統洞觀時勢，不以變更國體為然，此誠以堯舜公天下之心為心，古今盛德，薄海同欽。學熙之愚，欣附末光，不勝鼓舞歡騰，願效康衢之頌。然徵諸國勢，猶不能無後慮者，蓋心當唐虞之時而後可行堯舜之事。乃今日之民國，上承前清之腐敗，中更贛寧之變亂，各省乘機竊發，重煩兵力，僅乃克之。至如水旱偏災，時時見告，迄今未已。以言法律，方在萌芽；以言兵力，僅足支柱；至於財政艱窘，已達極點，而內帑外債，相逼俱來，東鄰協約，北蒙自治，藩籬洞開，權利侵削，國勢之飄搖極矣。此時正宜勞來安輯，與民更始，積十年二十年之生聚教訓，種種設施，庶幾備具，孔子所稱世而後仁，百年去殺，是必數傳之內，政見一致，貫徹相承，始有以致之，所謂國本不搖，而後一切要政乃可次第舉也。今雖國體不更，然總統繼續問題仍在，上年修正約法，雖有金匱題名之規定，然此等方法，行之一人一家小事則可，若天下之大器也，舉之而不定，適足以召亂。夫既有金匱之秘儲，即轉啟外人之猜視；既有三人之並舉，即又生多數之覬覦，是人人心目中時時懸一不定之局。推此影響所及，民間實業不敢作遠大之期，國民教育不能收化成之效，甚至武備軍實安內攘外之大計，皆無動爵世將以為屏藩，是朝野上下百事皆原於因循苟且，而敗壞於無形，此誠國家隱患，而惟總統選舉法之有以致之也。我大總統既以公天下為心，尤不可不以安天下為念，擬請諮行參政院代行立法院，速就憲法起草中凡關於國家根本問題，明白規定，務使天下曉然於今後之定於一尊，循其途而出之，可以長治久安，則人心從此大定，而後百事可以進步，此乃萬世之福。伏願大總統毅然行之，毋引小嫌而忘大計，天下幸甚。抑學熙猶有進者，經曰：「開國承家，小人勿用。」自古興朝，必有勳伐之臣，世篤忠貞，以為柱石，故有持正不阿之四皓而後太子不搖，有厚重少文之周勃而後劉氏復安。今者竊見疏附奔走之才多，股肱心膂之選少，伏願大總統廣播幹旌，勤榕嚴穴，必有宅心正大、志慮忠純如傅說、呂尚諸賢者，今日為腹心之寄，他年備干城之佐，則國基可以永固矣。迫切陳詞，是否有當，理合密呈，恭請大總統鈞鑒。謹呈。中華民國四年九月六日。

袁閱後，在呈文上面批「堂密」二字。

政事堂左丞楊士琦等呈請，繼承法手纂訂憲法時特別注意，亦即總統世襲之說。如左：

為籲請訂大計以安人心而固邦本，合詞密呈仰祈睿鑒事：竊維立國之道，其主要在於安人心、固邦本，此中外古今不易之理。自籌安會喚起輿論，研究國體問題，僉以共和國體不適用於中國，同時政界、軍界、商界眾論僉同，和其主旨，蓋以共和政治元首迭更，僾擾競爭之象，為將來必秩可避之事實，故欲明定國體以規久遠，所持具有理由。當此舉國皇皇，請求迫切，若不速籌解決，或恐別生事端。士琦等公同商酌，以為安人心、固邦本之大計，於繼承法最為重要，亟應於纂訂憲法時特別注意，俾法律昭垂著為憲典，自可上固邦本，下洽輿情，實為今日必不可緩之舉。士琦等夙夜趨承，親聞謨訓，值此萬流競進，何敢緘默不言？用特合詞上呈，籲請大總統俯察國情，折衷成憲，速定大計，俾成久安長治之規，實與中國前途關係至巨。管見所及，披瀝密呈，是否有當，伏乞大總統睿鑒施行。謹呈。中華民國四年九月六月。政事堂左丞楊士琦、政事堂右丞錢能訓、外交總長陸徵祥、內務總長朱啟鈐、司法總長章宗祥、農商總長周自齊、交通總長梁敦彥、蒙藏院總裁貢桑諾爾布、稅務處督辦梁士詒。

袁閱後，在呈文上批「存」字。同時外交譜議魏宸組呈，草定憲法，宜明定大總統之子孫繼承大總統，不用帝制之名而仍取世襲之實。周樹模極贊其文，擬署名，並約余加入，余不肯，即由魏本人呈遞，袁批「堂」一字。徐佛蘇又有呈徐國務卿，謂大總統推薦後任大總統時，只當限於一人，舉賢舉子，純任自由；又謂共和國名義既未取消，直規定大總統為世襲職，於法理事實衝突甚大，恐仍不免招各國之疑慮耳。蓋君主國與共和國之分，即元首世襲、元首選舉之別，今中國既稱之日中華民國，而憲法上明白規定世襲二字，非驢非馬之制度，何以昭示來祀而公佈世界乎？夫以佛蘇之法行之，既不違背共和二字，總統又可以世襲，用意周密，手續簡單，收效甚易，民不驚駭，法不大變，外國不甚注目云云。徐國務卿轉呈袁，袁約徐佛蘇往談，還是一套不作皇帝的話，在其呈文上批「堂，本日已表示意見」八字。

此等均是籌安會發生後，以繼承問題餌袁。魏呈末段，有「迨大勳告成，吾民追思功德，恐此事有群起而上尊號者，大總統雖欲堅拒而有所不能」。徐佛蘇呈末段，亦有「倘待至時機成熟，歐戰了結，東亞均勢問題回復之後，他國不能獨立發難，而國內政治益理，民困漸蘇，則雖毅然變國體，風行草偃，水到渠成，誰能禦之」云云。蓋希望皇帝兩字，此時不明白宣佈，作和緩一時計也。當時除國民黨激烈派外，其不贊成帝制者，大部站在調停派方面。繼承問題，湯化龍詢余意見，余答以不贊成，湯反詰余豈不是贊成帝制，余只得瞠目視之，一時心理可見。

以上呈件未發表，外間絕少知者，故詳錄之，以見當時有此一段經過。據徐世昌言：籌安會發生，帝制已將揭幕，袁尚表示不做皇帝，故對此等不置可否。

九月十日駐日本公使陸宗輿電云：「伊集院密告，帝制尚非其時，即欲改制，亦以取法堯舜，示以無家天下心為佳，至承繼事，非法律所能奏效。答以大總統並無此意。又日報載，有人運動將宣統帝封藩滿洲者，此次帝政論起，中外搖動，辯言亂政，尚祈速加取締，防生枝節。輿。十日。」

【附】袁世凱對於籌安會之表示

有政界人某氏謁見大總統，談及日內有人發起籌安會研究君主民主問題，應否干涉。大總統曰：「近數年來此項言論雖無開會討論之舉，然耳聞已熟，久已不為措意。自歐戰發生以來，世界心目為之一變，又有墨西哥黨爭殘殺之事，感觸激刺，遂引起中外人留意於新造民國之利害。以予所居地位，只知民主政體之組織，不應別有主張。日前某博士來謁，力辯君主民主之優劣，予惟答以民主國大總統之職分所存，實難研究及此。至共和原理，本當集大眾之心思才力，以謀大眾之安樂幸福，此等開會討論之舉，於共和原理初不相背，何從橫加干涉乎？予之素志迭經表示，帝王既非所願，總統亦非所戀，洹上秋水，無時去懷，無論研究此義者作何主張，於予個人固無嫌疑之可慮也。在予個人，有個人之身家產業、子孫親族，固期望安全不能置度外；在全國人民，亦各有個人之身家產業、子孫親族，其研究所以永保安全之法，寧非人情切己之所應有？況此事為四萬萬人生死之問題，予既受國民付託，何敢以非所願、非所戀二者之嫌疑而強加之以干涉乎！此種研究之舉，只可視為學人之事，如不擾及秩序，自無干涉之必要也。」（《亞細亞報》）

袁世凱死，黎元洪繼任

民國五年六月，袁世凱因病不能照常辦公，所有來往電報蓋印等都由秘書夏壽田送上樓去，袁還能親自處理。到六月六日（舊曆五月端午）病況轉入危險地步，午後便電請徐世昌到總統府，向徐表示：「現在病重了，恐怕一時難好，一切後事，需要記一下。北洋軍隊在中國是有名的，不要因為我一個人的死，丟掉這個名譽。北京和北京附近地區的秩序，需要好好維持。」徐世昌告訴他說：「現在有段祺瑞和王士珍在這裡，北洋軍隊一定會維持得很好，總統請好好養病吧！」

當天夜裡一點鐘，總統府又來電請徐世昌即刻去府，徐世昌已預料到袁世凱的病狀一定危急了。徐到總統府時，段祺瑞、王士珍、張鎮芳、段芝貴、袁克定等都先到了。這時袁世凱已經不能說話，徐世昌說：「現在總統的病只有好好的保養，但是由什麼人來接辦這事情呢？」袁世凱只說了「約法」兩個字。

但「約法」這兩個字，在當時說來是太含混了，因為當時是有兩個約法的，如果依據民國元年三月頒佈的約法和二年十月所公佈的大總統選舉法，那便應該由副總統繼任；如果按袁世凱在民國三年五月所頒佈的新約法和三年十二月所公佈的修正大總統選舉法，便應該等到選舉之前打開金匱石室，取出預先寫好的嘉禾金簡，由選舉會從簡上所寫的三人中選出一人繼任總統。原來在帝制運動的時候，袁克定想繼任做皇帝，簡上寫的是徐世昌、黎元洪、袁克定。逮蔡鍔在雲南起兵帝制取銷時，已經把金簡上名字更換成徐世昌、黎元洪、段祺瑞了。但這事袁克定不知道，所以當袁說出「約法」二字後，袁克定緊跟著說了一句：「金匱石室嗎？」袁點了點頭，此後沒再說話就死去了（以上據徐世昌事後告我言）。

袁死後，徐世昌等便從居仁堂退出到春藕齋商議下一步的辦法，一面打電話請全體內閣閣員到春藕齋。我當時任農商部，到春藕齋的時候已經是七日上午五點，還未坐下，段祺瑞便拉了我要我和他一齊到東廠胡同黎副總統府去，並叫差官給副總統府打了一個電話，即一同上車。在車裡我問段：「袁總統死了，應當依照約法請副總統繼任。」段並不清楚新舊約法的問題，只答覆說：「我們去就是請副總統出來擔任。」到東廠胡同時，黎的副官唐仲寅已經在大門等候招待，唐在往裡走的路上問我來意，我說：「段總理是來請副總統擔任大總統的，你快先進去告訴副總統稍做準備。」我們走進黎的辦公室（東花廳）見到黎元洪，段向黎鞠躬後，黎坐在一個長桌的西首，我和段坐在南北靠近兩頭，黎、段相對而視，都不說話。我當時想：黎應該問袁總統故去的情況，段應該說請副總統出來擔任大總統等話。平時段是拙於言詞的，在有什麼事情時，常常是先向我們商量到那裡應該怎麼說，或者旁人替他說，但現在在這樣重大的問題上，我就不明白他為什麼不說話了，而我在當時對這樣重大的問題又不便替他說，這樣足足坐了半個多鐘頭沒說一句話。忽然段站了起來和黎握了手，然後向我說：「潛若，你今天不要到國務院去，黎總統這裡沒有人，你就在這裡幫忙吧！」說完後，他點了點頭就走了。大總統就是用這樣的方式請出來的。

我在總統府替黎擬繼任總統的佈告，第一句是「元洪於本月七日就大總統任」，這是根據舊約法寫的。本擬有依據約法繼任條文就任，其秘書瞿瀛言：「如此明顯，恐院中引起舊、新約法問題，總理如不即時署名，耽擱今日未能公佈，難保不起別的變化啊！」佈告寫就，我即親送府學胡同，由段署名蓋印登報，並電告全國矣。而國務院所擬的故大總統告令卻根據了新約法，說明：「依約法第二十九條『大總統因故去職或不能視事時，副總統代行其職權』，本大總統遵照約法宣告以副總統黎元洪代行中華民國大總統職權。」段當時並不懂這些，也沒想暫請黎代行職權，在三天內組織臨時大總統選舉會，開石室後再另換人。但由於「就任」和「代行」兩個字的不同，後來卻引出了極大的爭執。

當天晚飯後，唐仲寅屢次進來和黎耳語，我覺得情緒有些不對，到九點鐘黎告訴我說：「聽說外邊情形很不好，你給段總理打個電話問問。」我便去打電話，電話接通了，我要找段總理說話，接電話的人說：那裡人擠滿了，他沒法到段的辦公室去，這樣幾次都沒能和段說話。最後黎說：「電話既然打不通，請你到段處去一趟吧！」我即坐車到府學胡同，看到段宅門外車輛一直排到胡同口到大街，後來的都在口外下車走進去。我一進門便看見到處都擠滿了穿著軍服、掛著軍刀、戴著白鵝毛制帽的軍人，他們都是反對黎元洪做大總統要求段擁護徐世昌出來的。我擁擠到電話室後，剛才接我的電話的人還在那裡，他說：「實在擠不進去，您如果一定要去的話，從廁所那邊繞過去還許可以。」我繞了過去，幾度找人才把段請出來，段也是穿著全副武裝，樣子很急，一見我就問：「你到這裡來做什麼？」我告訴他：「黎總統聽到外邊一些事情，讓我來問問。」段說：「我既然請副總統出來，這就是我的事了，他不要管，如果他怕的話，就請他來管吧！」說完後就急忙回頭進去了。

當晚黎留我在那裡和他在東花廳相對坐了一夜，隔二十分鐘就給段宅打電話。後據接電話的人說，經段向這些軍人解釋，約到夜裡三點鐘左右，這些軍人才逐漸散去。黎聽了這話也才放心。

從上述這些情形看來，黎元洪的大總統實際是段擁護他出來的，既然這樣，黎、段的關係就應該是很好的，何以又發生府院之爭呢？一般人都認為是段縱容徐樹錚，而徐特別跋扈所釀成，其實內部還有個秘密。

原來跟隨黎元洪多年的秘書長是饒漢祥，後來因為袁世凱醞釀帝制封黎為武義親王，饒對這個問題的態度不同，黎極不滿，此後便不用饒漢祥。當袁世凱稱帝時，黎的左右多半離散，在東廠胡同跟隨黎的只有秘書瞿瀛和副官唐仲寅。黎出任總統後，就約我做秘書長，其時我任農商部，感覺身兼兩職很不方便，一再提出辭職，希望只作一個。時周自齊曾勸我說：「可以做總統府秘書長，學梁士詒的例子，兼任稅務處督辦，這樣名利雙收。」因為總統府秘書長地位很高，可以享名，而稅務督辦和安格聯（英國人，時任總稅務司）等人在一起，每月薪金一千八百兩（當時部長每月一千元），這樣可以得錢。我認為談政治的不應該講這些，自己本來站在黎這方面，還是在府裡，不想到院裡去。但國務院方面，又利用我和總統府接頭，不肯放我走。後來黎的舊部都由京漢車北上，大都是湖北人，人來的很多，而且很雜，什麼人都不容易進去，所以這時有些人說，總統府是湖北會館。

在這種情況下，我對秘書廳簡直沒辦法，於是建議添設副秘書長，由瞿瀛擔任，我和他們說：「對外的事我可幫忙，對內的事請瞿管。」

這時我個人對黎的意見，認為黎在北京高踞在北洋派勢力之上，自己毫無力量，所謂北洋派中無論是直系或皖系，對黎這方面都是無恩無怨，可以開誠佈公的把他們攏在自己部下。一面聯絡南方，待自己地位鞏固一些，從而著手國家政治的、軍事的整頓。日常和黎這樣談，黎也很贊成，到孫洪伊等提出攻段聯馮的辦法以後，黎的態度就轉變了。這個轉變，應該從張鎮芳和黎的接近來研究。

張鎮芳是袁世凱的表弟，袁臨死前後，他也在居仁堂和春藕齋參與顧命，段祺瑞一向看不起他，他也料到段不會容他這種人，所以這時他就想投奔黎大總統，並向黎左右說：「黎的出任大總統，是徐世昌所擁戴的，段祺瑞不贊成。」我當時就嘗聽到黎有不滿意段祺瑞的話，但不了解其原因何在，到後來聽到張鎮芳這些說法以後，便去問徐世昌，究竟推舉黎出任總統的情形怎樣。

在袁死後，徐、段等到春藕齋時，提出誰來擔任總統的問題，當時徐表示：「最好是請黎副總統出來，他的聲望在對南北的統一等問題上，做總統比較合適。」繼而一想，他自己是個局外人，這問題應該由負責的段總理表示意見才好，因此又向段說：「這是我個人的意見，應該怎麼辦，還是看總理的意見。」這話說過後，段停了約有二、三分鐘後說：「相國這樣說，就這樣辦吧！」徐認為：「決定這樣大的事，他考慮二、三分鐘，也是應該的。」（據徐世昌告我言）

現在根據徐說的情況，並參據段在袁死後擁黎的作風（詳前）來看，的確很難武斷說段不願意黎元洪出任總統。

按：據《日本外交文書》，當時日本駐華使館往來文電有如下記載：六月六日上午十時半，日、英、法、俄、比、意六國公使於日使館密議，研究世凱死後對華所應採取的措置（會議期間各國公使得到袁世凱死的消息）。午後一時，六國公使見到段祺瑞，英使代表六國詢問袁死後誰繼任總統，段回答：「根據約法第二十九條規定，當然應由黎副總統繼任。」英使代表六國對黎繼任表示滿意，並聲明對黎將給予「道義上的支持」。六月七日日外務省急電日駐華公使日置益，令其速向黎元洪轉達如下意見：希望他在今後對內對外方針上，「努力融合統一國內各黨各派分子，對南方主張予以慎重考慮，以達成妥協，根除全國動亂之禍根，為實行國內和平而努力。但目前當務之急，首在不要重複袁世凱時代日中兩國間的種種齟齬和矛盾，……新政府只要誠意恢復國內和平，確實實行日中親善政策，日本在其可能的範圍內，將予以直接或間接的援助。」（見《日本外交文書》，大正五年第二冊，頁一三一——一三二、一三六）

復辟後馮國璋繼黎為總統的經過

復辟發生以後，黎總統一面電請副總統在南京代行職權，同時任段祺瑞做國務總理，江日通電說：「……於本月冬日，特任段芝泉總理國事，並電請馮副總統依法代行職權。在副總統未經正式代理以前，一切機宜統由段總理便宜處理。所有印信文件，業經送津，請段總理暫行攝護，並設法轉送副座呈請接收……」這時段左右便有兩派不同的意見，一派認為經過復辟，民國已經中斷，段自己出來討逆，不需要總統、總理的命令，丁士源等很多人都是這種主張。另一派主張接受總統的命令，以總理的名義做討逆軍總司令，這樣做法無用另起爐灶，在全國進行號召比較方便，這主要是我的主張。最後段祺瑞採取了這個主張，就總理職，任討逆軍總司令，所有以大總統名義發出的文件，是段在津逕自發出，再以電報通知南京。

討逆戰爭期間，段根據「在副總統未經正式代理以前，一切機宜統由段總理便宜處理。所有印信文件，請段總理暫行攝護……」等語，可以代行總統職權。但到討逆結束時，段派對於總統人選問題又發生了很大分歧，一派認為不要再讓副總統到北方來，就由國務總理攝護。但按約法規定，大總統因事故不能行使職權時，才得交由副總統代理，現在戰爭結束，黎總統可由交民巷出來，並沒有不能行使職權的事故。即使說大總統真有事故，也應該由副總統代理，馮國璋在南京更談不到有什麼事故，無論如何代攝總統的事情總輪不到段的頭上。丁士源等卻持乾脆由段自行代攝。另一派主張請馮出來，張志潭等認為即使大總統實在不出來的話，應該請副總統北上代理。我的主張仍請黎出來。第一派以丁士源在討逆軍司令部鬧得最厲害，最後段祺瑞採取第二個辦法，但第一派仍不願意，還在繼續大鬧，馮在南京知道這情形以後，很不高興，並表示不來了。

當時我曾和段討論過總統問題，我說：「大局平定以後，還是請黎總統復職合適。」段說：「總統不贊成參戰。」我說：「以後決沒有這個問題。總理打倒復辟，對國家有大功，總統原來也不是有堅決主張的人，他左右那些反對參戰的人已經離開了，他一定會把全權交給總理，這樣總理還有什麼事情不能放手去做呢？我也並不是反對副總統出來，只是覺得總統復職在法律上順理成章。即使從事實上比較，總統痛定思痛，副總統志氣方新，此中利害，總理可以想像得到。」這時丁士源和張志潭也在坐，丁正做討逆軍軍法處長，聽了我的話以後就勃然大怒，厲聲說：「你今天還替黎元洪作說客啊？如果有再說請總統復位的，就用手槍相對。」張志潭急忙調解，並偷偷告訴我說：「這次在運動各省附和討逆時，已經把總統許給馮國璋，情勢已經是箭在弦上，你再提也沒有用處。」因此我便退一步勸段說：「現在總理是黎總統的總理，總理入京以後，首先應該把總統從東交民巷迎接出來，由他自已宣佈退職，這樣可以在法律上和事實上都平順適當。」段說：「總統未必肯辭職，恐怕需要強迫。」我說：「總統不是這種人。」果然，黎表示絲毫不留戀地位。到十四日，段到京派江朝宗到東交民巷迎黎到居仁堂，黎正式宣佈辭職。

這時一方面黎辭職了，另一方面馮又表示不來，但又找不出足以不能就職的事故來。中央無主的情況，不能長久拖延下去，段就派靳雲鵬到南京去請馮。馮因聽到丁士源等擁段的醞釀，而對段派來寧的人們拒絕不見。經過很多的疏通，馮才答應出來。本來馮、段兩派勢力的擴張就有矛盾，這段事情也是兩個人意見分歧的一個重要關鍵。

徐樹錚槍斃陸建章

奉軍進關後在天津設奉軍司令部，張作霖在關外，徐樹錚在天津以總司令部名義指揮一切，張對他遷就敷衍，而徐卻橫行跋扈到極點，於是發生槍斃陸建章事。段方是主戰派，馮玉祥在武穴曾通電主和，影響很大。馮是陸一手提拔起來的，馮的主和是陸建章的主張，因此將馮的旅長免職，故北洋主戰派與陸有隙。其時北京馮國璋主和，段祺瑞主戰，自然段派對有活動能力的主和派如陸建章這樣的，一定是時刻都在防備著。陸等平常和奉軍一直沒有聯繫，徐樹錚尤討厭陸。某日徐告楊宇霆（張作霖參謀長）；想把陸建章除掉，楊隨便答稱：「也好。」徐以為奉軍也贊成，即派×××把陸找到司令部去，命×××槍斃。×××說需要徐寫給他一個命令。這時楊、徐皆在，徐當即寫了一個命令，×××即按計劃將陸槍斃。

陸建章是北洋老輩，與馮國璋、段祺瑞同時的，待槍斃的電報到京，段感到非常困難，沒經過軍法會議、沒宣佈罪名，不好解釋，因此就想把責任推給×××，謂其挾嫌妄殺。曾毓雋獻策說：「這責任非段一人能負，須看看總統對這事的態度。」曾見馮國璋，馮表示的很痛快，說：「槍斃陸建章的錯誤是無法解脫的，但已經槍斃了，只要徐樹錚以後不反對我，事事不和我為難，這件事我可以替他扛下來。」曾說：「徐知道自己錯。」馮說：「你可以保證他平常不胡鬧嗎？」曾說：「我們可以保證。」所以馮就輕淡的下一個命令，也不歸罪於徐樹錚，此事算了結了。曾到天津和徐樹錚說明馮的態度，但徐不理這些，仍舊跋扈和馮為難。曾毓雋問：「當時執行的是誰？」×××就把徐寫的東西給曾看，曾感覺徐即使槍斃也不應該寫這東西，這樣做太有些忘其所以了。

由於徐樹錚平日跋扈，張作霖大不滿意，即以此槍斃陸建章為藉口，進關到天津撤銷奉軍司令部，因此分軍械時，張作霖只給徐兩旅半（徐有五旅人）。徐不答應，曾毓雋和徐說：「你不要和他爭了，現在段老總已當國，兩旅半軍械，在政府還不是好想法子的嗎？」徐憤憤不平。某日，張作霖、楊宇霆、徐樹錚、曾毓雋在吸鴉片時，張作霖很客氣的對徐說：「奉軍進關，你多方照顧，辛苦了，以後仍在一起吧！」徐說：「你這個樣，我總有一天打你，就是我沒有力量打你，我也讓日本人打你。」曾說：「我們吃煙吧！」才把話引開（以上曾毓雋述）。

張志潭與徐樹錚

民國七年在徐世昌做總統的前後，張志潭是一個重要的角色，他在清末就和新舊派軍人（舊派如傅良佐等，新派如吳祿貞等）都有來往。徐世昌做民政部尚書時，他是民政部的郎中，後來徐世昌到東三省做總督，他曾隨往東三省。徐世昌的作風，是以翰林的資格和袁世凱結合，進一步和北洋軍界人聯繫，軍界人就把他看做北洋老前輩，這就是他後來在北洋的政治資本。徐世昌是天津人，張志潭是豐潤人，徐把張看做直隸後起的傑出人才，而且張依靠徐的時間很久，他完全是模仿徐世昌的作風。他隨徐世昌到東三省，不做總督幕府的秘書，而到東三省軍事處做秘書，專和軍人來往，所有在軍事處的以及在軍事處以外的，張和他們都有聯繫。袁世凱任總統時，他也隨袁做總統府參陸辦公處秘書，因此他和北洋派軍人關係更密切。他的計畫，是把軍人聯繫好，將來就可以和徐世昌一樣。

民國五年段祺瑞任國務總理，以徐樹錚為國務院秘書長，徐在當時也很信用張志潭，張就做國務院秘書，他對徐樹錚好，對段部下靳雲鵬、吳光新、傅良佐一般軍人都好，這是張志潭政治上的一種手段。

復辟後，段任總理，以張志潭為秘書長，徐樹錚卻派了一個祁某在秘書長房裡監督張志潭，凡張所辦的事、說的話，每天祁某都向徐樹錚報告。在徐說來，他雖然沒做秘書長，也等於做秘書長，張也沒辦法。後因王郅隆（祝三）承辦直隸永平一帶的鹽務的問題，而張、徐關係破裂。

王郅隆是一個天津的混混，什麼職業都幹，善於經營，也賺了一些錢，因此結識了倪嗣沖。倪在黑龍江做民政司長的時候，他曾跟著倪在哈爾濱、營口辦鹽務，這樣搜括了很多錢，就發了財，因此在天津他不只是一個花酒場中吃得開的人物，而且在經濟上也有相當力量，通過洋錢、女人和當時的軍閥、政客都有勾結。張志潭做秘書長的時候，徐樹錚想用運鹽的辦法，賺些錢來擴充軍隊，所以準備王郅隆承銷永平等地鹽，藉口永平銷鹽，可以依靠軍事力量在直隸各地運銷。但引地是很早就存在的一個制度，雖然制度本身是不好的，這時在法律上並沒有取消，所以財政部不能批准。徐樹錚就把這件公事交到院裡給張志潭辦。張知道引地的制度牽連的很廣，而且問題很複雜，自己又是直隸人，辦了以後一定遭到同鄉議論，但又不敢拒絕。徐樹錚經常催他快辦，他只是拖延，便把這件公事壓了起來，壓了兩個多月，一直到段下臺時還沒辦，因此徐樹錚非常恨他。

十一月二十一日段總理因湖南傅良佐失敗下臺，繼任者為王士珍。其時馮國璋做總統主和，王士珍是贊同的，但北方主和而南軍仍自岳州北進，北方軍人大憤，於是主戰派又鬧了起來。馮國璋只得又派曹錕做宣撫使，自湖北由岳陽進湖南；張懷芝做副使，自江西攻湖南。曹錕一路吳佩孚攻下岳州、長沙，前進到衡陽，是完全勝利的，張懷芝一路打敗了。

七年二月，徐樹錚利用截械引奉軍入關。三月十九日段派軍人又發表倒閣通電，到三月二十三日，馮國璋被迫任段祺瑞為國務總理。

段祺瑞這次出來，仍以張志潭為秘書長，發表後，張即到院任事。時徐樹錚在津立電曾毓雋歷數張之劣跡，必不可用，並保方樞繼任，囑即轉陳揆座（指段）。曾毓雋也向段說：「又錚既很不滿他，還是不要他做秘書長。」段說：「我用秘書長，又錚何能過問？」徐又將張叫往天津，很多人都勸張不要去，他考慮了一下還是去了，準備去當面和他解釋。但徐樹錚以奉軍司令部的威風，見面後歷數張志潭的大小罪惡，當面逼問，張樣樣都承認。徐並問他：「以後改不改？」張說：「改。」徐說：「以後段老總方面的事，你不許參預。」張說：「以後不參預。」這樣俯首聽命，徐只得又讓他回來了，有人說：「如果張志潭這次稍微硬一點，回上一兩句的話，腦袋一定保不住了。」張受此逼脅，回京後即辭不到院。段亦經曾毓雋再三勸說，始以院令發表方樞以法制局長兼代國務院秘書長。

張志潭是個有野心的人，以陰謀家見稱（人都說他是智囊——智多星），受了徐樹錚這次委曲以後，就積極想報復。他的做法是倒向徐世昌方面，利用徐世昌的力量來打徐樹錚，然以徐世昌直接來打徐樹錚便著痕跡，不如以段派的靳雲鵬來打徐樹錚。徐、靳二人間本來存在著嚴重的利害衝突，所以張志潭就向徐世昌獻策，利用靳雲鵬在不知不覺中來打徐樹錚，一點不著痕跡，所謂以子之矛攻子之盾也。在表面上還說是共同擁護段祺瑞，而實際上卻是想借此來打倒段祺瑞（徐樹錚）的勢力，但是張志潭目的與徐世昌又有不同，張並不想打倒段祺瑞，而是想利用徐世昌和靳雲鵬來打倒徐樹錚，徐世昌則想並段的勢力一齊打倒。結果，徐樹錚打倒了，段祺瑞也倒了，段的勢力打倒，而靳的依靠段的勢力就不能存在了。

皖直長辛店之戰

最初，皖直兩方知戰事之不可免，陸軍第十五師師長劉詢與直方商定在長辛店兩軍相遇時，劉方開炮，直方不還炮，劉即通電主張本派不能自行殘殺，只清除段派徐樹錚、曾毓雋、王揖唐諸人，取消蒙古籌邊使，解散新國會等等，維持段派靳雲鵬之總理勢力，打倒徐樹錚之勢力，仍擁戴段之虛名，此事府方、靳方均先有接洽。乃到長辛店，直方先開炮，劉詢之旅長張國溶、齊寶善以其不踐約言，於是迎頭攻擊。參戰第一師兵力極厚，直不能當，於是退至保定十七里，其駐楊村曹鍈軍，亦為參戰第一師曲同豐擊敗。曹錕因急電天津曹銳，銳乃結合奉天在關內暫編奉軍第一師張景惠以援曹鍈；奉天又派第二十七師張作相、第二十八師吳俊陞、第二十九師孫烈臣三師入關，以援保定。其時劉師內部已與直派聯繫，發生變故，於是退至南苑。曲同豐又為保方誘去被扣，參戰第三師陳文運本不如劉、曲兩師，因之披靡，而段屢年所練之參戰軍完全潰敗，自此皖系實力一蹶而不復再振。此時靳雲鵬在天津聞訊大哭，府方促其入京，靳初灰心不去，後經人力勸，乃復任總理，亦無從運用其本身實力矣。從此奉天勢力盤踞關內，皖直之局又成直奉之局（以上張志潭述）。

記皖直戰爭之一幕

直皖軍戰事，在京漢鐵路線之北端，兩軍先在涿州附近接觸，皖軍以參戰第一師（師長曲同豐）為主幹，而以陸軍第十五師（師長劉詢）附之。第一師沿鐵路線及鐵路以西，直達西山腳，抽編一混成團，由右翼作側方迂回，為擾敵軍左翼之計。鐵路以東，則為第十五師陣地，其左翼有第一師騎兵團，及第三師騎兵一團，編成獨立騎兵旅，所有軍隊均歸段芝貴指揮，所謂「定國軍」也（總司令部在琉璃河）。第一日戰況，皖軍稍有進展，第二日又大進展，局勢甚有利，直軍已有不支之勢。是日夜間落雨，在此時，十五師有一營已與直軍聯繫，發生變故猝然向內發槍。十五師之兩旅長，一為張國溶，一為齊寶善，前均係馮國璋部下，本與李純有密切關係，僅師長劉詢一人，無能為力，十五師因臨時受此牽掣，全部撤回南苑。皖軍第一師勢成孤立，全被包圍，於是只得與直軍宣告停戰。吳佩孚與曲同豐為魯東近同鄉，派人覓曲接洽，其第一師炮兵團長宋玉珍（宋與吳蘆台武備學堂同學），隨曲到吳之司令部，曲遂被扣（僅將宋釋回）。此時吳遣蕭耀南一支隊，乘皖軍左翼空虛，向之進擊，於是雙方又復接戰，不久即罷。戰事既二次停止，遂由第一師部隊掩護其他軍隊陸續退回原防地。質言之，此次戰役，兩軍並未激烈鏖兵，只以劉師臨時倒戈，遂成直勝皖敗之局耳，此民國九年七月十四至十八日事（以上陳文運述）。

靳雲鵬第二次組閣

民國九年直皖戰爭後，徐總統以靳雲鵬組閣，其時靳在天津與張作霖、曹錕會晤，以三事相號召：一、取消安福國會，以舊選舉法改選新國會，促成統一；二、取消中日軍事協定，即取消參戰軍，因軍事協定內有一條，凡參戰軍內教官須聘用日人也；三、停止參戰借款，即參戰時對日之借款，實即借日本之軍械作價。曹、張二人均以為然，已經決定，吳佩孚闖然而入，主張取消安福國會，召集舊國會。靳與辯爭甚烈，張作霖左袒靳主張，即面質問曹錕能否有統率部下之權力，曹將吳呵斥，吳俯首而去。議遂決定，派張志潭入都報告徐總統。徐對於解散安福國會，己身法律立場恐有問題，主張停止安福國會，後經田文烈、吳笈孫、張志潭之斡旋解釋，徐允許以親筆信約靳，始入北京組閣。靳組閣後，取消中日協定完全辦到，停止參戰借款亦算中止，惟日方要求截算本息，終以曹、張不肯同意，迄未截算清楚。張志潭為內務總長，實即辦理舊法、新選之事，半年之中，已選舉之省份為蘇、皖、贛、鄂、晉、浙、新、甘、奉、吉、黑各省及綏、察、熱三區，僅初選之省份為直、魯、豫。按照選舉法，如直、魯、豫選出，再加外蒙等選舉，即足法定人數。靳逢人則道東海任滿，第一任為曹，第二任為張。其時邊守靖為直隸省議會議長，國民黨也，密言於直隸省長曹銳，假使舊法新選成功，靳自將為大總統，恐不利於曹錕。曹銳為所動，告於曹錕。曹錕派其秘書長王毓芝面見徐總統詢其意見，徐言此內閣之主張非我之意，因之複選停頓。靳閣改組，曹錕力主張以張志潭長交通、齊耀珊長內務，實即為遷延選舉問題。因張志潭與曹錦之參謀長趙玉珂及曹錕之弟第七師師長曹鍈均有關係，已向曹錕進言，曹錕允為協力，所以曹銳主張以張志潭調開內務也。

孫傳芳佔據福建

一九二一年曹錕竊據北京，孫中山成立中華民國陸海軍大元帥行營於桂林，建軍北伐。段合肥退居津門，極力擁護中山的號召，一時盛稱孫、段合作。一九二二年，段令徐樹錚入閩策動北軍旅長王永泉、臧致平驅逐閩省督軍李厚基，宣佈獨立，與北京脫離關係，響應中山，希圖實行合作北伐。臧據廈門，稱閩南陸軍總司令；王據福州，稱福建陸軍總司令。其時受中山領導之黃大偉、許汝為、何成濬等軍，有分駐粵東閩南者，軍旅麇集，刁斗相望，容易發生衝突，段合肥以辛亥關係，電請中山調王彭年兼任駐閩各軍聯絡專員（王彭年原任大元帥行營軍事委員）。王在這一年間往來廈門、福州十次之多，終幸孫（中山）與段方面軍旅無何顯著破裂。

一九二三年，曹錕、吳佩孚組織孫傳芳、周樾恩進軍福建，孫傳芳為北軍中唯一矯亢者，又為唯一本位主義者。孫說王永泉：「兩雄相扼，必有一傷。吾輩誼屬同學（日本士官學校），何苦作人機械，自相殘並，莫若保全實力，以待發展。」遂協商結盟。孫尊王為長兄，王則迎孫入福州為督軍，王自任軍務幫辦兼省長，財賦徵收歸王掌握，另闢餉源以供兩軍之需。王永泉本性多欲多願，朝三暮四，從無一定宗旨，一面陰附曹錕，一面仍與孫、段方面強顏周旋。

一九二三年春，孫傳芳率所部的完整一師、周樾恩一旅入閩，以一師的半數進駐福州，餘者與周旅緊密結合，佈置在福建上游一帶，即接替王永泉驅逐李厚基防地。王永泉此時驕誇過甚，已由一旅擴大到一師三旅，分散在閩中南各地，專事搜刮。王原籍江蘇，其父充盛軍軍佐，甲午陣亡天津，因此流落天津，幼時投入總督署學習軍樂，嗣經湖北督署調用，由湖北公費到日本士官學校，畢業回國，充湖北新軍管帶有年，以是與鄂人有舊，其在閩所辟用的參謀長傅卓霖、楊揆一皆鄂人，旅長亦用張振華、姜明經鄂籍二人。其胞弟王永彝率一旅駐泉州，創設煙苗稅收機關，名曰閩南善後局，強迫這一帶農民栽種煙苗，規定全年稅收銀元四百萬，以百分之二十歸王永彝，百分之八十歸孫傳芳、王永泉平均支配，此為孫、王協商結盟之主要內容。乃王永彝貪利背盟，較王永泉更糊塗顢頇，對上列煙苗稅收全數把持，於孫傳芳分毫不給。孫則於一九二四年春襲擊王永泉，王部遂全部潰敗。王永泉、永彝搜集現金自泉州逸去（渠等已預購海船一艘）。

孫、王決裂時，駐閩各軍聯絡專員王彭年正在滬上，段方堅請疾駛閩南聯繫何成濬等，協助臧致平、楊化昭收容王永泉的潰軍，由臧、楊自願率領轉入浙省，歸附盧永祥。一九二四年秋，江浙齊燮元、盧永祥作戰，臧、楊亦參加。從實際言之，孫、王福建戰爭是為煙土稅，江浙齊、盧戰爭亦以煙土售賣權啟釁。當時報紙宣騰，都認此類戰爭可恥，尤其是報紙揭載王永彝強迫農民栽種煙苗，屠殺無辜，輿論大為不滿。據另一北軍旅長劉春台（與王永泉同學）坦白言之，確有其事（王彭年述）。

血歷史215　PC1048

新銳文創
INDEPENDENT & UNIQUE

梟雄淘盡
——北洋從政實錄

原　　著　張國淦
主　　編　蔡登山
責任編輯　林哲安
圖文排版　蔡忠翰
封面設計　蔡瑋筠

出版策劃　新銳文創
發 行 人　宋政坤
法律顧問　毛國樑　律師
製作發行　秀威資訊科技股份有限公司
114 台北市內湖區瑞光路76巷65號1樓
電話：+886-2-2796-3638　傳真：+886-2-2796-1377
服務信箱：service@showwe.com.tw
http://www.showwe.com.tw
郵政劃撥　19563868　戶名：秀威資訊科技股份有限公司
展售門市　國家書店【松江門市】
104 台北市中山區松江路209號1樓
電話：+886-2-2518-0207　傳真：+886-2-2518-0778
網路訂購　秀威網路書店：https://store.showwe.tw
國家網路書店：https://www.govbooks.com.tw

出版日期　2022年4月　BOD一版
定　　價　650元

Printed in Taiwan

國家圖書館出版品預行編目

梟雄淘盡：北洋從政實錄 / 張國淦原著；蔡登山主編. -- 一版. -- 臺北市：新銳文創, 2022.04
面； 公分. -- (血歷史；215)
BOD版
ISBN 978-626-7128-01-5(平裝)

1. 張國淦 2. 傳記

782.887 111003003